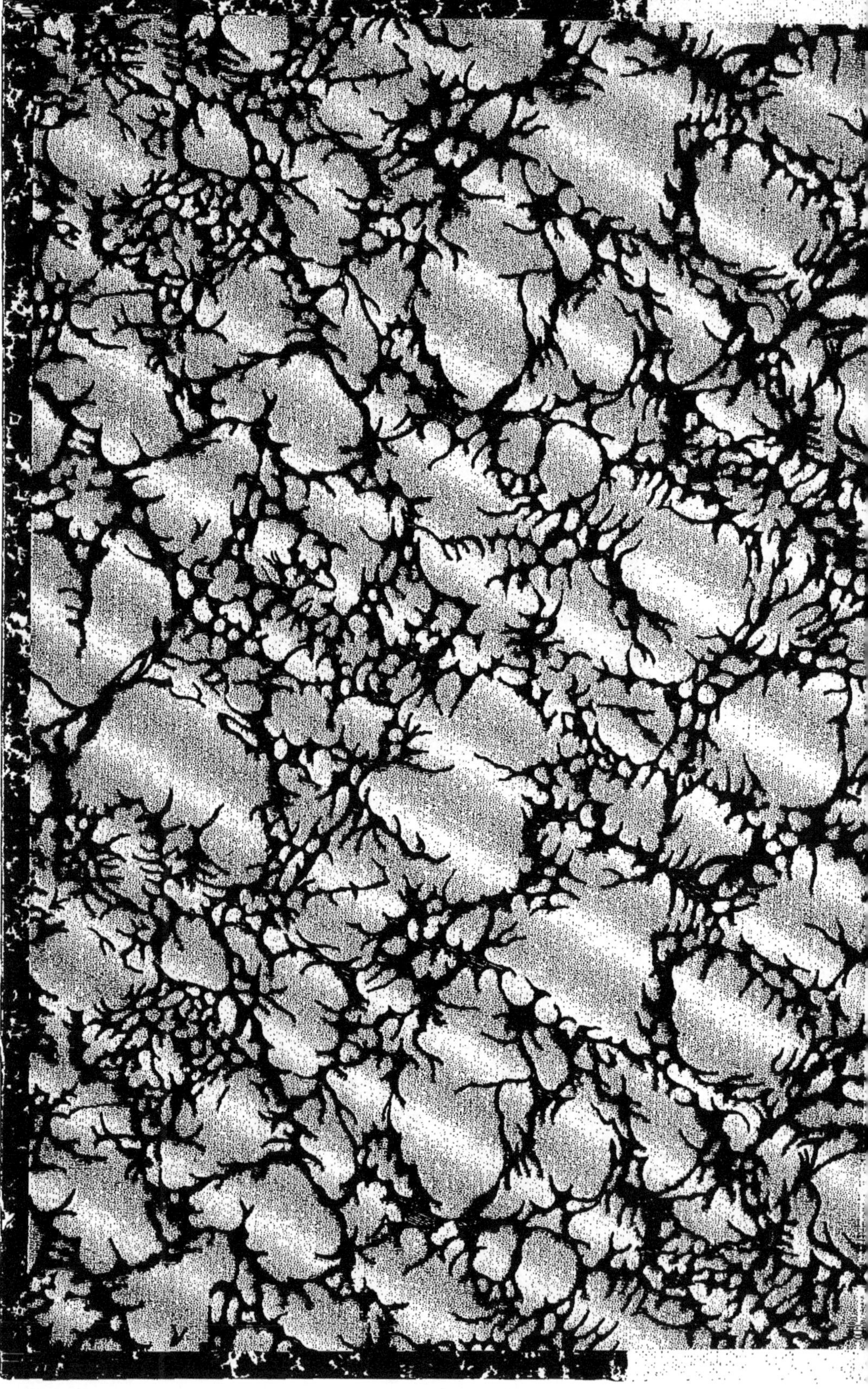

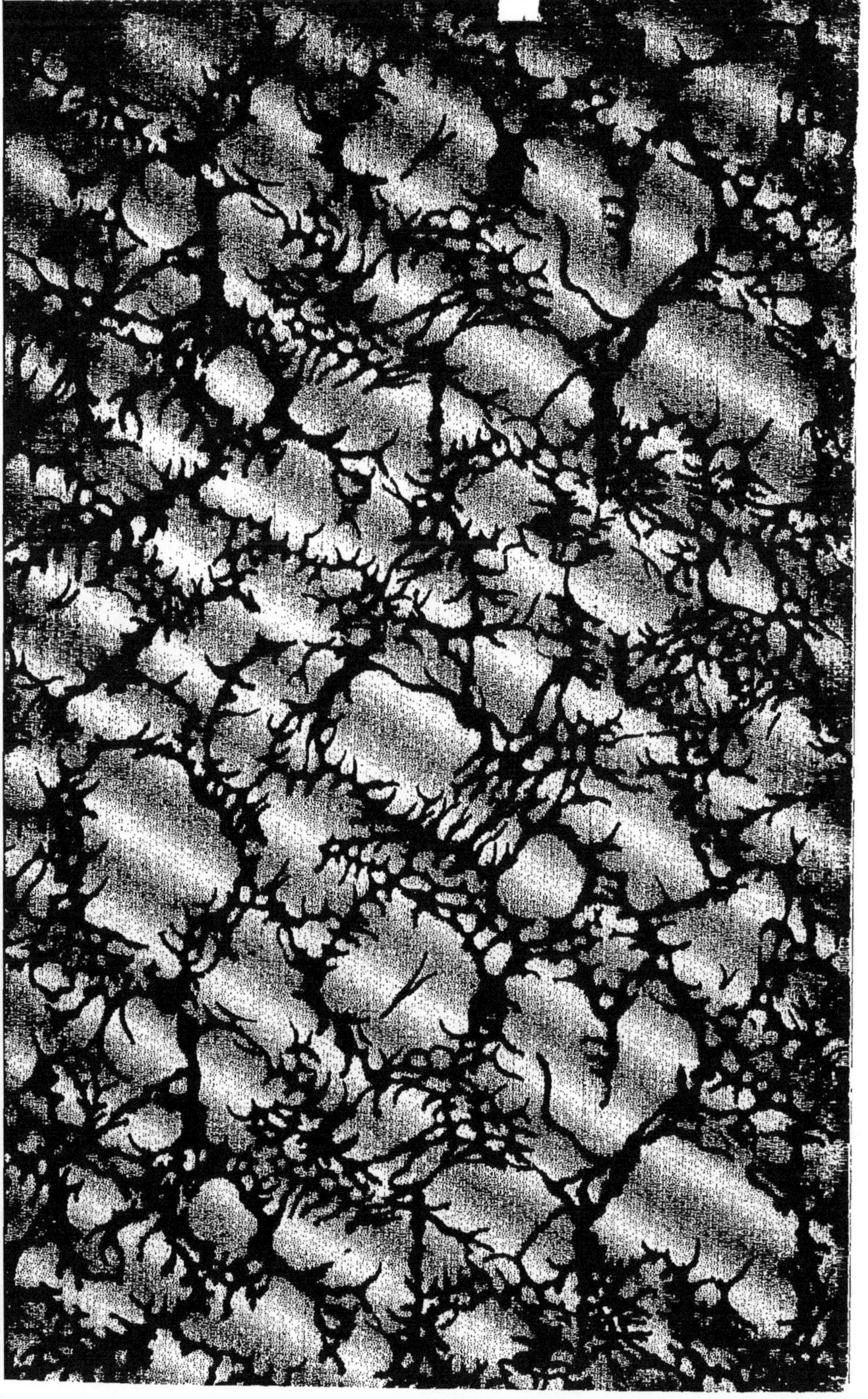

S

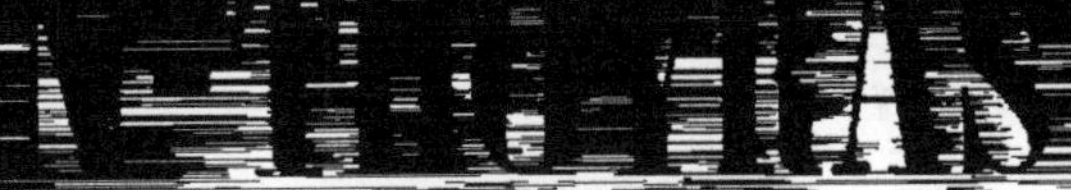

SA FAMILLE

SA VIE ET SES ŒUVRES

PAR

RAOUL DE CAZENOVE

Seconde édition, revue et abrégée

TOULOUSE,
SOCIÉTÉ DES LIVRES RELIGIEUX.
DÉPÔT : RUE ROMIGUIÈRES, 7.

1874

DU MÊME AUTEUR :

RAPIN-THOYRAS, *sa famille, sa vie et ses œuvres*, étude historique suivie de généalogies. Un beau vol. gr. in-4° carré, I-XIII, 722 pp. *Paris*, Aubry, 1866.

Imprimé à Lyon, par Louis Perrin, en caractères du XVIe siècle, sur papier vergé, collé, teinté, tiré à 350 exemplaires. Portrait de Rapin-Thoyras, gravé sur cuivre, par J.-M. Fugère, d'après J. Houbracken, planches, culs-de-lampes, titres ornés, et 140 blasons dans le texte, contenant les généalogies complètes ou partielles de cent vingt familles, avec des mentions historiques, héraldiques ou généalogiques concernant près de deux cents familles se rattachant aux précédentes.

NOTES SUR DEUX BIBLIOPHILES LYONNAIS (Jean Grolier et N. Yemeniz, 1562-1867). 1867, imprimerie de A. Vingtrinier. In-12 de 51 pp. (*Epuisé.*)

Procès-verbaux du Synode particulier de la 20e circonscription tenu à Lyon du 21 au 23 mars 1872. *Lyon*, imprimerie veuve F. Lépagnez, 1872. In-12 de 68 pp.

Rapport général présenté au Comité central lyonnais sur le fonctionnement de l'*Œuvre des Secours aux cultivateurs des départements dévastés par la guerre* (1871-73). *Lyon*, imprimerie veuve F. Lépagnez, 1873. In-12 de 51 pp.

RAPIN-THOYRAS

SA FAMILLE, SA VIE ET SES ŒUVRES

PUBLIÉ PAR LA SOCIÉTÉ DES LIVRES RELIGIEUX
DE TOULOUSE.

TOULOUSE, IMPRIMERIE A. CHAUVIN ET FILS, RUE DES SALENQUES, 28.

J Brandon pinx. — Impr. Louis Perrin. Lyon — Dessiné et gravé d'après J Houbraken par J.M Fugère

RAPIN-THOYRAS

SA FAMILLE

SA VIE ET SES ŒUVRES

PAR

RAOUL DE CAZENOVE

Seconde édition, revue et abrégée.

TOULOUSE,
SOCIÉTÉ DES LIVRES RELIGIEUX.
DÉPÔT : RUE ROMIGUIÈRES, 7.

1874

AVANT-PROPOS

« Souviens-toi du temps d'autrefois; considère
» les années de chaque génération; interroge ton
» père, et il te l'apprendra, les vieillards, et ils
» te le diront. »

(DEUTÉRONOME, ch. XXXII, v. 7.)

L'étude que précèdent ces lignes n'avait d'abord pour but que de raconter la vie accidentée et d'apprécier les œuvres de l'historien célèbre qui en est le principal intérêt. Mais, parmi les nombreux documents, pour la plupart inédits, que nous avons compulsés, en vue de recueillir les traits épars ou ignorés de la vie de Rapin-Thoyras, nous en avons rencontré plusieurs dont le contenu nous a, en quelque sorte, imposé l'obligation d'élargir le cadre de notre travail. Si le nom de Rapin-Thoyras a fait oublier de nos jours celui de ses ancêtres, l'histoire s'en est souvenue; les traces qu'ils y ont laissées ne sont pas sans gloire, et ces souvenirs nous ont paru dignes d'être rattachés à ceux qu'a laissés parmi nous leur plus illustre descendant.

Ce fut en écoutant le récit des exploits guerriers de ses pères et de leurs sacrifices pour leur religion, que le jeune Rapin prépara sa conscience aux devoirs et son cœur à l'adversité; qu'il connut les premiers exemples et qu'il reçut les premières leçons de cette foi fervente, de cette grandeur d'âme, de ce ferme courage, dont il donna depuis des preuves éclatantes. Le glorieux passé de sa race lui inspira le légitime orgueil de n'y point faillir; l'histoire de sa vie tout entière témoigne assez qu'il a atteint son but.

Le culte austère et touchant des ancêtres, la religion du foyer, ne sont plus aujourd'hui ce qu'ils étaient du temps de Rapin-Thoyras. Relâchés par des causes morales ou politiques, les liens de la famille n'ont plus ce ressort énergique qui reliait en un faisceau qui traversait les âges ceux qui portaient le même nom, dans les veines desquels coulait le même sang. Ces traditions d'honneur, de patriotisme et de foi, qui se transmettaient avec le patrimoine, dans les familles que le privilége de la naissance ne relevait au-dessus des autres que pour leur servir d'exemple, se sont trop affaiblies de nos jours.

Si diminuées qu'elles soient, elles conservent encore assez de prestige et d'intérêt, pour que nous puissions espérer que le soin que nous avons pris de faire revivre ces traditions oubliées, ces souvenirs lointains d'un glorieux passé, ne soit pas jugé superflu. Plus d'un enseignement élevé, plus d'un exemple utile, se dégagent de ces annales d'une famille inébranlablement attachée, durant trois siècles, aux mêmes croyances religieuses, qui les a conservées fidèlement, à travers les vicissitudes de l'exil et de la persécution.

Une réaction favorable au passé se manifeste de jour en jour davantage au sein de notre génération, moins complétement absorbée dans la réalité du présent, quelles que soient d'ailleurs ses tendances utilitaires, que celles qui l'ont précédée au commencement de ce siècle. De nombreux travailleurs, les uns vétérans éprouvés des sciences historiques, les autres suivant de plus ou moins loin les maîtres dans les voies qu'ils ont ouvertes et tracées, remontant aux sources mêmes de l'histoire effleurées par leurs devanciers, vont demander aux manuscrits enfouis sous la poudre des bibliothèques, aux cartulaires dispersés des abbayes, aux vastes dépôts de nos archives, la confirmation des faits acquis à la science, ou de nouvelles lumières sur ceux qui sont contestés. Une foule de publications mettent en lumière le résultat de savants travaux, de patientes investigations, et témoignent de la faveur renouvelée dont jouissent aujourd'hui l'histoire et l'archéologie.

Les études biographiques sont une partie importante de cet ensemble de recherches; à elles seules, elles ne sauraient constituer l'histoire, mais elles contribuent pour une large part à en assurer les bases, à en éclaircir les détails. Quand on connaît la vérité sur les hommes, on est bien près de connaître celle des événements auxquels ils ont été mêlés. La connaissance exacte et approfondie des caractères et des passions des hommes qui ont fait l'histoire, si on peut s'exprimer ainsi, serait inappréciable, si elle pouvait être absolue, pour celui qui voudrait être l'historien des transformations politiques ou sociales auxquelles de tels hommes ont pris une part plus ou moins décisive.

Des études historiques, des biographies générales ou particulières, des mémoires longtemps inédits ont été publiés, en nombre déjà considérable, sur divers personnages plus ou moins célèbres du Protestantisme français.

Encouragés par l'exemple de tous, par les bienveillants conseils de quelques-uns de ces auteurs, nous avons essayé de marcher sur leurs traces. La personnalité de Rapin-Thoyras était insuffisamment connue. Les écrivains qui ont cité son nom dans leurs ouvrages en ont parlé avec assez d'éloges, pour qu'un travail plus spécial et plus étendu sur cet historien eût sa place marquée dans cette galerie des Protestants illustres, qui se forme et s'étend chaque jour.

Lyon, 20 février 1866.

RAPIN-THOYRAS

SA FAMILLE, SA VIE ET SES ŒUVRES

CHAPITRE PREMIER.

Légende de sainte Thècle et traditions de la famille de Rapin. — Vieux dictons. — Les Rapin et les évêques de Maurienne. — La Réforme en Savoie. — Le corrier Rapin et ses descendants. — Séparation en diverses branches de la famille de Rapin au seizième siècle.

Dans l'une des plus populeuses paroisses de la Maurienne, à Valloires, vivaient, au milieu du sixième siècle, deux sœurs appartenant à une riche et noble famille. L'une d'elles, nommée Thècle ou Tigridie, avait consacré à Dieu sa virginité et se livrait, toute jeune encore, aux plus austères pratiques de la dévotion. Deux moines qui, au retour d'un voyage en Terre-Sainte, passaient à Valloires et se disposaient à aller jusqu'en Ecosse pour évangéliser les sauvages peuplades de cette contrée, reçurent l'hospitalité chez les deux pieuses sœurs. Les voyageurs racontent leur pèlerinage aux Saints-Lieux et glorifient, avec l'enthousiasme de la foi, les miracles qui chaque jour s'accomplissent sur la tombe où sont déposés les restes du Précurseur, arrachés par la piété des fidèles d'Alexandrie à la sauvage fureur de Julien l'Apostat. L'imagination de la jeune Thècle s'enflamme d'un saint zèle, elle veut conquérir pour son pays quelque partie de ces reliques bénies et, après plusieurs jours de jeûne et de prières, prenant congé de sa sœur, accompagnée d'une seule suivante, elle part pour l'Orient. Elle traverse Rome, elle franchit les mers, elle arrive au but de son voyage : mais épuisée de fatigues, ses forces et son courage l'abandonnent à la fois. Dans le sentiment de son humilité et de sa faiblesse, elle se croit indigne de la faveur à laquelle elle aspire, et pendant deux années, n'osant formuler sa requête, elle se livre auprès du saint tombeau au jeûne, à la pénitence, à l'oraison. Au bout de ce terme, la pieuse vierge, rassemblant son courage, va trouver l'évêque et les notables habitants d'Alexandrie et implore, de leur libéralité chrétienne, quelque fragment des reliques de saint Jean. Ses supplications ne rencontrent qu'un dédaigneux refus. Thècle déçue, mais non découragée, ne perd point toute espérance, elle fait vœu de ne quitter Alexandrie qu'après avoir obtenu l'objet de ses désirs ; elle redouble d'austérité, de prières, de macérations, son faible corps s'épuise, elle va succomber, quand, « d'une manière miraculeuse, » ses vœux ardents sont exaucés : Thècle se voit en possession de ce qu'elle a tant désiré. Renfermant les précieux ossements dans une boîte d'or, la vierge, chargée de sa conquête, reprend joyeuse, le chemin de l'Europe. Après un long et pénible voyage, semé d'incidents étranges, tels qu'en présentent la plupart de ces vies merveilleuses des saints, Thècle rapporta en Maurienne les reliques célèbres qui ont béatifié la sainte et illustré son pays.

On montre encore dans la montagne du Roncherai, qui avoisine Saint-Jean, une excavation profonde et d'un abord difficile. C'est là que la tradition place la dernière demeure de sainte Thècle, qui s'y retira peu après son retour d'Alexandrie pour s'y livrer en paix aux pratiques austères de la vie cénobitique. Ce fut là qu'elle rendit son âme à Dieu, entourée de la vénération des fidèles, après avoir donné à l'église de Maurienne « sa terre appelée Valloires, ainsi que la cure et tout ce qui était en son pouvoir (*sub ejus regimine*) dans cette localité. »

Telle est la légende de sainte Thècle. Dans ces pages que nous avons consacrées aux origines de la famille de Rapin, nous ne pouvions passer sous silence la tradition qui, de temps immémorial et à travers la nuit obscure de six siècles de moyen âge, rattache cette famille à celle de la vierge de Valloires.

Parmi les anciennes familles nobles de la Maurienne, peut-être venues de la campagne de Rome, fuyant la persécution sous Néron, celle des Rapin est sinon la plus illustre, au moins la plus ancienne. En 1692, ses descendants prétendaient prouver, par les titres nombreux qu'ils possédaient encore, huit ou neuf cents ans de noblesse. De temps immémorial, le fief de la Chaudane en Valloires était le patrimoine de leurs ancêtres, et la tradition place le lieu de naissance de sainte Thècle sur l'emplacement même du vieux manoir dont les ruines, aujourd'hui dévastées, se dressaient naguère en une masse imposante.

Dans les premières années du dix-septième siècle, sur un rocher coupé par les Sarrasins dans le but de dessécher l'étroite plaine où s'élève aujourd'hui le village de Place, de l'autre côté du chemin qui conduit aux Villards, et en face de leur demeure féodale, les Rapin élevèrent une chapelle en l'honneur de sainte Thècle. Dans plusieurs titres, les seigneurs de la Chaudane se faisaient gloire d'être de la même race que la sainte de Valloires, et prétendaient avoir hérité d'elle les droits seigneuriaux qu'ils possédaient dans le pays. Quoi qu'il en soit, la fondation de cette chapelle dans ce lieu solitaire et retiré, le soin pieux avec lequel elle a été deux fois relevée de ses ruines par les habitants de la vallée, les souvenirs qu'ont laissés dans le pays de Valloires les Rapin de la Chaudane, souvenirs qui touchent à la légende et se confondent avec elle, viennent fortifier de quelque apparence l'histoire traditionnelle de ces prétentions.

Quelle que fut, du reste, l'antiquité de leur race, les seigneurs de la Chaudane ne furent pas abondamment pourvus des biens de ce monde, au moins après les guerres des seizième et dix-septième siècles qui dévastèrent la Savoie. C'est ce que font supposer ces vers composés par l'un d'eux vers cette dernière époque, boutade où l'énergie de l'idée compense l'incorrection de la forme :

> Pour n'avoir sans besoin su prendre
> On voit tomber cette maison ;
> Si l'effet eût suivi son nom,
> Elle aurait de quoi se défendre.

De nos jours encore, les vieillards du pays racontent que les dimanches et les jours de fêtes, alors qu'il s'agissait d'aller entendre la messe à l'église de Place et de tenir son rang, l'aîné des frères Rapin endossait l'habit de velours et le pourpoint de soie qu'il avait hérité de son père, et allait s'asseoir au banc seigneurial. Il assistait dévotement au commencement de l'office, puis, quittant l'église et revenant à la Chaudane, il passait l'habit à son second frère qui courait au village, prenait sa part du culte et cédait bientôt sa place avec l'unique habit qu'ils possédaient en commun, au cadet des Rapin qui rapportait l'absoute au manoir.

Il est assez difficile de concilier ce désintéressement des Rapin et leur fière pauvreté dont témoignent les lignes qui précèdent, avec la sentence de réprobation dont la haine ou la crainte des évêques de Maurienne les avait frappés. A la fin du dix-septième siècle, on voyait encore, dans l'une des salles du palais épiscopal de Saint-Jean, cette inscription significative que le temps avait presque effacée, bien qu'elle eût été profondément gravée dans la pierre :

CAVEANT SUCCESSORES NOSTRI A FAMILIA RAPINORUM.

Quelque symptôme du mouvement religieux qui eut pour conséquence, au seizième siècle, l'expatriation de plusieurs membres de cette famille, avait-il déjà porté ombrage au zèle catholique des évêques? Ou bien, dans cet avertissement que chaque titulaire du siége épiscopal avait reçu de son prédécesseur pour le transmettre à celui qui lui succédait, ne fallait-il voir qu'un singulier témoignage de l'existence de ces luttes d'influences locales entre la noblesse et le clergé, luttes si fréquentes au moyen âge, qui auraient longtemps divisé le chapitre de Maurienne et les syndics de la noblesse, souvent choisis parmi les Rapin ?

Quoi qu'il en soit, la pierre sur laquelle l'inscription était gravée a depuis longtemps disparu du palais épiscopal ; l'origine précise de la rivalité dont elle attestait l'existence et préconisait le remède est demeurée inconnue; mais le fait de cet antagonisme est caractéristique; il établit, à n'en pouvoir douter, le crédit et l'influence dont cette famille jouissait alors dans son pays.

Avant l'époque où les Rapin, syndics de la noblesse, se faisaient redouter du clergé de Maurienne, les idées religieuses qui ont précédé le grand mouvement de la Réforme, n'avaient fait encore qu'effleurer les populations de ces contrées. Peu de pays furent moins accessibles que la Savoie au progrès religieux, nulle part peut-être les principes et la discipline de l'Eglise romaine n'ont été plus fidèlement maintenus. Cependant, en 1375, des Vaudois, partis du Dauphiné, descendirent de leurs montagnes dans les vallées de la Savoie et tentèrent de prêcher l'Evangile parmi ces peuplades profondément ignorantes et entièrement dominées par le clergé. La résistance des Frères Prêcheurs (les Dominicains), alors les plus ardents ministres de l'Inquisition, ne parvint pas à paralyser complétement les efforts des prédicateurs vaudois, et le pape, alarmé des progrès qu'ils faisaient dans ces contrées, réclama le secours du roi de France. Le gouverneur du Dauphiné, à la tête de troupes nombreuses, marcha contre les hérétiques ; ils furent écrasés, et le pays retomba plus que jamais sous le joug de l'Eglise romaine.

Mais dès l'origine de la Réformation, de fréquents rapports s'établirent entre Genève, devenue plus tard, sous Calvin, la Rome protestante, et les vallées des versants italiens des Alpes, peuplées par ces Vaudois, pieux et fervents dépositaires de la foi des premiers siècles.

Placée entre la Suisse et l'Italie, la Maurienne, qu'avaient traversée les légions de César marchant à la conquête des Gaules et de la Germanie, devint à cette époque la voie par où passa une autre armée plus humble et moins nombreuse, mais non moins ardente, marchant à une plus noble conquête : celle des âmes à Christ par l'Evangile.

Les jeunes chrétiens des vallées qu'une vocation d'en haut appelait au saint ministère allaient demander au collége fondé par Calvin l'instruction pastorale que leur pays ne pouvait leur donner. Leur caravane studieuse s'engageait dans les défilés des montagnes de la Savoie ; le sac au dos, le bâton du pèlerin et du missionnaire à la main, ils distribuaient sur leur passage des bibles et des livres religieux, animés du zèle de propagande qui caractérisait les chrétiens de ces temps-là. Manoirs et chaumières s'ouvraient tour à tour devant les jeunes voyageurs qui, assis au foyer hospitalier des habitants du haut pays, parlaient, avec un pieux enthousiasme qu'ils savaient communiquer à leurs auditeurs, des grandes choses qui s'accomplissaient dans l'Eglise renouvelée. Les saintes Ecritures furent lues et méditées dans ces solitudes où jusqu'alors elles n'avaient jamais pénétré, et, il y a peu d'années, on retrouvait encore en Maurienne et en Tarentaise de vieilles et vénérables éditions de la Bible, échappées aux bûchers de l'Inquisition, et paraissant contemporaines des premiers temps de la Réformation.

Les commencements de l'Evangile en Maurienne datent aussi de cette époque. Le souffle de la Réforme se répandait partout, ici modifiant profondément les croyances traditionnelles de tout un peuple, là saisissant quelques hommes isolés, adeptes inconnus ou quelquefois martyrs des nouvelles doctrines. Cet esprit du seizième siècle, armé d'une irrésistible puissance, pénétrait dans les replis les plus cachés du monde chrétien, dans les retraites en apparence les plus inaccessibles de la superstition et de l'erreur, et portait la lumière et la vie là où il n'y avait qu'ignorance et que ténèbres.

C'est ainsi que ces vallées des Alpes, soumises à la maison de Savoie, si dominées qu'elles fussent par le clergé, étaient néanmoins alors travaillées par des besoins religieux longtemps comprimés, par des aspirations plus ou moins définies vers une réforme des abus qui dévoraient l'Eglise, vers des croyances plus fermes et plus claires. Le syndic de Genève, Ami Porral, écrivait de Berne, en 1535 : « Le duc a beaucoup d'affaires au delà des monts, en partie à cause de l'Evangile, car l'Evangile se répand par tout le pays ; c'est une chose qu'il faut qu'elle aille en avant, en dépit des princes, puisqu'elle est de Dieu. »

Un adversaire acharné de la Réforme, l'évêque d'Aoste, signalait aussi ses progrès en jetant ce cri d'alarme : « De toutes parts nous recevons les nouvelles les plus déplorables ; nos paroisses sont infestées de livres défendus. Les gens vont criant partout qu'il faut vendre les biens des prélats et des abbés pour nourrir les pauvres et les souffreteux; quant à payer les messes et observer le jeûne, on n'y pense guère. » Cet appel à la répression de la liberté de conscience ne fut que trop entendu : douze gentilshommes savoyards, accusés d'hérésie, dénoncés par l'évêque Gazzini, furent décapités par ordre du duc Charles III, en 1529. Ce fut là le prélude de sanglantes exécutions.

Aussi de longues années s'écoulèrent-elles encore avant que la parole de Dieu fût librement prêchée dans la Maurienne, dominée par un clergé nombreux et puissant, terrifiée par les mesures de rigueur dont ses évêques prenaient l'initiative, et sur lesquelles enchérit encore le Parlement de Chambéry institué par François Ier. Il fallut, pour réveiller de leur affaissement et de leur torpeur ces populations trop insouciantes des intérêts de leurs âmes, que par deux fois la main de Dieu s'appesantît sur elles.

Deux grands désastres avaient frappé Saint-Jean de Maurienne à un siècle de distance; en 1439, une inondation terrible détruisit la ville de fond en comble; les ravages du fléau furent si grands, qu'il fallut recourir à la charité de l'Europe catholique, pour relever de leurs ruines et l'église et la cité. Saint-Jean était à peine sorti de ses décombres, lorsqu'au milieu du seizième siècle, la peste vint de nouveau dévaster la malheureuse ville. Plongés dans l'abattement et le désespoir, les habitants décimés imploraient en vain la miséricorde divine; le ciel semblait sourd à leurs prières, le découragement s'emparait de leurs cœurs; ce fut à cette heure d'angoisse que l'Evangile leur fut publiquement annoncé.

Un prêtre italien, Raphaël Bordeille, disciple de Luther,

osa prêcher la Réforme jusque dans la cathédrale : Jésus mourant sur la croix pour le salut des pécheurs, Dieu amenant les hommes à la repentance par la souffrance et par l'épreuve, l'autorité des saintes Ecritures remise au premier rang d'où l'avait fait déchoir le dogme de l'infaillibilité des papes et des conciles, telles étaient les principales doctrines que prêchait le moine réformateur. Ces salutaires leçons, ces paroles de consolation et de vie, entendues au milieu des angoisses de la mort qui frappait sans relâche, au milieu des déchirements de la maladie et de la douleur, ne furent point perdues pour tous. Ces cœurs affligés et brisés se tournèrent vers leur Sauveur et ils furent consolés.

Aussi ignorante peut-être que le peuple, mais supportant avec plus d'impatience le joug du clergé, la noblesse accueillit avec faveur les nouvelles doctrines. Mais bientôt après ces premiers progrès de l'Evangile, justement effrayés du danger que courait la foi romaine, dont la vacance du siége épiscopal avait mis le dépôt entre leurs mains, indignés de l'audace du novateur, ceux des chanoines de la cathédrale qui avaient échappé au fléau dénoncèrent le prédicateur italien au Parlement de Chambéry. Atteint et convaincu du crime d'hérésie, Raphaël Bordeille parvint à s'enfuir ; mais l'arrêt du Parlement fanatisé suivit son cours ; solennellement dégradé de l'ordre de prêtrise, Bordeille fut brûlé en effigie devant la cathédrale de Maurienne, le Jeudi-Saint 1550.

Les germes de rénovation religieuse déposés dans le cœur de leurs auditeurs par le moine italien et ses disciples rencontrèrent dans leur développement extérieur une opposition violente, telle que l'on pouvait l'attendre de leurs adversaires. Aussi les rigueurs du Parlement et l'intolérance du clergé eurent-elles pour effet de provoquer l'émigration de ceux qui, convertis à la foi nouvelle, préféraient l'exil au martyre. A cette époque la France n'était pas encore déchirée par les guerres de religion, et si les protestants y étaient en butte aux persécutions comme en Savoie, si les massacres de Cabrières et de Mérindol ensanglantèrent le Dauphiné bien avant l'explosion de la guerre civile, le pays était plus grand, les partisans de la Réforme plus nombreux et plus puissants, la carrière militaire était encore ouverte aux réformés et une suffisante liberté était laissée aux protestants français.

Divers documents nous montrent trois frères de la famille des Rapin, dont deux professaient la religion réformée, quittant leur pays natal et s'établissant en France sous le règne de François Ier.

Mais avant de raconter à quels événements leurs vies furent mêlées, il ne sera pas sans intérêt de passer rapidement en revue ceux qui, parmi leurs ancêtres et leurs parents, ont laissé quelque trace dans ce pays de Maurienne, qui conserve encore leur souvenir.

Nous avons dit par quelles profondes racines cette antique race paraissait tenir au sol natal. De semblables légendes voilent les origines de plus d'une noble famille ; nous ne croyons pas que l'on ait jamais demandé à telle illustre maison de France de fournir les preuves irrécusables de sa parenté traditionnelle avec la Vierge Marie. Il n'eût pas été vraisemblablement plus facile aux membres de la famille de Rapin de justifier autrement que par une présomption séculaire, des liens qui rattachent leur maison à celle de sainte Thècle. Ainsi donc, sans insister davantage sur une filiation dont il serait impossible aujourd'hui de rassembler les preuves, il suffit d'établir que, dès le douzième siècle, le nom des Rapin est mêlé aux annales de la Savoie et aux légendes du pays de Valloires qui fut leur berceau.

En 1250, Humbert Rapin de Valloires était qualifié de *noble homme*, et ses descendants, feudataires de l'évêque de Maurienne, continuèrent à habiter Valloires et le château de la Chaudane.

Au quinzième siècle, on voit noble Antoine Rapin de Valloires figurer comme témoin dans la constatation officielle d'un miracle dû aux reliques de saint Jean-Baptiste.

L'un de ses fils, messire Guillaume Rapin, est chanoine de la cathédrale de Maurienne, protonotaire apostolique, prieur d'Aiguebelle, de la Croix et de Bernex ; noble Pierre Rapin de la Chaudane en Valloires, écuyer, autre fils d'Antoine, rend hommage au Roi de France, entre les mains du sieur de Maugiron, lieutenant général pour « ledit sieur Roy, » en Dauphiné et en Savoie, le 23 février 1552. Pareil hommage avait été rendu par lui, en 1536 « sans préjudice des droits de l'évêque de Maurienne. »

En 1577 et le 16 décembre, son fils, Pierre Rapin, seigneur de la Chaudane, juge corrier de l'évêché de Maurienne, obtint un arrêt du souverain Sénat de Savoie qui « relève la maison de Rapin de toute supposition de roture et la maintient es-priviléges de noblesse. »

Ce Pierre Rapin, *corrier* et juge commun de Maurienne, joua un rôle assez considérable dans sa province. Les fonctions importantes dont il était revêtu, lui furent confiées par le comte de Challant, intendant de Maurienne, et confirmées par le chapitre « *sede vacante*, » en 1559, peu après que le traité de Cateau-Cambrésis eut forcé la France à évacuer la Savoie.

Choisi parmi les gentilshommes, le corrier ou courrier (*correarius*), connaissait de tous les crimes et délits qui se commettaient dans la juridiction de l'évêché : il présidait à la construction et à l'entretien des routes, levant les tailles, ordonnant et percevant les amendes ; bras séculier de l'évêque, il était le gardien jaloux de tous les priviléges, de tous les droits, de toutes les immunités dont jouissaient l'évêque et son chapitre. Quelquefois même il intervenait entre eux pour faire observer les conventions jurées entre ces deux puissances. Lorsqu'il était *commun*, c'est-à-dire lorsqu'il instruisait et poursuivait les affaires, tant pour le comte que pour l'évêque, ses fonctions devenaient d'autant plus difficiles et délicates que de fréquents conflits s'élevaient entre ceux qu'il représentait. C'était à lui que revenait le soin de faire exécuter les sentences rendues par le juge-mage, à lui qu'étaient confiées les clés de la ville. Il remplissait enfin les fonctions qui, de nos jours, sont dévolues au juge d'instruction. C'est à ces investigations judiciaires, plus difficiles et plus pénibles dans ce pays sauvage et montagneux que partout ailleurs, que se rapportent ces vers d'un poëme du temps:

Rapin courier que vit naître Valoire
Reçoit et donne à Maurienne gloire.
Il sait les monts et leurs conditions,
Les honorant par ses commissions (1).

(1) *La Savoye*, de Jacques Peletier du Mans, dédié à la duchesse de

Durant vingt années, le corrier Rapin remplit les pénibles fonctions de sa charge avec un zèle infatigable ; il rendit la justice avec une impartialité et une science de jurisconsulte qui lui valurent l'honneur d'être chanté dans les vers un peu rudes, mais caractéristiques, du poëte mathématicien Peletier du Mans.

Le 22 février 1563, Pierre Rapin rendit hommage au duc Emmanuel-Philibert, tant pour ses biens que pour sa personne, dans la grande salle du palais de Chambéry, en l'assemblée des Etats de la noblesse et en présence des grands feudataires de la couronne de Savoie. Quelques années plus tard, la confiance du prince l'appela anx fonctions de commissaire aux vivres en la province de Maurienne. Il fut chargé d'organiser la levée des subsistances nécessaires à la cavalerie que le duc de Savoie envoyait en France au service du roi très-chretien.

Pierre Rapin mourut en 1579; il fut enseveli dans le cloître de la cathédrale, et la pierre qui marquait sa tombe, arrachée avec tant d'autres aux murs du cloître profané, porte au-dessous de l'écusson des Rapin une inscription latine que le corrier avait composée lui-même, inscription dont voici le sens :

Ici repose noble seigneur Pierre Rapin de la Chaudanc de Valloires, corrier et juge de cette ville et de la Terre Commune, entré dans la voie où va toute chair, le 8 novembre 1579 (1).

Savoie, Marguerite de France. Annecy, 1572. — Sur les attributions du *courrier*, voir aux *Pièces justificatives*, n° 4.

(1) Cette pierre tumulaire est aujourd'hui entre les mains de M. le comte d'Arves, à Saint-Remy.

Dix ans plus tard, le connétable de Lesdiguières menaçait la Savoie; le seigneur de Lathoud, tuteur des jeunes enfants de Pierre Rapin, défendit en leur nom les défilés de Valloires (1).

L'aîné de ces enfants, Guillaume Rapin, fut nommé, très-jeune encore, en 1596, syndic de la noblesse de Maurienne, qui reconnut ainsi les services du père dans la personne de son fils. Le frère du syndic, nommé Jacques, « des gentilshommes archiers de la garde de Son Altesse, » fut député, en 1638, par la noblesse de sa province, pour rendre hommage en son nom à la régente Christine de France, et au jeune duc Charles-Emmanuel.

Claude-François Rapin, arrière-petit-fils du syndic Guillaume Rapin, docteur ès-droits, avocat au sénat de Savoie, comte des Cuines et Villards, jurisconsulte distingué, auteur de quelques ouvrages de droit et d'histoire restés inédits, mourut à Saint-Jean, en 1776. Dernier mâle de la maison de Rapin en Maurienne, Claude-François de Rapin termine la liste des hommes remarquables qu'a donnés cette famille à son pays natal.

Les diverses branches qui la composaient encore au milieu du dix-septième siècle et qui s'éteignirent rapidement au commencement du siècle suivant, habitaient non-seulement le château de la Chaudane, à Valloires, mais encore les maisons dites de Tybières et de Pont-Charra, à Saint-Jean de Maurienne ; la Maison-Blanche, à Villard-Gondran ; la Rapine, à Saint-Remy ; le lieu des Granges, à Grésy ; toutes avaient continué d'appartenir

(1) Angley, *Histoire du diocèse de Maurienne*, p. 314.

à la religion romaine. On sait qu'il n'en fut pas de même de la branche des Rapin qui s'établit en France, dans la première moitié du seizième siècle, la seule dont nous ayons à nous occuper désormais.

CHAPITRE II.

Jacques Rapin protonotaire apostolique, aumônier de Catherine de Médicis. — Lettre de la duchesse de Savoie. — Commencement des guerres de religion. — Troubles de Toulouse en 1562. — Rapin négocie avec Fourquevaux. — Les conventions signées sont violées par les catholiques. — Massacre des huguenots. — Antoine de Rapin commande dans Montauban. — Progrès de la Réforme à Montpellier. — Beaudiné y est rejoint par Rapin et d'autres capitaines. — Combat de Saint-Gilles. — Rapin gouverneur de Montpellier. — On lui confie la garde du baron des Adrets. — Il est remplacé par le seigneur de Peraut. — Bataille de Gannat. — Philibert de Rapin, maître d'hôtel du prince de Condé. — Sa réputation parmi ses coreligionnaires. — Témoignage de l'historien de Thou. — Rapin porte le traité de paix de Longjumeau au Parlement de Toulouse, qui refuse de l'enregistrer. — Il est arrêté, jugé sommairement, et décapité au mépris des ordres du roi. — Vengeance de Rapin ! — Antoine de Rapin, gouverneur de Montauban en 1568, y fait battre monnaie au nom des princes. — Sa conduite énergique. — Les vicomtes de Bruniquel et de Montclar le remplacent par Montclar le père. — Lettre des princes de Navarre et de Condé envoyant Rapin à la rencontre de Montgommery. — Rapin est nommé pour la troisième fois gouverneur de Montauban. — Lettres du prince de Condé, de l'amiral Coligny, de Henri de Navarre, à Antoine de Rapin. — Pierre de Rapin, fils de Philibert, ami et compagnon de Henri IV. — Les trois chemises du Béarnais. — Différend de Rapin et de Montbartier réglé par le roi en personne. — Hospitalité de Pierre de Rapin dans son gouvernement du Mas-Garnier. — Lettres du chancelier Pontchartrain, des ducs de Mayenne et de Rohan à Pierre de Rapin. — Le duc d'Epernon fait emprisonner le vieux gouverneur du Mas-Garnier. — Son fils Jean de Rapin lui succède dans ses fonctions. — Sa visite au célèbre pasteur Pierre Dumoulin. — Caractère de Jean de Rapin. — Ses descendants.

Les diverses branches de la famille de Rapin demeurées en Savoie étaient issues de Pierre Rapin, juge-corrier de l'évêché de Maurienne en 1559, troisième fils de Pierre-Rapin de la Chaudane et de Guillaumaz d'Arves. Trois frères du juge-corrier, Jacques, Antoine et Philibert, se distinguèrent à divers titres et se fixèrent en France ainsi que leurs descendants.

L'aîné, nommé Jacques, entra dans les ordres ; il hérita de la plupart des titres et bénéfices de son oncle, Messire Guillaume Rapin, et fut créé successivement chanoine de la cathédrale de Saint-Jean, vicaire général de l'évêque de Maurienne, prieur de Bernex en Piémont, protonotaire apostolique. Il prêcha à Chambéry devant la cour, et l'éclat de son talent oratoire attira sur lui l'attention de la jeune duchesse de Savoie, Marguerite de France. Cette princesse le recommanda à Catherine de Médicis par la lettre suivante, dont l'original fut longtemps conservé dans la famille de Rapin :

« Madame,

» Cognoissant les mérites du prothonotaire Rapin, l'un de Vos aulmoniers, s'étant bien suffizamment acquité de son debvoir en toutes les charges qui lui ont esté commises, ie Vous ay bien vollu escrire la pnte pour Vous supplié trèz humblement Madame, le vouloir havoir en ma Faveur pour recommandé en ce qu'il vous fera entendre qu'il aura besoing de Vre ayde et support. Il est personnaige qui mérite beaucoup et voudrois bien luy faire cognoîstre l'affection que i'ai de luy portée suivant le témoignaige que ie Vous fais de luy.

» I'adioudtteray cette obligaon aux autres dont ie Vous en

suis redevable et me recommandant trèz humblement a Vre bonne grâce, ie prie Dieu, Madame, Vous donner en santé trèz heureuse et longue vie.

» De Verseil ce xxe iour de ianvier 1561.

» Vostre trèz humble et trèz obéissante sœur et subiecte.

« Marguerite de France. »

C'était un titre assez élastique que cette dignité de protonotaire ; à l'époque où vivait Jacques Rapin, le protonotaire répondait à peu près à ce type hybride du dernier siècle, l'abbé, qui tenait à l'Eglise par l'habit, à la cour par tout le reste.

Le protonotaire disait parfois la messe ; il tirait plus souvent l'épée, témoin le plus illustre de tous, le protonotaire de Foix, ce brillant duc de Nemours, qui ensevelit sa gloire précoce dans son sanglant triomphe de Ravenne.

Quoi qu'il en soit, homme d'église ou homme de cour, probablement tous les deux, Rapin fit son chemin à la cour de France. Catherine avait voulu se l'attacher en qualité d'aumônier, et par deux fois Jacques Rapin obtint du duc de Savoie le rare privilége de pouvoir demeurer au service d'une princesse étrangère. C'était là une faveur exceptionnelle que consacrèrent des lettres patentes en due forme ; car les ducs de Savoie, jaloux de retenir leurs sujets dans leur pauvre pays, avaient édicté des lois sévères contre l'émigration qui menaçait de dépeupler leurs Etats. Et si Jacques Rapin conserva les nombreux bénéfices qu'il avait dans son pays natal, ce ne fut que par un effet de la faveur toute spéciale dont la duchesse Marguerite l'avait honoré.

Dans divers actes, l'aumônier de Catherine de Médicis se qualifie d'*Orateur du Roi*. Il est donc probable qu'il joignit à ses fonctions particulières auprès de la reine-mère celle de prédicateur de la cour, ou tout au moins qu'il fut admis quelquefois à l'honneur de prêcher devant le roi de France. Il est à croire qu'il pénétra assez avant dans les bonnes grâces de Catherine; mais eut-il quelque influence sur l'esprit de cette princesse? Lorsqu'en 1567 il fut appelé à rendre compte de sa vie devant Dieu, eut-il à répondre devant le souverain Juge d'avoir été l'instigateur de quelques-unes de ces machinations perfides par lesquelles la Florentine trompa tour à tour ses amis et ses ennemis? Nous aimerions mieux croire que fidèle au caractère sacré dont il était revêtu, Jacques Rapin essaya, au contraire, de ramener dans une voie plus droite et plus chrétienne l'âme perverse et corrompue de sa royale pénitente. Mais nul témoignage ne vient à l'appui de semblables conjectures, l'obscurité couvre les dernières années de la vie du protonotaire; on ignore même s'il mourut à Paris et s'il conserva jusqu'à la fin les fonctions d'aumônier de la reine. Le nom de ses frères, qui, professant tous deux la religion réformée et la servant de leur épée dès leur entrée sur le sol de France, ne purent profiter du crédit dont leur aîné jouissait à la cour, revient seul désormais, et non sans éclat, sous la plume des historiens de ces temps de désordres et de troubles.

Les cris des huguenots massacrés à Vassy par ordre du duc de Guise venaient de répondre comme un écho sinistre à ceux des protestants de Cahors, égorgés par Montluc. L'édit de janvier était ouvertement violé;

Condé, chassé de Paris, se déclare le chef des réformés ; la guerre civile éclate. Blois, Tours, Orléans, Poitiers, La Rochelle, Lyon, Montauban, Nîmes, Montpellier, d'autres villes encore, les premières du royaume par leur population ou leurs richesses, ouvrent leurs portes aux émissaires de Condé. De gré ou de force elles deviennent protestantes. Seules, Paris, dominé par le Triumvirat (1), Toulouse, par son Parlement, restent catholiques ; mais la capitale du Languedoc va être inondée de sang huguenot.

L'appel aux armes de Condé n'avait pas seulement retenti dans la France protestante ; bientôt se réunit autour de lui une brillante pléiade de nobles gentilshommes et de vaillants hommes d'armes : il en venait de l'Allemagne, de la Suisse, de l'Angleterre, appelés à la défense d'une foi commune ; il en était arrivé de la Savoie, de l'Italie, de l'Espagne ; ces derniers avaient quitté leurs patries d'où les avaient chassé la persécution religieuse, et étaient venus grossir les rangs des huguenots de France armés contre leurs oppresseurs.

Parmi ces exilés volontaires, se trouvaient les deux

(1) On sait que le duc de Guise, le connétable de Montmorency et le maréchal de Saint-André, formèrent, à l'instigation de ce dernier, en février 1561, une étroite alliance dans le but d'exterminer les hérétiques. Guise et Montmorency communièrent ensemble, et l'ancienne haine qui les séparait se tourna tout entière contre les huguenots, qui donnèrent le nom de *Triumvirat* à cette alliance imprévue. Les trois triumvirs moururent de mort violente : Le maréchal de Saint-André est tué à Dreux (1562) ; le duc de Guise, un an plus tard, est assassiné sous les murs d'Orléans par Poltrot de Méré, et le vieux connétable, frappé à mort par Robert Stuart, meurt sur le champ de bataille de Saint-Denis en 1567.

frères de l'aumônier de Catherine de Médicis, Antoine et Philibert de Rapin. Nous reviendrons plus tard sur ce dernier, l'une des plus illustres et des plus innocentes victimes d'un Parlement fanatique. Si les services que rendit Antoine de Rapin à *la Cause* (1) ne furent pas couronnés des palmes du martyre, du moins eut-il la gloire de verser son sang pour elle plus d'une fois pendant les vingt-cinq années durant lesquelles il la servit de ses talents et de son courage.

Les deux frères furent mêlés aux troubles qui ensanglantèrent la ville de Toulouse en 1562, et le nom de Rapin apparaît alors pour la première fois, dans l'histoire de nos discordes civiles et religieuses.

On sait comment commencèrent ces néfastes journées du mois de mai 1562. Les protestants de la ville de Toulouse, qui avaient, dans le Parlement même, de nombreux, mais timides adhérents, députèrent vers le prince de Condé Pierre Hunaut, baron de Lanta, avec la mission de communiquer au prince un projet de soulèvement qui réduirait la ville sous son autorité. Condé approuva, promit son appui. D'Arpajon, Marchastel, d'Astorg-Montbartier, reçurent l'ordre de se porter sur

(1) On désignait ainsi parmi les huguenots de France, particulièrement pendant la minorité de Henri de Navarre, le parti protestant tout entier. Lorsqu'après la Saint-Barthélemy, l'écho de l'indignation de l'Allemagne et de l'Angleterre obligea la cour de France à alléguer quelque raison d'Etat pour pallier ce massacre, on se saisit de Briquemault et de Cavagnes, « ce dernier, dit Brantôme, chancelier de la Cause, » tous deux distingués dans le parti, et on ordonna leur supplice sous le prétexte d'avoir médité avec leurs coreligionnaires la destruction des catholiques et la mort du roi et de sa famille. — Drion, *Hist. chron. de l'Eglise protestante de France*, t. I, p. 135.

Toulouse; mais, soit lenteur de ces chefs, soit trahison de la part de ceux de la ville qui devaient leur transmettre le signal de l'attaque, les troupes de d'Arpajon arrivèrent trop tard, et Montluc, qui avait déjà arrêté et pris le vicomte de Bruniquel, leur barra le passage. Cependant, dans la nuit du 11 au 12, les huguenots de Toulouse s'étaient emparés des principaux points de la ville sans rencontrer aucune résistance, tant les catholiques avait été pris au dépourvu. Maîtres de la vie de leurs ennemis, mais confiants dans l'arrivée des renforts promis par Condé, les réformés préférèrent traiter. Cette modération les perdit. Le Parlement écrivit en hâte à Montluc, à Bellegarde et aux autres chefs catholiques qui tenaient la campagne. Ils accoururent à son appel. Par ses ordres, le tocsin emplit la ville du bruit de ses lugubres volées; les capitouls, dont les sages conseils avaient arrêté une première fois l'effusion du sang sont destitués, jetés en prison et remplacés par les créatures du Parlement.

Pendant trois jours la ville de Toulouse est en proie au meurtre, au pillage, à l'incendie. Les nouveaux capitouls, à l'instigation des conseillers catholiques et dans le criminel espoir d'incendier le Capitole où les protestants s'étaient renfermés, font mettre le feu aux maisons voisines; leurs ruines entassées, abattues par le canon des huguenots, étouffèrent les flammes et empêchèrent l'incendie de se propager jusqu'à l'Hôtel-de-Ville.

A diverses reprises, mais sans succès, on avait essayé d'entrer en accommodement, les religionnaires se bornaient à réclamer l'exécution de l'édit de janvier et sûreté pour leurs personnes et pour leurs biens ; mais ces justes demandes leur furent refusées.

Enfin, le 16, au soir, désespérant de forcer les huguenots dans leur retraite, les catholiques envoyèrent au Capitole le baron de Fourquevaux, gouverneur de Narbonne. Il s'entendit avec Rapin, l'un des chefs protestants qui tenaient encore dans l'Hôtel-de-Ville, et les négociateurs arrêtèrent ensemble les termes de la convention. Les huguenots devaient laisser leurs armes et toute l'artillerie dans l'Hôtel-de-Ville, et sortir de la ville ; les catholiques leur donnant d'ailleurs toutes les sûretés nécessaires et consentant à une suspension d'armes jusqu'au lendemain matin. Rapin rendit compte à ses coreligionnaires du résultat de sa mission : à l'instigation du prédicateur Barrelès, il fut décidé que les conditions proposées seraient acceptées et Fourquevaux rapporta au Parlement la convention fatale qui, signée de leurs chefs, livra les protestants désarmés aux poignards de leurs ennemis. La nuit se passa en prières solennelles au quartier des huguenots ; avant le jour, de grandes troupes d'habitants, marchands, étudiants, femmes et vieillards, quittèrent la ville ; la plupart des fugitifs furent la proie des bandes de Montluc qui tenaient la campagne et arrivaient en hâte à Toulouse, comme une meute à la curée. Quelques heures plus tard, les soldats huguenots sans armes, sortaient à leur tour ; mais leurs derniers rangs n'avaient pas encore franchi la porte de Villeneuve, qu'ils furent assaillis par les catholiques excités par leurs chefs, qui voulurent venger ceux des leurs tombés dans la lutte sous le fer des huguenots. Au mépris de la foi jurée et de la convention signée, les soldats du Parlement se ruèrent sur des ennemis sans défense et les massacrèrent sans pitié. Les paysans catholiques achevèrent les blessés et en tuèrent un grand nombre; le reste gagna Montauban, Castres, Puylaurens; trois à quatre mille hommes blessés, meurtris, mourants, restèrent sur les routes, abandonnés sans sépulture; les chiens dévorèrent leurs restes.

Depuis le 17 mai jusqu'au 29 octobre, deux cents personnes furent exécutées par ordre du Parlement, et environ quatre cents autres par contumace. Il est plus que probable qu'Antoine de Rapin, que nous retrouvons peu après à Rabastens avec d'autres capitaines huguenots échappés aux massacreurs, fut compris dans ce dernier arrêt ainsi que son frère Philibert, dont la tête devait tomber plus tard sous la hache du Parlement.

Pendant que l'on se battait dans Toulouse, une petite ville du Castrais, Gaillac, livrée au zèle fanatique de Laurent Strozzi, cardinal-évêque d'Albi, voyait ruisseler dans ses places et dans ses rues le sang de paisibles habitants qui n'avaient commis d'autre crime que celui de professer une religion proscrite.

Marchastel, lieutenant d'Arpajon, vengea sur trois villages catholiques, les massacres de Toulouse et de Gaillac, et entra dans Montauban. Montluc et ses bandes ravageaient le pays ; frappés de terreur par son approche, les habitants de Montauban supplient le chef protestant de veiller au salut de leur ville; mais les murs délabrés, les provisions épuisées, la garnison affaiblie, ne paraissaient pas offrir des garanties suffisantes pour la défense de la place. Les chefs huguenots assemblent les consuls et les notables, et leur montrant l'impossibilité où ils sont de soutenir un siége, les pressent d'abandonner leurs remparts ruinés et de se joindre à leur petite armée qui allait renforcer les troupes de Condé. Les habitants et les magistrats de Montauban refusaient énergiquement d'abandonner leur ville, lorsqu'arrive la nouvelle que quatre mille huguenots, rassemblés en armes dans l'Agenais, demandent un chef. D'Arpajon et Marchastel se décident alors à laisser dans la place quelques troupes sous le commandement de Rapin et des capitaines La Borie, La Vernède et Richard. Ils quittent Montauban le 23 mai 1562, et vont eux-mêmes, avec le gros de leur petite armée, à la rencontre des religionnaires de l'Agenais.

Après un nouvel examen des défenses de la ville, Rapin, désespérant de pouvoir résister à Montluc qui s'avance, tente un dernier effort; il assemble de nouveau les consuls et leur renouvelle la proposition de ses chefs. Avec une nouvelle énergie, les magistrats et les ministres de Montauban repoussent ces conseils dictés par la prudence et peut-être aussi par un secret désir de rejoindre l'armée des princes. Alors les capitaines huguenots forment le projet d'abandonner secrètement la place et, au milieu de la nuit, ralliant leurs soldats, ils commencent à l'effectuer. Leurs derniers détachements n'avaient pas encore rejoint ceux qui les attendaient aux portes de la ville, que soudain un grand tumulte s'élève dans Montauban; saisis d'une terreur panique, les habitants sortent en désordre de leurs maisons, les femmes demi-nues fuient dans les rues, poussant des cris de terreur et se précipitant sur les pas des soldats. Dejà la foule se pressait aux portes de la ville lorsque, au loin, sur la route, aux pâles lueurs de l'aurore, on voit apparaître un nuage de poussière. C'étaient les cavaliers de Montluc. Les capitaines huguenots rallient leurs soldats et se replient sur les remparts. Le ministre Constans, comme un berger fidèle, rassemble et ramène en arrière son troupeau dispersé. Pêle-mêle avec les bourgeois et les soldats de la garnison, les cavaliers de Montluc vont entrer dans la place, lorsqu'un sergent huguenot, nommé Arnaud Guibert, crie aux canonniers qui se tenaient sur les remparts de faire feu sur l'ennemi. Ils n'avaient point de canons et Guibert ne l'ignorait pas, mais sur cette injonction faite d'une voix retentissante, la cavalerie catholique tourne bride et les habitants, rentrés dans Montauban, en ferment les portes. Rapin organisa la défense avec tant de succès, que Montluc, ne croyant pas pouvoir en entreprendre le siége avec les forces dont il disposait alors, quitta bientôt les faubourgs de Montauban, se retirant avec Terride, qui l'avait aidé à investir la place.

Après le départ des catholiques, les troupes de la garnison se dispersèrent, et lorsque Marchastel revint le 5 juin à Montauban pour y installer Boisseson en qualité de gouverneur, Rapin, Soupets, Montledier, Varagne « tous excellents hommes de guerre, » s'étaient retirés à Castres avec leurs compagnies.

Carcassonne, Albi, Castelnaudary, étaient successivement retombées au pouvoir de l'armée catholique, mais Castres restait aux réformés.

A la faveur des troubles de Toulouse, ceux-ci s'en étaient emparés par surprise, et, à la fin de mai 1562, les chefs huguenots qui s'étaient rendus maîtres de la place, de Bernes, Montledier, d'Ambres, Boisseson, en confièrent le gouvernement à Guillot de Ferrières, l'un des plus considérés parmi ses coreligionnaires.

Bientôt après, Rapin, Gremian, Soupets, Varagne, amènent leurs gens de pied; Sauvage, sa cavalerie, et grâce à ces renforts, par les soins et l'activité du nouveau gouverneur, Castres devient le boulevard et le centre des forces protestantes dans le Languedoc.

Mais Antoine de Rapin ne demeura pas longtemps dans les murs de Castres; la guerre civile semblant devoir se concentrer dans le Bas-Languedoc, il partit avec ses hommes pour aller rejoindre Jacques de Crussol, seigneur de Beaudiné, qui était à Montpellier depuis la fin de mai. Ce chef célèbre, qui s'illustra sous les noms de Beaudiné et de d'Acier, prenait le titre de « général des gens de guerre, levés en Languedoc pour soutenir la Religion et pour la délivrance du Roi, de la Reine, et de M. le Duc d'Orléans, captifs. »

Ce titre singulier, qui est la formule du protestantisme d'alors comme parti politique, lui assurait un grand pouvoir dans le Bas-Languedoc; pour rendre les populations favorables à leurs mouvements agressifs, les chefs du parti firent répandre le bruit que le triumvirat tenait captive la famille royale. Voici dans quelles circonstances :

Montpellier avait pris part à l'effervescence qui avait suivi les derniers massacres des huguenots à Vassy, à Toulouse, à Gaillac. Au commencement de 1562, c'était presqu'une ville protestante. Quelques années auparavant, la Réforme y avait été prêchée; quatre mille personnes avaient embrassé avec enthousiasme les idées nouvelles, et, un an après ces premières prédications, la majorité de ses habitants était protestante. La Faculté de médecine, les magistrats et les consuls, professaient plus ou moins ouvertement la religion réformée ; et telle était la rapidité avec laquelle se propageaient ses doctrines, que « les nonnains laissaient leurs habits et allaient ouïr les ministres ; les laïques pareillement... faisaient confession et repentance publique, en suivant la constitution ancienne de l'Eglise primitive. »

Le parti catholique protesta à diverses reprises contre l'hérésie envahissante ; il soutint plus d'une fois ses prétentions les armes à la main, et le sang coula sur les parvis des temples et des églises. Toutefois, de sages ordonnances promulguées par les soins des seigneurs de Crussol et de Joyeuse, envoyés à Montpellier par la reine-mère, parurent calmer pour un temps les passions des deux partis. Mais le retour du roi et de la reine à Paris est présenté par quelques meneurs comme le résultat d'un complot; des agents mystérieux vont disant parmi la foule que les triumvirs n'ont rappelé Charles et Catherine que pour les retenir captifs : de toutes parts les réformés courent aux armes : la ville retombe en leur pouvoir. Joyeuse et Crussol, découragés, impuissants à calmer l'agitation des esprits, se retirent; le trésor de la cathédrale est forcé ; les six cents marcs d'argent qu'on y trouve servent à solder les troupes « armées pour la délivrance du roi ; » le fort de Maguelonne est envahi ; tous les postes militaires de la ville sont occupés par les huguenots. C'est alors qu'arrive Beaudiné et qu'il prend le titre dont ces lignes sont le commentaire (28 mai 1562.)

Deux mois après, il avait sous ses ordres quatorze compagnies d'infanterie qui étaient revenues ensemble de Castres, à la fin de juillet, commandées par Rapin et Gremian, par Sérignan, Daisse, Sanglar et quelques autres capitaines, une compagnie de Suisses, deux autres formées par les habitants de Montpellier, huit cornettes de cavalerie sous les ordres de Bouillargues, de Gremian l'aîné, d'Herbaut, de du Bar, de Saint-Véran ; le vaillant Honoré des Martins, seigneur des Baux, sénéchal de Beaucaire, si célèbre dans les premières guerres de religion, sous le nom du capitaine Grille, était le lieutenant de Beaudiné.

Les troupes catholiques, alors campées dans les prairies de Lattes, proche de Montpellier, avaient pour chefs le seigneur de Joyeuse, le gouverneur catholique du Languedoc et Fourquevaux, gouverneur de Narbonne, le négociateur de la convention conclue avec Rapin et violée par les soldats du Parlement de Toulouse. Forte de quatre à cinq mille hommes, fréquemment inquiétée par la garnison, qui lui était supérieure en nombre, l'armée de Joyeuse demeura presque inactive au milieu des marais qui gênaient ses mouvements, après avoir causé à la ville une telle terreur par son approche, que les habitants rasèrent tous les faubourgs pour se mieux renfermer dans l'enceinte de leurs murailles.

« Le 17 septembre, ceux de la religion eurent nouvelle comment les sieurs de Sommerive et de Suze estoyent après pour faire un pont en la branche du Rosne qui se divise à la ville d'Arles et du côté de Fourques, séparant la Provence du Languedoc, et de là passer leur camp, pour se venir joindre avec celui du sieur de Joyeuse qui estoit audit Lattes, devant Montpellier, pour en après, avec quatre mil hommes qui se dévoyent joindre audit lieu les quels le grand Prieur d'Auvergne amenoit du costé de la montaigne, vers les Sévènes, pour venir délivrer ledit de Joyeuse du lieu où il estoit enfermé, et après assiéger la ville de plus près. » Beaudiné voulut prévenir la jonction menaçante des forces catholiques du Languedoc et de la Provence : par ses ordres, le capitaine Grille se dirige sur Nîmes, emmenant avec lui le baron du Bar à la tête de six cornettes de cavalerie et trois enseignes d'infanterie, commandées par Rapin et d'Albenas, afin de surveiller de plus près les mouvements de l'ennemi. Bouillargues, envoyé quelques jours plus tard à Saint-Gilles, menacé par les Provençaux, en fortifie les remparts et laisse cinquante hommes dans la place.

Le 27 septembre Sommerive paraît devant Saint-Gilles et tente sans succès un assaut vigoureusement repoussé par la garnison. Grille, prévenu à Nîmes par un exprès, accourt à marches forcées; Bouillargues, avec sa cavalerie, prend les devants et, par une ruse de guerre, donne à son chef le temps de disposer ses troupes en bataille. Les deux armées s'observaient depuis assez longtemps, lorsque quelques cavaliers huguenots, cherchant à faire pénétrer un secours dans la place, s'aperçoivent que les ennemis se retirent vers le Rhône.

Bouillargues prévient alors les autres chefs, et fondant sur Sommerive avec tout ce qu'il a de cavalerie, il rompt les rangs ennemis avec tant de violence, que les catholiques croient avoir affaire au baron des Adrets. Saisis d'une terreur panique, ils se débandent, jettent leurs armes pour alléger leur fuite, et sont taillés en pièces par Grille, qui arrivait avec du Bar, Rapin et d'Albenas, à la rescousse de Bouillargues et de ses vaillants cavaliers. La plupart des Provençaux, cherchant leur salut dans le fleuve, se jettent à la nage; mais, profond et rapide, le fleuve devient leur tombeau.

Les autres gagnent le pont à peine achevé et le rompent derrière eux, sans écouter les cris de désespoir de leurs compagnons restés sur l'autre rive. Au milieu d'un effroyable désordre, ces derniers sont culbutés les uns sur les autres par les soldats huguenots et précipités dans le Rhône à travers les débris des arches rompues.

Sommerive perdit dans ce combat au moins deux mille hommes de pied, dit de Thou; du côté des protestants, deux soldats seulement furent tués, et encore par mégarde, frappés par leurs camarades dans le tumulte de l'action. Vingt-deux drapeaux, dont la cornette du général, deux canons, les équipages de camp et les bagages furent les trophées que les vainqueurs ramenèrent en triomphe à Lunel. Mais peu de jours après, Joyeuse prit sa revanche : Grille et ses compagnons, encore chargés de leur butin, revenaient à Montpellier, dans le désordre et la sécurité qui suivent fréquemment la victoire. Les catholiques, cachés dans la forêt de Gramond, les surprennent au passage et tirent une sanglante revanche de leur désastre de Saint-Gilles. Là, encore, Rapin combattit vaillamment; à ses côtés tomba le capitaine Merle qui, aveuglé par la poussière que soulevaient les combattants, ne put parer les coups qu'on lui portait, et plus de cent de leurs braves compagnons. Au bruit de la mousqueterie, Beaudiné accourut à leur secours; mais il était trop tard, et tout ce qu'il put faire fut de contraindre les troupes de Joyeuse à regagner leurs quartiers.

Peu de jours après, le 4 octobre 1562, Joyeuse leva son camp de Lattes, pilla, en passant, la ville de Florensac qui appartenait à la maison de Crussol, et s'en alla vers Pézenas. Beaudiné ne tarda pas à suivre son exemple; il partit pour Nîmes, s'empara de la Tour de Carbonnières, qui était la clé des passages entre Montpellier, Nîmes et Aigues-Mortes, et laissa Rapin à Montpellier en qualité de gouverneur, avec deux compagnies de gens de pied. Représentant de Jacques de Crussol dans cette partie du Languedoc, Rapin commandait aussi aux garnisons de Béziers et de Carcassonne.

Le 11 octobre, le nouveau gouverneur, à la sollicitation des principaux habitants réformés, fait crier par toute la ville un règlement de police « portant ordre aux officiers du Roi d'ouvrir leur auditoire, et à tout le monde d'aller au prêche et d'ouïr le ministre, sous peine de bannissement. » C'était ainsi qu'alors on entendait la liberté de conscience; on ne saurait s'en étonner. Du côté des catholiques « fut improuvée cette voye de vouloir contraindre les personnes à une religion. » Mais n'en donnaient-ils pas eux-mêmes le déplorable exemple?

Quelque temps après, on confia à Rapin la garde du baron des Adrets, qui venait d'être arrêté à Romans, par Mouvans et Montbrun. Deux fois battu par le duc de Nemours, abandonné de ses soldats à un troisième combat, le féroce partisan venait d'être remplacé par Soubise dans son gouvernement du Lyonnais. Accusé hautement d'avoir compromis les intérêts de son parti par ses lenteurs; calomnié, rebuté par les soupçons de trahison qui planaient sur lui, et qui avaient leur source plutôt dans la crainte et la terreur qu'il inspirait à ceux mêmes de son parti que dans une défection réelle, des Adrets hésitait encore à traiter avec Nemours, lorsqu'il surprend sur un messager protestant des lettres injurieuses pour son honneur de soldat. L'ingratitude de ceux qu'il avait servis enflamme sa colère, l'adresse de Nemours fait le reste.

Cependant, avant de quitter le camp des réformés, il stipule des conditions avantageuses pour le parti qu'il abandonne; il offre de se désister de son gouvernement du Dauphiné, si l'on veut accorder un édit de pacification. Nemours promit tout ce qu'il voulut. Mais, pendant ces démarches, Mouvans et Montbrun pénètrent dans Romans, s'emparent de des Adrets, et l'amènent à Nîmes sous bonne escorte. Bientôt après il est transféré à Montpellier et confié à la garde de Rapin, qui enferme le redoutable transfuge dans le donjon de l'église cathédrale, que ses hautes tours et ses murailles crénélées faisaient alors appeler le nouveau château Saint-Pierre. Huit jours après, des Adrets est reconduit à Nîmes; amené devant un tribunal formé à la hâte, il récuse ses juges et dédaigne de se justifier. Devant son orgueil et ses menaces, les magistrats huguenots se taisent et n'osent le condamner. La paix, bientôt signée, lui rendit la liberté, mais il en fit plus tard un terrible usage contre ceux qui avaient vu trop clairement sa défection.

Malgre les procédés énergiques de Rapin pour évangéliser les catholiques de Montpellier, ses chefs trouvèrent sa façon d'agir empreinte de quelque tiédeur. Le seigneur de Peraut, du Vivarais, fut désigné pour lui succéder, et fut installé à sa place le 9 février 1563. Aussitôt et de concert avec les autorités de la ville, de Peraut fit publier un rôle de proscription des catholiques « *qui ne leur étaient pas agréables,* » avec ordre de sortir de la ville sans emporter autre chose que dix livres tournois. Le 12 février, autre ordonnance défendant de rien acheter aux catholiques ; mais cette injonction, aussi absurde que tyrannique, qui portait un coup fatal à la prospérité de la ville, ne fut pas exécutée à la rigueur ; le bon sens des officiers chargés de l'appliquer en fit justice. Rapin avait repris le commandement de sa compagnie : jaloux de reconquérir l'estime de ses chefs, sur un avis qu'il reçoit, secondé de Gremian et de ses hommes, il marche sur Aniane, petite ville proche de Montpellier, célèbre par son antique abbaye, fondée par saint Benoît, et y taille en pièces une compagnie de soldats catholiques qui s'en étaient emparés.

L'édit de pacification d'Amboise, œuvre du sage et vertueux l'Hôpital, mit fin à la première guerre civile dont l'exploit de Rapin sur Aniané fut l'un des derniers incidents. Le vaillant capitaine supportait impatiemment les loisirs de la paix ; aussi le retrouvons-nous parmi les premiers des chefs huguenots qui reprirent les armes quelques années plus tard.

Le 29 septembre 1567, entre Meaux et Paris, le jeune roi Charles IX faillit être pris par les huguenots commandés par Coligny et Condé ; il ne dut sa liberté qu'à l'avance qu'il avait sur eux et à la ferme attitude des

Suisses qui formaient son escorte. Après l'insuccès de cette hardie tentative que Charles ne pardonna jamais aux réformés devant lesquels il avait dû fuir, le prince de Condé comprit qu'il fallait reprendre les hostilités avec plus de vigueur que jamais, et envoya messages sur messages dans le Midi pour demander des troupes qu'il voulait concentrer autour de Paris. Ses émissaires parcouraient le Languedoc; Mouvans et Rapin marchent des premiers à l'appel de leur chef. Bruniquel, Montclar, Paulin, réunissent les débris de leurs bandes vaillantes épars aux environs de Toulouse, se mettent en marche à la fin d'octobre, traversent le Rouergue, rallient, aux environs d'Alais, Mouvans et Rapin, et entrent en Auvergne. Le 6 janvier 1568, après avoir traversé le Rhône à Loriol, la Loire à Saint-Rambert et l'Allier à Vichy, sous le feu de l'ennemi, les huguenots rencontrent près de Cognat, à une lieue et demie de Gannat, l'armée catholique, forte de seize mille combattants. Les religionnaires resserrent leurs rangs éclaircis pendant la dangereuse traversée du Vivarais; ils disposent sur trois divisions leur petite armée: les régiments de Foix et de Rapin sont à l'avant-garde; ce dernier, à la voix de son chef, se précipite sur les lignes ennemies, et d'un impétueux élan fait une large trouée dans les escadrons du baron de Gordes qui arrivait au galop à sa rencontre. Electrisés par ce premier succès, les gendarmes de Paulin et de Bruniquel se jettent avec furie sur les catholiques, rompent leurs lignes, dispersent leurs soldats. Le reste de la petite armée, quatre mille hommes à peine, mal nourris, mal vêtus, sans cuirasses, sans casques, armés de poignards et de vieilles espingoles,

Mouvans et Montclar à leur tête, passent sur le ventre des troupes des barons de Lastic et de Gordes qui se rassemblaient pour un dernier effort, s'éloignent sans que leurs ennemis en désordre puissent songer à les poursuivre, vont dégager Orléans bloqué par l'armée royale, s'emparent de l'artillerie, assiégent Blois, le forcent à se rendre et, chargés de butin, vont rejoindre Condé qui marchait sur Chartres.

« On ne voit guère, dit Lafaille, peu suspect d'admiration vis-à-vis des huguenots, plus brillante et plus belle marche dans l'histoire. » Après la part importante qu'il prit à la bataille de Gannat, Antoine de Rapin disparaît pour quelques mois de la scène et cède la place à son frère Philibert dont la fin tragique est racontée ou rappelée par la plupart des historiens.

Cadet de ses quatre frères, Philibert de Rapin était né à Saint-Jean de Maurienne vers 1530. D'abord page du duc de Savoie, il était entré dans la garde particulière de ce prince, lorsque l'exemple d'Antoine de Rapin le décida à quitter son pays. Il est probable que ce fut par le crédit de son frère Jacques qu'il fut nommé maître d'hôtel de la duchesse d'Enghien, sœur du prince de Condé. Il passa depuis au service de ce prince auprès duquel il remplit les mêmes fonctions. Son courage et ses talents militaires, autant que sa capacité dans les affaires, avaient fait distinguer Philibert de Rapin parmi ceux de son parti. D'un esprit plus fin et plus délié qu'Antoine, son aîné, il ne lui cédait en rien pour la bravoure et la science militaire qui avaient fait de ce dernier l'un des plus estimés et des plus vaillants parmi les chefs huguenots de ce temps-là.

Au dire de Lafaille, ce fut Philibert qui fut choisi par les conjurés de Toulouse pour traiter en leur nom avec le baron de Fourquevaux. On a vu plus haut par quel honteux parjure les catholiques achetèrent leur facile victoire sur des ennemis désarmés. Le choix que les conjurés de Toulouse, au nombre de vingt mille environ, avaient fait de Rapin pour négocier les conditions de leur désarmement prouve qu'il avait su mériter la confiance et l'estime de ses coreligionnaires. « C'est une marque, ajoute Lafaille, qu'il n'était pas moins homme de tête que de main. » « *Homo bellis superioribus strenuus... clarus... obidque ipsis senatoribus tolosanis invisus...* », dit l'impartial de Thou au livre 42 de son *Histoire*, en rendant compte de la mission et de la mort de Rapin. Cette distinction lui fut fatale; enveloppé ainsi que son frère Antoine dans la haine du Parlement, il lui était réservé d'en ressentir les terribles effets. Choisi parmi les gentilshommes du prince de Condé, Rapin fut chargé de porter en Languedoc le traité de paix signé à Longjumeau le 20 mars 1568. Puisant sa sécurité dans la commission royale dont il était porteur, Rapin arriva à Toulouse et présenta au Parlement l'édit qu'il devait enregistrer. Mais le cardinal de Lorraine avait écrit à l'avance qu'on n'eût aucun égard aux lettres du roi si l'on y trouvait certaine marque qu'il indiqua.

Le fanatisme des conseillers, trop bien servi par cette ruse déloyale, l'emporta sur le respect qu'ils devaient aux ordres du roi : saisi par les satellites du Parlement dans une maison de campagne qu'il possédait à Grenade, aux environs de Toulouse; chargé de fers comme un criminel, Rapin est traîné devant ses juges. Son procès s'instruit en trois jours et « sous prétexte de quelque vieux crime », dit Mézerai, le 13 avril il est décapité; mais s'il paya de sa vie son dévouement aux intérêts de sa religion, sa mort imprima une tache ineffaçable au front des juges iniques qui l'avaient condamné.

Cette exécution de Rapin « fit un grand éclat; » le prince de Condé réclama énergiquement auprès du roi et de Catherine de Médicis : ceux-ci, justement blessés de l'insolente indépendance du Parlement, qui n'avait eu nul égard au sauf-conduit qu'ils avaient donné, lui en témoignèrent hautement leur ressentiment. Lafaille, qui montre dans le récit de cette affaire une impartialité qui ne lui est pas ordinaire, malgré quelques dénégations que fait évanouir le témoignage de l'illustre de Thou, affirme qu'il existe un arrêt du 18 avril 1568, couché sur le registre des actes du Parlement, qui rend compte en peu de mots de ce procès, sans nuls éclaircissements, et qui n'y a été mis que parce qu'il contenait une mercuriale; quant au feuillet contenant l'arrêt en vertu duquel Rapin fut exécuté, il n'existait plus du temps de Lafaille : peut-être, pour l'honneur du Parlement, fut-il arraché du registre de l'an 1568.

« Rapin se trouvait amnistié par le traité dont il était porteur, dit un écrivain castrais que nous aurons souvent occasion de citer; cependant, sans respect pour la foi jurée, sans égard pour le caractère dont Rapin était revêtu, le Parlement le fait saisir et ordonne l'exécution de l'arrêt de mort prononcé contre lui. L'indignation éclate dans toute la province. Castres et Montauban refusent d'accepter un traité que les magistrats ont violé en répandant le sang d'un homme que ce traité même mettait hors d'atteinte et qui n'était arrivé dans la province que comme un ministre de paix et de conciliation. Usurpant des attributions politiques qu'aucune loi ne lui reconnaissait, qui n'avaient pour fondement que les précédentes et nombreuses usurpations que cette compagnie s'était permises, le Parlement ordonna (7 mai) que toutes les places tenues pour le roi fussent remises incessamment, sous peine de mort; défense fut faite aux officiers protestants d'exercer leurs charges, aux ministres de prêcher. » Mais les coreligionnaires de Rapin ne se contentèrent pas de l'admonestation royale, due aux énergiques réclamations de Condé. Déjà les Montalbanais, à la nouvelle du supplice de Rapin, avaient refusé de désarmer, Castres suivit l'exemple de Montauban.

Deux ans après, en janvier 1570, l'armée de Coligny investit Toulouse. Les soldats de la religion mirent le feu aux maisons et aux châteaux des conseillers du Parlement, et sur les ruines dévastées de leurs demeures opulentes, ils écrivirent avec des charbons tout fumants ces mots significatifs : *Vengeance de Rapin.*

De son union avec Jeanne du Verger, qui lui apporta en dot sa maison de Grenade et la terre et baronnie de Mauvers, seigneurie importante qui a donné son nom à la branche aînée des Rapin de France, Philibert de Rapin laissa deux fils. L'un d'eux mourut en bas-âge; nous verrons l'autre continuer avec éclat les traditions de bravoure et d'honneur dont son père lui avait légué le glorieux héritage.

Quelques mois après la mort de Philibert de Rapin, nous retrouvons son frère, Antoine de Rapin, gouverneur de Montauban en 1568, ce dont témoignent les patentes suivantes qui lui octroyèrent le droit de faire battre monnaie dans cette ville au nom des princes :

Henry, prince de Navarre, Loys de Bourbon prince de Condé, au sieur de Rappin, gouverneur de la ville de Montauban, Salut.

Estant bien et duement advertis du peu de moiens que les habitans du ressort de la Cour du Parlement de Toloze faisant profession de la religion réformée ont de recevoir des bonnes villes dudit pays desquelles l'entrée leur est défendue, aucune pièce d'or ou d'argent monnoyée desquelles toutefois ils ne scauroient se passer, soit pour le commerce ou pour la nécessité du recouvrement des vivres qui leur sont nécaissaires, Nous avons pu obvier aux incommoditez susdites permis et permettons par ces patentes faire battre en ladite ville de Montauban sous le coing toutes fois et armoiries du Roy, toute espèce de monnoye d'or ou d'argent ou autre selon que vous verrez que la nécessité le requerra, pourveu qu'elles soient du poids et alloy porté par les ordonnances de Sa Majesté et ce par provision et jusqu'à ce que estant lesdites villes capitales de ce ressort réduites sous l'obéissance du Roy et non autrement en soit ordonné. De ce faire Vous avons donné pouvoir, commission et mandement par ces patentes que nous avons signé de notre main. A Montreuil le Bellay, près Saumur, le quatorzième jour de décembre mil cinq cent soixante-huit.

HENRY. LOYS DE BOURBON.

Au revers de l'original on lit : « Les présentes patentes furent publiées et enregistrées à Montauban le 5 janvier 1569 à la réquisition du seigneur gouverneur et par-devant les magistrats consuls et conseillers des habitants de ladite ville assemblés en corps. »

Rapin était déjà installé dans ses fonctions le 14 décembre, date à laquelle un arrêt du Conseil du roi lui accorda, sur sa requête, « la dixième partie des butins faits ou à faire sur les ennemis de l'Etat pour ses bons et loyaux services, » tant en sa qualité de gouverneur de Montauban que pendant les troubles précédents.

Un effroyable désordre avait suivi dans cette ville le signal de la seconde guerre civile donné par Condé et Coligny. Une terreur panique saisit le clergé; il se déroba par la fuite aux violences des huguenots qui mirent au pillage les trésors des églises. Le consulat mipartie est aboli; à la faveur de l'émotion populaire, Antoine d'Astorg, baron de Montbartier, parvient à se faire nommer gouverneur. Il ne se sert de son pouvoir que pour dévaster les campagnes avec ses soldats : « Quelques calvinistes ayant été molestés par eux, on cria au-dedans comme au-dehors contre le gouverneur, qui fut destitué. » (Le Bret.)

Alors les consuls appelèrent à leur tête celui qui les avait déjà défendus contre Montluc, qui menaçait de nouveau leurs remparts, et Antoine de Rapin fut élu gouverneur de la ville de Montauban. A la demande des magistrats, il s'occupa activement de relever et de fortifier les remparts qui avaient été démantelés par ordre du roi en février et mars 1565. Il pourvut la ville de munitions et d'armes, renouvela ses approvisionnements. Mais, même pour battre monnaie, il fallait de l'argent, et il ne recula devant aucun moyen pour s'en procurer. Il fit vendre ce qui restait des ornements et des trésors des églises, il fit mettre à l'encan les matériaux des maisons des catholiques abattues par ses ordres, et jusqu'à la robe rouge de Tondut, consul catholique, qui l'avait abandonnée dans sa fuite ; tout ce qui pouvait faire or ou argent, tailles, dîmes, contributions écrasantes supportées par le parti vaincu, tout fut imposé, arraché, vendu. Mais Rapin sauva la ville, et Montluc la voyant si bien défendue n'osa venir l'attaquer. Sans doute, de telles violences sont coupables, mais il ne faut pas oublier qu'elles étaient de justes représailles, et que les lois de la guerre et la défense de la ville qui lui était confiée, les rendaient nécessaires, sinon excusables. Au reste, quand ces ressources furent épuisées, Rapin ne craignit pas de faire contribuer aussi ses coreligionnaires, et mit de lourdes taxes sur les bourgeois réformés.

Aussitôt un concert de plaintes et de malédictions s'éleva contre lui, on l'accusa de concussion et d'avarice, et les clameurs de l'émeute commencèrent à gronder dans les rues. Dédaignant ces attaques, fort de sa conscience, de son devoir et de son droit, Rapin exigea avec d'autant plus de rigueur le paiement des contributions dont il jugeait nécessaire de frapper la ville.

Alors l'irritation du peuple contre lui ne connut plus de bornes : en vain il en imposa plusieurs fois aux plus mutins par sa fermeté et son courage ; voyant sa vie menacée, il dut s'entourer d'une compagnie de gardes et se disposa à affronter de nouvelles séditions. Mais les chefs huguenots, les vicomtes de Bruniquel et de Montclar, craignant qu'à la faveur de ces dissensions intestines, l'évêque Desprez, qui courait le pays à la tête de bandes armées, ne trouvât moyen de rentrer dans la place, vinrent à Montauban dans le courant de février, emmenèrent Rapin hors de la ville sous le prétexte d'une expédition et le remplacèrent momentanément par Antoine de Montclar. Ce seigneur, père du vicomte de ce nom, était vieux et faible : il fit bien prêter aux habitants un nouveau serment de fidélité au roi de Navarre ; mais il fallait une main plus ferme que la sienne pour maîtriser les passions de ce peuple indocile ; après avoir lutté quelque temps, il se retira dans ses terres.

Quelques mois après le remplacement de Rapin dans le gouvernement de Montauban, le 8 juin 1569, le comte de Montgommery, l'illustre et malheureux adversaire de Henri II dans le fatal tournois de 1559, était parti de Nontron pour sa rapide et brillante expédition de Béarn.

Cantonné avec les troupes de Bruniquel dans les environs de Castres, Antoine de Rapin attendait les ordres de ses chefs, à la tête des soldats qu'il commandait. Ce fut là qu'il reçut des princes la lettre suivante qui, datée du jour même du départ de Montgommery, lui enjoignait de se tenir prêt avec « son régiment. »

Monsieur de Rappin Nous Vous avons et donnons mendement que Vous Vous tinssiez prest pour [que] avec vostre régiment nous Vous trouvons. M^rs^ les viscontes preudronleur chemin pour s'avenir à nous et d'aultant que nous dépêchons présentement M. [le] comte de Montgo^rie^ [Montgomt mery] pour vous aller à contre tous : Nous avons bien voulu encore Vous faire ce petit mot de rechange pour Vous prier ne faillir Vous avenir avec à nostre rencontre Vous asseurant que Vous y serés ce xvieme bien venu et que Vous y serés employés à des charges dont Vous recevrez contantement et sur ce, faisant fin à la présente Nous prions le Créateur Vous tenir M. de Rappin, en sa sainte garde. De Martron ce 8 juin 1569.

Vos biens bons amys,

HENRY. HENRY DE BOURBON.

Montgommery traversa Montauban vers le 15 juillet, trouva la ville livrée au désordre de l'anarchie et rappela Rapin pour la troisième fois. Celui-ci revint dans le siége de son gouvernement et se sentant appuyé par les compagnies de Meaussac, de Rabastens et de Caseneuve que Montgommery lui avait laissées, et par les commissaires que le roi de Navarre avait envoyés pour percevoir les taxes de guerre, il se montra plus sévère que jamais.

Il est probable que Rapin rentra dans Montauban avec Montgommery après avoir été à sa rencontre selon les ordres qu'il avait reçus. Ce fut de Montauban qu'il envoya au comte tous les fers à cheval et tous les maréchaux de la ville, précaution que dans la précipitation de sa marche Montgommery avait négligé de prendre, et qui était néanmoins d'une grande importance. En effet, lors du passage des princes dans cette ville avec l'amiral, à la fin d'octobre 1569, Montluc fait la remarque qu'ils séjournaient à Montauban « et es environs de là, en ayant bon besoing, car ils n'avoient cheval qui pust mettre l'un pied devant l'autre, ayant été contraints d'en abandonner par les chemins plus de quatre cents, n'ayant aucun moyen de les faire ferrer. » Aussi cette prévoyance de Rapin fut-elle très-appréciée des gens du métier.

Henri de Bourbon, prince de Condé, l'amiral Coligny,

et enfin le prince de Navarre, qui fut plus tard Henri IV, écrivirent à Antoine de Rapin, dans le mois de novembre de l'année 1569, trois lettres dont les termes sont empreints de la considération et de l'estime que ces grands personnages avaient pour lui. D'un intérêt secondaire au point de vue historique, elles caractérisent cependant la personnalité de celui auquel elles sont adressées. Voici celle du prince de Condé :

« Monsieur de Rappin, Vous scaurez comme je m'adresse si priveement à Vous, m'asseurant de n'estre jamais déceu de l'opinion que j'en ay eu dés le jour que je Vous ay premièrement cognu. Et c'est pour quoy je Vous viens bien dire que je ne Vous ay recommandé de gentilhomme qui plus que le sieur de Brion, plus parfaitement mérite qu'on fasse et aye soin de luy, pour ce que outre qu'il est de bien fort bonne part, il a fait et peut se décorer des services si bons en ceste cause que j'aurois trop de regrets que l'indisposition dans laquelle il est maintenait l'empeschast de se trouver où je scay que plus il se désire, qui est en ceste armée où l'on a toujours à faire de tels hommes que cela. Je luy ay donc conseillé, par ce que nous faisons ouvrer bien peu de couvers en ces quartiers, de s'en aller là pour quelques deux ou trois jours se reposer et faire traicter comme il en a bon besoing. Je l'ay bien voulu accompagner en ceste occasion pour Vous prier, cher amy, de le faire recommander, de sorte qu'il s'apperçoive que ma priere luy aye pu servir de quelque chose. Cependant que me recommandant de bon cœur à Vous, je supplie le Créateur, qu'il Vous aye, Monsieur de Rappin, en sa sainte et digne garde. Escript à Visle (château de l'Isle, près Molières ?) le 18e jour de novembre 1569.

» Henry de Bourbon. »

Après la funeste défaite de Moncontour, malgré son indomptable courage, voyant son armée anéantie, ses coffres vides, et les mercenaires échappés au désastre, refusant de marcher faute d'une solde suffisante, troupes coûteuses néanmoins, « qui rengregeoient et déchiroient, selon l'expression de d'Aubigné, la pauvre condition des deux princes » au nom desquels il commandait l'armée protestante, Coligny sentit la tristesse et le découragement s'emparer de son âme. Il était abandonné de tous, « horsmis d'une femme, qui n'en aiant que le nom, s'estoit advancée à Niort, pour tendre la main aux affligez et aux affaires (1). » Abattu par ses revers, écrasé par la responsabilité qu'il avait assumée, il sentait en lui-même son cœur fléchir et sa confiance en son Dieu s'ébranler. « Si est-ce que Dieu est très-doux! » lui dit alors le vieux L'Estrange, blessé à mort, porté en une civière qu'il fit arrêter devant son général « cheminant en mesme esquipage, » le voyant blessé comme lui, et accablé par le chagrin plus encore que par la douleur. Coligny entend cet appel à sa foi, il relève la tête, remercie d'un dernier regard le vieil ami qu'il va perdre, et « plus redoutable après sa défaite que ses ennemis après une victoire, » il rassemble ses bataillons dispersés et prend le chemin de La Rochelle. Le 18 octobre, Coligny est à Saintes, et c'est là que commence ce prodigieux voyage, poursuivi à travers mille dangers dans tout le midi et l'ouest de la France, qui peut compter comme l'une des plus mémorables campagnes de ce grand capitaine. « L'admiral, dit Pierre

(1) Jeanne d'Albret. Voy. d'Aubigné, *Histoire depuis* 1550-1601.

Mathieu (*Histoire de France*, liv. V), ayant ramené les relicques de son naufrage, fit en neuf mois près de trois cent lieues et quasi le tour de la France, ayant partout à la teste de ses entreprises et de ses conseils le prince de Navarre et le prince de Condé, la présence desquels soustenoit l'espérance des soldats et auctorisoit les commandements des chefs. » Il passe la Dordogne à Argentac le 25 octobre, franchit le Lot au-dessus de Cadenac, traverse le Rouergue et le Quercy, et arrive à Montauban.

Après quelques jours de repos laissés à ses troupes, il en fit partir un fort détachement qui s'empara de la ville d'Aiguillon. Deux jours après, Coligny quitta Montauban avec les princes et le gros de son armée, et remonta la Garonne vers Agen et le Port-Saint-Mary.

Un pont avait été jeté par ses ordres sur la Garonne : rompu par Montluc, il ne servit point au passage des troupes que Montgommery ramenait victorieuses du Béarn et qui opérèrent leur jonction avec l'armée des princes le 10 novembre, au Port-Saint-Mary; mais Coligny ne cessa pas de faire occuper ce point stratégique, comme le prouve la lettre suivante, qu'il écrivit au gouverneur de Montauban.

« Monsieur de Rappin, j'ay receu la lettre que Vous m'avés escrite, Vous prierai de donner ordre qu'il soit fait bonne et meilleure garde au pont qu'on n'a point encor fait, car il y a fort peu de gens en garde. Et quand les pluies seront passées je Vous prie envoyés sonder, si le passage de la rivière de Garonne ne sera point inguéable à cause des pluies, et si on y pourra encore passer et m'en advertir incontinement que Vous en aurés nouvelles. Quand... à ce que Vous me demandés que la cavalerie des ennemys, qui reste entre Tarn et Garonne, repassera la dite rivière et que je mande à Mr de Castries qu'il vins avec, je Vous adresse qu'il nous mandes que les neiges sont si grandes, qu'il n'est possible qu'ils viennent. Au demeurant, dites à Monseig. le vicomte de Bruniquet, qu'il s'en vienne incontinement et qu'il ayste [hâte] surtout.... aussitot lui.... autant que toujours la garde du pont. N'ayant autre chose, je prierai le Créateur vous avoir, Monsieur de Rappin, en sa sainte et sûre garde.

» A Laugez [Lauzerte?], xxv novembre 1569.

» Vostre bien bon amy,

» CHASTILLON. »

Peu de jours après, le prince de Navarre, alors âgé de seize ans, écrivit à Antoine de Rapin la lettre qu'on va lire, dans laquelle, après le soin des plaisirs de son âge, il passe promptement aux intérêts de sa couronne, et laisse percer dans son langage l'habitude du commandement et du pouvoir. Cette lettre, qui se trouve maintenant dans les archives privées de la famille régnante de Prusse, est intéressante par sa date (1569); dans le recueil si important et si connu des *Lettres missives de Henri IV* (Berger de Xivrey) il ne s'en trouve qu'une de cette année-là, et quatre seulement de 1562 à 1570.

« Monsieur de Rappin, je croy qu'il Vous sera souvenu du chien couchant dont je Vous parlai à mon partement de Montauban. Si Vous l'avés retrouvé, je Vous prie le m'envoyer par le capitaine Berar, present porteur. Sinon, mettés diligence à le recouvrer le plutost que sera possible, et le m'envoyés, avec la levrette que m'avés aussi promise. Au reste, il y a certains habitans en Montauban, qui sont fermiers du dixme de Negrepelisse, appartenant à la Reyne ma mère, et debtant de l'argent à cause du dit inventaire qu'il est possible de retrouver ect. [ici]. Je Vous prie envoyés qu'Il..... le prevost et M. Faust, son gendre, qui Vous... les dits fermiers lesquels Vous ferés prendre prisonniers et me les enverrés.... servant pour être gardés jusqu'à tems qu'ils auront entièrement satisfait à ce qu'ils doivent. A tant, je supplie Dieu Vous prendre, Monsieur de Rappin, en sa sainte grâce.

» Fait à L'augez (Lauzerte?), le pénultième de novembre 1569.

» Vostre bien bon amy,

» HENRY. »

Nous avons vu Antoine de Rapin rappelé par le comte de Montgommery dans cette ville de Montauban, dont la population violente et indisciplinée avait deux fois refusé de se soumettre à la sévère autorité de son gouverneur. Quelques mois après sa réinstallation, les 25 et 26 décembre 1569, des lettres patentes lui furent octroyées par les princes, datées du Port-Saint-Mary. Elles portaient commission de lever un subside « de huit mille livres par chaque mois, en cette province de Montauban, comprenant Gaillac et Saint-Anthonin, pour le peyement des gens de guerre, qu'il a convenu et convient entretenir pour la défence et seureté de ce pais. » D'autres patentes concernant l'assiette des tailles et levées dans son gouvernement de Montauban, pour l'année 1570, lui furent également accordées. Elles commencent ainsi :

« Henry, prince de Navarre, duc de Vendosme et de Beaumont premier Pair de France Gouverneur Lieutenant Général et Amyral pour le Roy Monseigneur le Pais de

Guienne et de Poictou, et Henry de Bourbon prince de Condé duc d'Anguien aussi Pair de France au sieur de Rappin, gouverneur et commandant pour le service de Sa Majesté sous nostre authorité en la ville de Montauban et autres villes et places circonvoisines, Salut. Chacun a peu juger et connoître tant par les escrits et responses que nous avons envoyé a Sa Majesté contenant nos tres humbles remonstrances supplications et submissions que par toutes nos autres actions et desportemens le desir et singuliere affection que nous avons toujours eu et avons de veoir la fin de ces misers calamitez et désolations et quel regret ennuy et desplaisir nous avons de les voir continuer Et ce d'autant que pour l'entretenement des grandes forces que nous avons et pour n'avoir autres moyens de supporter les grands frais de cette guerre si sainte et si juste que chacun scait et que nous faisons pour le service du Roy et seureté du Royaume Il nous conviens nous ayder et secourir de toutes sortes et especes de dons... Scavoir Vous faisons que pour la bonne confiance que nous avons de votre personne, sa suffisante integrité, loyauté, preudomye et bonne intelligence, Vous avons commis ordonné et deputé, commettons, ordonnons et deputons par ces patentes pour faire assembler les dits consuls et autres deputez des dites villes en la ville de Montauban a tel jour que vous adviserés et apres les remonstrances par vous faictes de nos affaires, leur declarerés que pour ayder favoriser et satisfaire au peyement de nos estrangers Nous avons admis qu'ils paieront telle ou semblable somme que celle qui a esté commis, dict, esté imposée sur eulx en la presente année. Et ce pour l'année prochaine que l'on contera mil cinq cens soixante dix.... etc. »

Le 14 février 1570, Antoine de Rapin était encore gouverneur de Montauban. Les murailles de la ville de

Caussade, qui dépendait de son commandement, vieilles et délabrées, s'étaient écroulées à la suite des pluies torrentielles. Les consuls de Caussade, craignant avec juste raison que l'ennemi qui tenait la campagne ne profitât de la brèche que les pluies avaient ouverte, pour entrer dans leurs murs, « d'autant que les rempars estoient de grand garde, estan de forme ronde, » adressèrent aux princes une supplique tendant à faire relever leurs murailles et à fortifier leur garnison. Le 15 janvier, cette requête fut renvoyée par ordre des princes « au sieur de Rappin gouverneur de Montauban, pour par luy ou aultre qui fera a ce par luy commis, faire vériffication de la ruyne naguere adveneue aux murailles de la dite ville de Caussade et estimation des frais de la réparation d'icelle et en informer mes dicts seigneurs les princes... Faict en conseil estably et ordre de mes dicts seigneurs le xve de janvier, l'an mil vc soixante et dix. — De Caboche. »

Sept jours après, le gouverneur Rapin donna commission à François de Carmaing, seigneur de Bellegarde, de vérifier « la ruyne adveneue, » et de procéder à l'estimation des frais..., etc. La dernière pièce de cette procédure, signée du commissaire Bellegarde, agissant d'après les ordres du gouverneur, est du 14 février 1570.

Le document que nous venons de citer est le dernier acte original qui témoigne de la continuation des pouvoirs d'Antoine de Rapin comme gouverneur de Montauban ; il montre aussi qu'il relevait directement des princes et que ses pouvoirs n'étaient pas soumis à l'autorité des consuls, comme le prétend Le Bret.

Antoine de Rapin était entré au service de France l'année même de la conquête de la Savoie par nos armées, en 1536, et avait porté les armes sous quatre rois, François Ier, Henri II, François II, Charles IX. Demeura-t-il gouverneur de Montauban jusqu'à sa mort, ou fut-il rappelé par le roi de Navarre, et pour la dernière fois remplacé par le comte de Meharon (*sic* — sans doute Pierre d'Armendaritz, vicomte de Méharin, gentilhomme du roi de Navarre en 1580?) Le Bret nous paraît faire, à l'occasion de ce remplacement, une confusion de dates, et placer en 1570 l'appel adressé par les princes à Rapin en juin 1569, appel contenu dans la lettre que nous avons reproduite plus haut.

Quoi qu'il en soit, à partir de l'année 1570, le nom du capitaine Rapin ne paraît plus dans l'histoire; le moment, le lieu de sa mort, sont également ignorés. Le fils unique qu'il avait eu de Cécile de Doux d'Ondes, désigné dans un acte de 1571 comme « fils de *feu* noble Anthoine de Rapin, escuyer, » fut page du prince de Condé et mourut jeune encore, vers 1580.

Pierre de Rapin, seigneur et baron de Mauvers, fils de Philibert de Rapin et de Jeanne du Verger, porta les armes dès sa première jeunesse. Il se trouva, avec la fleur de la noblesse protestante, à l'entreprise que le duc d'Anjou tenta dans les Pays-Bas en 1583, expédition désastreuse, qui est restée flétrie dans l'histoire du nom de *folie d'Anvers*. Rapin avait été nommé deux mois auparavant gentilhomme servant du prince de Navarre : il revint en France avec les débris de la petite armée du duc d'Anjou, et dès lors compagnon et ami du Béarnais, il le suivit dans toutes ses campagnes et partagea sa gloire et ses dangers.

Aussi pauvre que son prince, un jour qu'il lui demandait quelques pistoles pour remplacer son cheval laissé sur le carreau, il reçut du futur roi de France cette naïve réponse : « Je le voudrois bien, mais voyés, je n'ay que trois chemises. »

Rapin éprouva bien d'autres revers que la perte de son cheval; par trois fois ses terres furent saccagées et son château de Mauvers détruit et brûlé pendant qu'il était à l'armée. La dernière fois que ce malheur lui arriva, les gentilshommes catholiques du pays le voyant si maltraité, lui donnèrent de leur estime une preuve singulière et touchante. Par leurs soins et pendant son absence, ses champs dévastés furent labourés et ensemencés de nouveau, les moissons furent recueillies et serrées dans des cabanes de feuillages, greniers improvisés sur les ruines de son habitation.

Lorsque, huit mois plus tard, Rapin rentra dans ses foyers qu'il croyait déserts, et visita ses champs qu'il croyait sans culture, sa surprise fut grande et n'eût d'égale que sa gratitude envers ses généreux voisins. De tels traits seraient rares de nos jours, et dans cette réciprocité sanglante de cruautés et de représailles qui caractérisait les guerres civiles de ce temps-là, ils paraissent plus remarquables encore, et l'on prend plaisir à les citer à l'honneur de l'humanité.

La loyauté et la bravoure de Pierre de Rapin lui avaient créé des amitiés et des sympathies plus illustres, sinon plus honorables dans leur manifestation : le faux bruit de sa mort s'étant répandu, lui-même put lire une lettre de la reine Marie de Médicis, où elle témoignait à M. de Maravat, beau-père de Rapin, les regrets qu'elle ressentait de la perte d'un si bon serviteur. Son zèle pour la religion, l'éclat de ses longs services, l'avaient depuis longtemps désigné à la confiance du roi, mais son caractère violent et irascible nuisit à sa carrière. Il commandait une compagnie dans la ville du Mas-Garnier, lorsque, à propos de quelque question de préséance, il se prit de querelle avec le baron de Montbartier, gouverneur de la place pour le roi, et, sans lui laisser le temps de se reconnaître, il le chassa de la ville. L'affaire fit grand bruit ; le roi, qui aimait beaucoup Rapin, le manda avec son adversaire à Grenoble, et chargea le duc de Bouillon et le maréchal d'Ornano de régler leur différend.

Ce fut à cette occasion qu'Henri IV adressa à Pierre de Rapin la lettre suivante :

« Capitaine Rapin Ayant bon comme mon Cousin le maréchal d'Ornano venir à ouyr le Sr de Montbartier et Vous sur vostre différent et l'ordonnance [offense?] poursonnelle qu'il Vous a faict J'ay admis pour mieux juger du faict de Vous faire venir tous deux devers moi, pour entendre bien au fond Vos raisons de part et d'aultre, sur les quelles je Vous jugeray moi-mesme et Vous conserveray vostre bon droict. Ne faillés donc la présente receue de Vous acheminer de Vostre commandement pour la mardy et ordonnons au Sr Montbartier de faire de sa part. Et n'estant celle-cy à autre effect je prie Dieu Vous conserver. Escript à Grenoble, le xxviij^e^ de septembre 1600.

» Henry.

» Contresigné : Forget. »

M. de Montbartier fut rétabli à cause de l'honneur du

commandement, mais Rapin « gagna sa cause au fond,» et, après la mort de Montbartier, Henri IV lui donna le gouvernement du Mas-Garnier, qu'il lui avait promis quinze ans auparavant.

L'expulsion violente du baron de Montbartier ne fut point un fait isolé dans la vie de Rapin. Quelques années plus tard, en 1616, il eut de graves démêlés avec les habitants du Mas de Verdun, qu'il voulait contraindre à réparer leurs murailles. Pour se débarrasser des plus mutins, à la tête desquels était un nommé Mercier, il n'hésita pas à les chasser de la ville et à confisquer leurs provisions. Mais les plaintes des bannis furent entendues de l'assemblée de La Rochelle. A cette époque encore, les réformés se soumettaient avec respect aux décisions émanées de leurs assemblées politiques, restes d'un pouvoir détruit et d'une influence politique désormais illusoire.

Sévèrement admonesté, le gouverneur du Mas-Garnier dut accepter l'humiliante condition que lui avaient imposée ses juges; il dut réintégrer lui-même dans leurs foyers ceux qu'il en avait rigoureusement, mais justement expulsés.

Malgré ces orages, qui n'eurent pour effet que de tremper plus vigoureusement encore son caractère énergique, et en dépit de la médiocre fortune de sa maison, « beaucoup descheue et diminuée au moyen des ruines et détériorations advenues sur iceulx à l'occasion des troubles, » Pierre de Rapin vivait comme un prince dans l'étroite enceinte de son gouvernement. Un suisse, richement habillé, gardait sa porte; il tenait table ouverte, et tous les gens de qualité qui passaient par la ville rendaient visite au gouverneur, qui les traitait magnifiquement. Mais il ne fallait pas faire de façons avec l'irascible potentat : si l'on s'excusait, si l'on cherchait pitance et logis ailleurs que dans sa maison, toutes les portes étaient closes, toutes les broches cessaient de tourner, et, devant les ordres absolus du gouverneur, l'étranger de qualité devait renoncer à se faire servir à l'auberge. Quoi qu'il en eût, il lui fallait rebrousser chemin et revenir prendre place à la table plus qu'hospitalière où Rapin l'attendait avec un malin sourire. Mais si sa fermeté alla quelquefois jusqu'au despotisme en ces temps de relâchement général où la discipline des armées réformées était bien loin de celle qu'admirait l'historien de Thou au temps de Coligny, il faut constater à sa louange qu'il sut toujours la maintenir parmi ses soldats. Non-seulement ceux-ci faisaient ponctuellement leur service sous les ordres de leurs officiers, « mais encore, à la moindre insolence, ils étaient mis en prison par les consuls, et s'il leur arrivait de jurer, on les appelait au Consistoire où ils étaient censurés et punis selon la discipline du cas. »

Ces qualités d'homme de guerre, que Pierre de Rapin possédait à un si haut degré, l'avaient fait de bonne heure distinguer par ses chefs, et ce fut comme à un « bon, vaillant et expérimenté personnage, à Nous seur et féable » qu'Henri IV lui fit expédier le 27 décembre 1590, par le secrétaire d'État Ruzé, une commission pour lever une nouvelle compagnie de guerre. Ces lettres ne précisaient point le nombre de recrues que Pierre de Rapin devait lever pour le service de Sa Majesté. Le roi savait d'avance qu'il les choisirait « des meilleurs et des plus aguerris, » ou les rendrait tels en peu de temps. Soldats et capitaines répondirent à la confiance de leur prince. Toutefois, comme cela arrivait fréquemment dans ces temps de troubles et de guerres civiles, la solde de ses troupes ne fut que très-irrégulièrement payée. Quelques années plus tard, sous le règne de Louis XIII, ou plutôt de Richelieu, ces difficultés se renouvelèrent. Il est probable que sa qualité de zélé protestant était un obstacle de plus à la munificence royale, lorsque ses réclamations donnèrent lieu aux deux lettres qu'on va lire, que lui écrivit le secrétaire d'Etat Pontchartrain :

« Saint-Germain-en-Laye, le 20 janvier 1617.

« Monsieur, J'ai faict souvenir au Roy l'affection que Vous portés au bien de son service et les asseurances que m'en avés confirmé par Vostre lettre du 23 du mois passé dont Sa Majesté a receu beaucoup de contentement et se promet que Vous continuerés sur ces occurrens de luy rendre d'aussi bons effects que par le passé. A quoi je Vous exhorte et Vous prie d'employer ce qui est de Vos bonnes intentions, Vous asseurant qu'elles seront mises en la considération qu'elles méritent lorsqu'il s'offrira l'occasion de les recognoistre. Quant à ce que Vous me mandés que Vous n'avés esté satisfait de l'estat que Vous avez esté ordonné pendant ces mouvements derniers je m'employeray très-volontiers envers messieurs des finances pour Vous en faire dresser quand ils pouvoiront au payement de ce qui reste de ce temps là. Comme aussy j'auray soin si l'on augmente les garnisons des places de vos quartiers de repeter l'importance de celle que Vous avés en charge affin que l'on y ait égard. C'est ce que je Vous devais en réponce de Vostre Lettre,

Vous baisant humblement les mains et Vous priant me croire toujours

« Monsieur

« Vostre très-affectionné serviteur

» PONTCHARTRAIN. »

Malgré les termes flatteurs de cette lettre et les espérances qu'elle pouvait faire concevoir au capitaine huguenot, malgré de semblables assurances qu'il reçut d'une lettre du seigneur de Vic quelques mois après, il ne paraît pas que sa requête ait été bien accueillie de « MM. des finances, » malgré le sérieux appui que le crédit de l'illustre secrétaire d'Etat dut porter à ses réclamations. Celui-ci lui récrit de nouveau à ce sujet quelque temps après :

« Paris, le 24 juin 1620.

» Monsieur, Il y a quelques mois que Monsieur de Maravat me rendit une lettre de Vous par laquelle Vous me priés de l'assister dans la poursuite que Vous l'aviez chargé de faire en égard du payement de cinquante doblons qui Vous sont deus. Ce que j'ay fait et en ay parlé plusieurs fois à ceux qui ont la charge des finances qui ayant [ont] promis d'y faire pourvoir Mais cela n'a pas encore été effectué et croy que cela provient plus de la nécessité des affaires que de manque de bonne volonté et estime qu'a la fin ils y satisferont, pour le moins Vous assureray-je que M. de Maravat n'a pas manqué de les en bien solliciter. Je Vous baise les mains et demeure

» Monsieur

» Vostre très affectionné serviteur

» PONTCHARTRAIN. »

Mais ce n'était pas seulement pour des intérêts pécuniaires que Pierre de Rapin était en correspondance avec les principaux personnages du royaume ; des relations plus intimes unissaient le simple capitaine aux plus grands noms de France, et les prévenances du duc de Mayenne avaient peut-être pour but de rallier à son parti une vaillante épée de plus. Voici les lettres de ce seigneur, fils du célèbre chef de la Ligue et l'adversaire de Rohan dans le Languedoc :

« Bourdeaux 7 Juillet 1620.

« Monsieur Je n'eusse pas tant mis à Vous faire sçavoir de mes nouvelles si je n'eusse scu vostre retour de l'assemblée J'ai prié Monsieur de la Reulle [Réolle] de Vous faire part de celle que nous avons icy de Vous asseurer de la continuation du désir que J'ay de me conserver Vostre amitié dont Je me veux promettre les effects en ceste occasion ou tous les gens de bien sont amys, Je vous conjure donc de toute mon affection de faire estat du pouvoir que Vous avez sur moi et croire ce que ledict sieur de la Reulle Vous dira, sur la suffisance du quel me remettant Je Vous supplieray de croire que Je suis plus que personne du monde

» Monsieur

» Votre très affectionné à Vous servir

» MAYENNE. »

L'assemblée dont il est ici question est l'assemblée provinciale de la Haute-Guyenne, qui se réunit à Montauban en 1619, sous la présidence de François de Béthune, comte d'Orval. Elle avait pour but de dresser les cahiers pour l'assemblée politique de Loudun qui se réunit quelque temps après, le 25 septembre 1619, et qui se prolongea pendant une partie de l'année suivante. Rapin y figura comme député de l'Eglise du Mas-Garnier et en sa qualité de gouverneur, avec Teixier, pasteur de cette Eglise. Il y eut pour collègue Maravat, son beau-père, Du Bourg, gouverneur de l'Ile-Jourdain, son parent par alliance, et plusieurs autres personnages dont les noms se trouvent conservés dans le tome VIII de la collection Conrart, — Biblioth. de l'Arsenal.

Les expressions de la lettre que l'on vient de lire paraissent indiquer de la part de Mayenne l'intention d'attirer dans son parti le gouverneur du Mas-Garnier. Doit-on conclure de la lettre suivante que Rapin lui donna quelque sujet d'être satisfait de ses démarches?

« Bourdeaux le 1er d'Aoust 1620.

» Monsieur Vous m'obligez bien fort de me témoigner Vostre soin, Je vous en remercie, autant qu'il en est possible et ne m'en sens pas moins obligé que désireux de m'en revancher et d'en rechercher toutes occasions comme je Vous prie de croire que Je feray avec tout le soin qu'il pourra dépendre de moy. Je me promets aussy que Vous m'en ferez paroître les effects en ces occasions comme Je Vous en conjure, esperant avoir le bien de Vous vous voir sous fort peu de jours et Vous témoigner moy-même le ressentiment que j'ay des effects de Vostre amitié que Je Vous prie me continuer, et croire que Je tiendray fort chères les occasions ou Je Vous pourray témoigner combien Je suys

» Monsieur

» Vostre très-affectionné à Vous servir

» MAYENNE. »

Il est permis de croire que le prince lorrain en fut pour ses frais et ses protestations d'amitié, qui, après tout, pouvaient être sincères et désintéressées. La lettre qui va suivre en est la preuve.

Un an après, le 2 septembre 1621, Mayenne trouvait la mort au siége de Montauban, et le duc de Rohan écrit à Pierre de Rapin, par l'occasion du sieur de Veilles, une lettre où il lui parle de « l'estat des affaires » de façon à prouver que l'ami du Béarnais n'avait point déserté la cause qui fut longtemps celle de son prince, et pour laquelle combattait encore l'illustre général qui lui écrivait en ces termes :

« Saint-Jean [d'Angély] le 8 juin 1621.

« Monsieur Je ne feray ce tort à Monsieur de Veilles de m'ingerer a Vous escrire l'estat des affaires par luy car il a la suffisance et l'instruction toute entière pour Vous le faire entendre je me contenteray seulement de Vous suplier bien fort d'adjouster tout créance en ce qu'il Vous dira de ma part et en me favorisant de Vos bonnes grâces croire que je n'ay ny bien ny vie que je n'employe très librement pour ment pour Vostre service Sur cette vérité je Vous baise les mains et demeure inviolablement

» Monsieur

» Vostre bien humble et très affectionné à Vous faire service

» Henry de Rohan. »

En janvier 1625, Pierre de Rapin accompagna avec son beau-frère, Paul de Lupé-Maravat, le marquis de Lusignan envoyé par Rohan à Montauban, avec mission expresse d'entraîner la population à prendre les armes.

Les trois envoyés se mirent à l'œuvre, quoique, par arrêt du 6 février, le Parlement de Toulouse leur eût ordonné de sortir sous trois jours de la ville. Mais, soit tiédeur de la part des habitants, soit résistance de la part de la bourgeoisie, ils échouèrent. Deux mois plus tard, Saint-André Montbrun souleva dans la ville une émeute formidable, fit chasser les consuls et les ministres modérés, établit un gouvernement militaire, repoussa les catholiques qui investirent Montauban et força d'Epernon à s'éloigner. Comme s'enflamme une traînée de poudre, ainsi la rébellion éclata du pays de Foix aux Cévennes, mais la désunion des chefs, plus encore que les armes royales, paralysèrent les premiers succès des réformés. La prise de La Rochelle fut la fatale terminaison de ce dernier effort du parti protestant, qui, amoindri, humilié, vit rapidement décroître le nombre de ses adhérents politiques, et se lever peu à peu l'aurore sanglante des persécutions. Désormais, sans autres chefs que leurs pasteurs, les protestants de France courberont la tête sous le joug de l'intolérance et du fanatisme. Les lauriers de la victoire ne leur sont plus réservés, mais ils recueilleront, à la place d'une gloire sanglante et périssable, les palmes immortelles du martyre.

Peu de temps avant la prise de La Rochelle, en 1628, le duc d'Epernon, gouverneur de Guyenne, manda auprès de lui le fils aîné de Pierre de Rapin, alors âgé de vingt-cinq à vingt-six ans, et lui ordonna d'aller à Montauban pour engager, en son nom, les habitants de cette ville à se soumettre à l'autorité royale. Mais, à l'arrivée du jeune parlementaire, les Montalbanais étaient déjà en armes, et leur vieil esprit d'indépendance, plus d'une fois blessé par l'orgueil et la fierté du duc d'Epernon, leur fit repousser d'une voix unanime les propositions du gouverneur. Jean de Rapin échoua dans la mission qu'il n'avait acceptée qu'à regret. Il demeura alors dans la ville, mêlé à ses défenseurs pendant la durée de la guerre, selon ce qui avait été stipulé avec le duc dans le cas où le jeune officier ne pourrait remplir le mandat qui lui avait été confié. Mais, peu soucieux de la parole donnée à un hérétique, d'Epernon, furieux de voir ses ouvertures méprisées et son envoyé faire cause commune avec les rebelles, se saisit du vieux gouverneur du Mas-Garnier, Pierre de Rapin. Il voulut le rendre responsable du prétendu crime de son fils et le fit charger de fers. Ce ne fut qu'après une année de captivité que le vieillard put regagner ses foyers, laissant mille écus de rançon aux mains du capitaine des gardes du duc. « Je ne suis pas assez puissant pour me venger moi-même, s'écria-t-il, lorsqu'au sortir de prison il fut amené devant le gouverneur, mais j'espère que Dieu me vengera de ce que vous m'avez fait souffrir injustement pour une faute que mon fils n'avait pas commise ! » Bientôt après (22 août 1620), les portes de Montauban, fermées devant l'arrogance du duc d'Epernon, s'ouvraient toutes grandes au triomphant cardinal vainqueur de La Rochelle, et, dix ans plus tard, la main de Dieu s'appesantissait lourdement sur l'oppresseur. Son fils, le duc de la Valette, échoue avec Condé devant Fontarabie ; la colère de Richelieu s'enflamme contre lui, le ministre s'abstient de le juger, mais le conseil d'Etat, présidé par le roi lui-même, juridiction extraordinaire, condamne La Valette au dernier supplice. Le coupable se dérobe par la fuite au châtiment qui l'attend, et le vieux d'Epernon, dépouillé de ses honneurs et de ses dignités, exilé au fond de la Saintonge, porte jusqu'à sa mort obscure et isolée le deuil de son fils flétri et de sa faveur perdue.

Après sa sortie de prison, Pierre de Rapin vécut encore de longues années. Il mourut en 1647, âgé de quatre-vingt-neuf ans; frappé de cécité durant les neuf dernières années de sa vie, il n'en avait pas moins conservé ses habitudes de large hospitalité. Il prisait beaucoup son vin de Mauvers, et quand, par politesse ou par goût, l'hôte qu'il recevait à sa table en faisait l'éloge, il ne manquait jamais d'en faire porter une barrique chez l'heureux appréciateur. Ces prodigues façons d'agir, auxquelles il resta fidèle toute sa vie, diminuèrent de beaucoup sa fortune, et le peu qu'il en laïssa, selon l'usage du temps, revint, avec la terre seigneuriale de Mauvers, à Jean de Rapin, son fils aîné.

Pierre de Rapin n'avait pas eu moins de vingt-deux enfants de sa seconde femme, Perside de Lupé-Maravat. Des deuils répétés attristèrent sa vieillesse; il perdit les deux tiers de cette nombreuse famille. Trois de ses fils, Jean, l'aîné, Jacques et Charles de Rapin, ont laissé, dans des carrières différentes, d'honorables souvenirs et de nobles exemples, dont nous rappellerons les principaux traits.

Jean de Rapin, baron de Mauvers, succéda à son père dans son gouvernement du Mas-Garnier, dont il avait obtenu la survivance en 1616.

Dès l'âge de treize ans, Jean de Rapin avait porté les armes et il avait débuté dans la carrière militaire sous les yeux du prince d'Orange. Il était de bon ton, dans ce temps-là, d'apprendre le métier de la guerre sous les ordres des princes de cette maison, qui passaient, à juste titre, pour des chefs militaires de premier ordre.

A la fin des hostilités, pendant lesquelles il fut envoyé à Montauban par le duc d'Epernon, il fut nommé capitaine au régiment de Mancauld. Deux ans après, en 1634, il passa, avec le même grade, dans le régiment de Calonges ; il y commandait une compagnie de cent quarante soldats, « habillés de pourpoints de buffle, de chausses d'écarlate, et portant une plume blanche à leur chapeau. » Vingt-cinq cadets, ayant chacun son cheval et un valet, marchaient en outre sous ses ordres.

C'était en 1635 ; Richelieu, sous le nom de Louis XIII, venait de déclarer la guerre aux héritiers de Charles-Quint et de Philippe II. Trente mille soldats français, sous le commandement des maréchaux de Châtillon et de Brézé, devaient se réunir, aux termes du traité signé à Paris le 8 février, à un nombre égal de troupes hollandaises dont le prince d'Orange était le chef. Mais, sans attendre la jonction des deux armées, les maréchaux français se jettent en plein pays ennemi ; au milieu des Ardennes, près du village d'Avein, ils rencontrent les treize mille Espagnols du prince Thomas de Savoie-Carignan, qui, solidement retranchés dans les ravins et les taillis, tentent de leur disputer le passage. Dans le tumulte de l'action, le régiment de Calonges lâche prise un instant ; resté seul avec son colonel, Jean de Rapin fait tête aux assaillants, soutient, sans faiblir, le choc des Espagnols et parvient à rallier les fuyards. Honteux de leur terreur, les soldats de Calonges se ruent sur l'ennemi, enfoncent ses bataillons, s'emparent de son artillerie, et décident par leur valeur le succès de ce combat où la moitié des troupes espagnoles resta sur le carreau. L'année suivante, Rapin était, avec son régiment, en garnison à Calais; chargé de porter à la Cour et de présenter au Roi un cahier de doléances, signé par douze capitaines de la garnison de cette ville, il s'acquitta de sa mission avec zèle et intelligence. (*Mémoires de la famille de Rapin.*)

Cependant sa carrière militaire touchait à sa fin; son père vieux et cassé, ne pouvant plus s'occuper de ses affaires, le rappelait auprès de lui; il fallait un chef à la famille. Jean de Rapin quitta à regret une carrière qu'il aimait; mais les désirs de son père étaient des ordres pour lui. En revenant du service, il passa par Sedan, faisant route avec un de ses amis, le chevalier de La Rivière, bon catholique et homme d'esprit. Le célèbre ministre Du Moulin était alors fixé dans cette ville dont il illustra et édifia l'église par son savoir et sa piété. Notre capitaine veut l'aller voir, mais, avant de tenter cette démarche, il va prendre congé de son camarade; celui-ci étonné, le presse de questions, et parvient à savoir le motif pour lequel M. de Rapin croit devoir décliner l'avantage de sa compagnie; le chevalier proteste alors du plaisir qu'il aura à rendre ses devoirs à M. Du Moulin, et prie Rapin de lui permettre de l'accompagner dans sa visite, ce que ce dernier n'a garde de lui refuser. Huguenot et catholique s'en vont donc présenter ensemble leurs civilités au vénérable pasteur. « Celui-ci ne les connaissoit point; mais les devinant hommes de guerre, après les premiers compliments, il leur fit un discours fort civil, mais plein de force, pour les exciter à faire leur devoir envers Dieu, comme il étoit persuadé qu'ils le remplissoient à l'égard des hommes ; il leur répéta et inculqua ce que Jean-Baptiste a dit au sujet des gens de guerre. Il leur représenta le grand besoin qu'ils avoient du secours de Dieu pour résister aux grandes tentations auxquelles ils étoient tous les jours exposés et les conjura de ne pas s'imaginer, sous prétexte de leur profession, qu'ils fussent plus dispensés que le reste des chrétiens de mener une vie pure et sainte. » Les deux officiers le remercièrent et sortirent fort satisfaits ; mais La Rivière, qui s'en voulait un peu d'avoir été « au prêche » en compagnie d'un hérétique, dit que s'il avait été volontiers voir un ministre avec son ami, ce dernier ne pourrait lui refuser d'aller rendre une semblable visite à un révérend père jésuite qu'il connaissait. Rapin ne pouvait s'en dispenser ; il accepta donc, et tous deux s'en furent trouver le bon père. Le disciple de Loyola leur fit autant d'accueil que le vénérable Du Moulin, mais la conversation fut bien différente ; il leur tint de longs discours fort pertinents sur la guerre et les affaires politiques, et les entretint fort agréablement sur les sujets qu'il estimait devoir intéresser le plus deux jeunes officiers ; mais de le religion et de leurs devoirs, pas un mot. Le chevalier, sentant bien la différence du langage des deux prêtres et la conclusion qu'en tirerait son ami le huguenot, s'avisa d'un expédient assez adroit pour faire rentrer dans la question le révérend père, qui s'en écartait sans défiance. « Je suis, dit-il après quelques détours, fort en peine d'une chose : Dieu nous a donné dix commandements que nous devons observer sous peine de damnation; comment la sainte Eglise, qui est pourtant une bonne mère, au lieu de nous alléger de quelques-uns de ces commandements, en ajoute-t-elle de sa part cinq autres, dont l'inobservation nous damne aussi? » La réponse du jésuite eût été curieuse à rapporter; il est certain qu'il en fit une; mais après tout si nous la connaissions, peut-être n'en serions-nous pas plus avancés que ses interlocuteurs d'il y a deux cents ans, et le contraste que présente cette anecdote n'en subsisterait pas moins.

C'était un franc et loyal soldat que Jean de Rapin, fermement attaché à la foi de ses pères, fruste et un peu rude comme la lame rouillée de son épée d'Avein et de Lens, qu'il porta jusqu'à la fin de sa vie attachée à son col par l'antique et large baudrier, mais droit et ferme comme elle. Il appartenait à cette vieille phalange huguenote « gens de père en fils apprivoisés à la mort, » comme disait le duc de Mayenne. Son instruction avait été fort négligée, mais il aimait l'étude, et Froissart, Montaigne, Plutarque et Sénèque étaient les compagnons de son chevet. Il y puisa ce rare bon sens, cet esprit un peu rustique, mais plein de saillies, qu'il sut conserver en dépit des années avec la verdeur d'un corps sain et robuste. Il ne quitta l'épée que pour la charrue. Ceci pourrait bien être plus vrai qu'une figure, car les Rapin étaient pauvres, et les ruines de Mauvers n'étaient pas encore bien relevées. Les temps étaient durs pour la noblesse protestante. La plus grande richesse de Jean de Rapin, c'était ses quatre fils, qui ne faillirent point à leur nom. Aussi combien il se plaisait au milieu d'eux, leur racontant les exploits de sa jeunesse! L'habitude qu'il avait conservée des modes de son temps rendait son aspect un peu bizarre; mais cette première impression s'effaçait vite, tant son sourire était empreint d'une douce et sereine gravité; il avait conservé une singulière vigueur, et il défia plus d'une fois ses fils de mettre l'épée à la main avec autant de promptitude qu'il le faisait encore à près de quatre-vingts ans.

L'aîné des sept enfants que lui avait donnés Marie de Pichard, Paul de Rapin, baron de Mauvers, épousa sa cousine germaine Cécile de Rapin-Thoyras. Nous les retrouverons l'un et l'autre dans le courant de ce travail.

Daniel de Rapin, frère puîné de Jean de Rapin, capitaine au régiment de Picardie, sortit de France le 25 octobre 1685, et le premier de tous les officiers français expatriés pour cause de religion, il alla offrir à la Hollande l'épée qu'il ne pouvait plus consacrer, sans renier son Dieu, à sa patrie et à son roi. Nommé capitaine de l'une des deux compagnies de cadets toutes composées de gentilshommes réfugiés, le 16 mars 1686, il servit en Irlande et en Flandre à la tête de cette compagnie à laquelle l'autre fut bientôt annexée. Colonel en 1700, adjudant du roi Guillaume, pendant la guerre de Succession, capitaine des gardes du roi en 1709, il quitta le service par suite d'un mécontentement, et se retira à Utrecht, où il mourut vingt ans après, dans sa quatre-vingt-huitième année.

François et autre Jean de Rapin, ses cadets, moururent comme lui sans alliance, mais au champ d'honneur : l'un fut tué à la tête de sa compagnie au siége du château de Charlemont, en Irlande; l'autre, qui avait le grade de major dans le régiment de Belcastel, périt en 1690, la même année que son frère, au combat de la Quenoxe.

CHAPITRE III.

Jacques de Rapin, seigneur de Thoyras. — Les pérégrinations de la chambre de l'Edit. — Académie de Castres. — Rapin et les Pélisson comptent parmi ses fondateurs. — Notes sur la famille Pélisson. — Raymond Pélisson, premier président du sénat de Chambéry. — Condamnation et réhabilitation de ce magistrat. — Ses descendants. — Défense du surintendant Fouquet, par Paul Pélisson et Jacques de Rapin. — Carrière brillante de Jacques de Rapin dans le barreau de la province de Languedoc. — Son intégrité. — Sa mort. — L'intendant Legendre fait déterrer son corps. — Pélisson, devenu convertisseur, fait enfermer sa propre sœur, Mme de Rapin, trahie par son gendre.

Né au Mas-Garnier, au mois de décembre 1613, Jacques de Rapin, seigneur de Thoyras, fut l'enfant de prédilection de ses parents. Sa mère, contre les usages du temps, le nourrit quatre mois de son lait, mais le sein maternel étant venu à tarir, une chèvre dut y suppléer. Chaque jour, la nourrice rustique venait suspendre sa mamelle sur les lèvres de l'enfant couché dans son berceau, et loin de lui donner la fièvre, selon un préjugé alors très-répandu, ce régime réussit au nourrisson. Il prospéra, et grâce au bon lait de sa chèvre, aux tendres soins de sa mère, il franchit sans peine les épreuves du premier âge, et peu d'hommes, au dire de son fils, ont eu une constitution plus vigoureuse. Dès sa première jeunesse, Jacques de Rapin étudia à l'académie protestante de Montauban. Il était destiné, comme ses frères, aux rudes travaux de la guerre ; mais la sollicitude maternelle sut faire si adroitement valoir la supériorité du droit sur la force, de la toge sur l'épée, que le père de famille céda, quoique à regret, et il fut décidé que ce fils chéri deviendrait une des gloires et une des lumières du barreau languedocien. Nous verrons bientôt comment il justifia les espérances que sa mère avait fondées sur lui et comment son âge mûr tint les promesses de son adolescence. Reçu avocat en la Chambre de l'Edit de Castres, il participa, durant cinquante années, aux vicissitudes singulières dont le sort poursuivit cette assemblée.

L'institution des Chambres mi-partie est l'un des faits les plus caractéristiques de l'histoire du protestantisme en France. Accordées dès 1576, par l'Edit de pacification de Henri III, les chambres mi-partie furent créées, dans les divers parlements, « pour connaître et juger en dernier ressort des affaires des sujets de S. M., qui font profession de la R. P. R. » On évita de les placer dans les mêmes villes que celles où siégeaient les parlements dont elles ressortissaient, excepté à Paris. On craignait les conflits de juridictions. Ces Chambres se composaient de deux présidents, appartenant à l'une et à l'autre religion ; le plus âgé faisant les fonctions de la charge, de seize à vingt conseillers, moitié catholiques, moitié protestants, d'un procureur général du roi et d'un avocat général, tous deux catholiques, dans la majorité des cas. Les conseillers réformés étaient fixes, — nous dirions aujourd'hui inamovibles, — les autres changeaient tous les ans, et siégeaient en vertu d'une commission octroyée par le roi. Du plus ou moins, toutes les chambres mi-parties furent soumises à de fréquents changements de siége, mais aucune ne subit plus de déplacements que celle de la province de Languedoc, où nous verrons se déployer les talents oratoires de Jacques de Rapin. Primitivement établie à Montpellier, en vertu de l'Edit, elle fut transférée à Revel au mois d'octobre de l'année suivante, puis à l'Isle-en-Albigeois en 1579. Supprimée par Henri III, en 1585, la Chambre mi-partie du Parlement de Languedoc n'eut qu'une stabilité éphémère jusqu'à son rétablissement à Béziers en 1591. L'autorité royale donna sa sanction à la nouvelle Chambre, et les magistrats qui la composaient à son origine, errants depuis la suppression de 1585, à peine réunis par la réorganisation insuffisante que Montmorency tenta de leur donner à Montpellier, en 1586, avec l'autorisation du roi de Navarre, purent croire à la stabilité de leurs positions. Mais quatre ans plus tard, en 1595, la Chambre mi-partie est transférée à Castres; un édit de Henri IV réunit le Parlement de Béziers à celui de Castelsarrasin, et ce dernier à celui de Toulouse; le 31e article de l'Edit de Nantes, en créant des chambres analogues à Paris, à Bordeaux et à Grenoble, vint régulariser, en 1598, ce que la force des choses avait établi. Ce fut le plus haut point de la prospérité de cette assemblée. A leur arrivée, les nouveaux conseillers étaient reçus aux portes de la ville par le premier et le dernier consul de Castres, qui les haranguaient. Comme émanant du Parlement, ces magistrats s'arrogeaient le droit, plus d'une fois contesté, de porter la robe rouge et le chaperon fourré d'hermine. Connue désormais sous le nom de *Chambre de l'Edit*, la Chambre mi-partie eut à juger de très-nombreux procès entre les réformés, et l'on ne s'étonnera pas que plus d'un tiers des affaires du ressort du Parlement de Toulouse vinssent devant elle, attendu qu'elle connaissait de toutes les affaires où un *seul* réformé était intéressé, bien que toutes les autres parties appartinssent à la religion catholique. Cette assemblée fonctionna régulièrement à Castres jusqu'en 1623. A cette époque, les conseillers catholiques, craignant d'être insultés par les protestants, se retirèrent à Toulouse, et la Chambre fut dissoute de fait. Louis XIII, irrité de cette débandade, enjoint aux conseillers *in partibus* de réintégrer leurs siéges. Le 20 mai 1623, un décret de dissolution est signifié à la Chambre de Castres, et, du même coup, la transfère à l'Isle-en-Albigeois, son berceau. Un nouveau décret la replace à Béziers, puis à Puylaurens en 1629; en 1631, elle revient à Castres. Mais là ne s'arrêtent point les pérégrinations de la Chambre de l'Edit en Languedoc : elle siége encore à Revel, à Saint-Félix, et pour la troisième fois revient à Castres, en 1654. En 1670, elle fut transportée à Castelnaudary. Ce fut sa dernière étape. Dix ans plus tard (1679), elle était supprimée; c'est ainsi que disparaissaient, une à une, les libertés protestantes si chèrement achetées. La révocation de l'Edit de Nantes approchait, un voile sombre et sanglant s'étendait peu à peu sur l'Eglise désolée, affaiblie, menacée, qui déjà se courbait toute frémissante sous le vent de la persécution.

Les autres Chambres mi-partie furent toutes à la fois

supprimées : les conseillers protestants que l'on n'osa pas jeter à bas de leur siége furent incorporés aux parlements d'où ils ressortissaient jadis, selon l'ordre de leur réception. En vain, la voix éloquente de Pierre Du Bosc se fit-elle entendre à son roi pour le supplier de laisser subsister ces justes et importantes garanties de l'honneur et des biens de ses sujets réformés, le célèbre prédicateur ne laissa au monarque inflexible et abusé que l'impression stérile d'avoir entendu « le plus beau parleur de son royaume. »

Ce fut pendant le second établissement de la Chambre de l'Edit à Castres, que de brillants succès oratoires vinrent couronner la science juridique et les talents divers de Jacques de Rapin. Dans le travail ingrat et pénible que nécessitait alors l'étude des lois, le jeune étudiant avait apporté toute l'énergie de sa race, toute l'ardeur d'une volonté ferme et persévérante. Levé avant le jour, il ne se couchait qu'à minuit ; sa sobriété était extrême, et tout en participant aux plaisirs des jeunes gens de son âge, « il ne lui arriva jamais de s'enivrer, » détail qui a sa valeur en tout temps, mais qui emprunte une signification plus grande au temps où il étudiait. L'estime et la considération furent la première récompense des labeurs persévérants du jeune avocat, et ses talents furent bientôt prisés assez haut pour que ses intérêts se ressentissent avantageusement des soins qu'il prenait de ceux de ses nombreux clients. Il consacrait à la littérature les rares loisirs que lui laissait le barreau ; on le trouve, avec les deux Pélisson, ses amis, et plus tard ses beaux-frères, parmi les fondateurs de l'Académie de Castres, dans le sein de laquelle d'intéressantes questions furent traitées avec succès. Rapin fut l'un des membres les plus actifs et les plus zélés de cette société ; les titres seuls des travaux dont il donna lecture à ses collègues nous ont été conservés.

Fondée le 24 novembre 1648, l'Académie de Castres fournit une des plus brillantes carrières qu'il soit donné de parcourir à une académie provinciale. Dissoute le 20 avril 1670, frappée par le même coup que la Chambre de l'Edit, la dispersion de ses principaux membres, au nombre desquels on comptait encore Rapin et les deux Pélisson, lui porta un coup fatal auquel elle ne put survivre : il ne reste d'elle que de judicieux règlements et des travaux littéraires dont quelques-uns seulement ont survécu à la dispersion de leurs auteurs.

Au commencement de l'année 1654, Jacques de Rapin épousa Jeanne de Pélisson. Le nom de cette famille se trouve dès lors intimement mêlé à l'histoire de celle des Rapin. Ces Pélisson, ou Pellisson, étaient d'origine anglaise, suivant les traditions rapportées par Borel, et tiraient leur première illustration d'un procureur général du prince de Galles, au temps de la domination anglaise en Guyenne. En 1450, Claude Pélisson était chevalier de Saint-Jean de Jérusalem et fut peut-être, sinon le père, du moins l'oncle de Raymond Pélisson, né à Castres en 1480. Successivement maître des requêtes, ambassadeur de France en Portugal en novembre 1536, président au sénat de Chambéry en 1537, premier président de la même compagnie et garde des sceaux de la chancellerie de Savoie pendant l'occupation française en 1557, Raymond Pélisson était un personnage considérable, comme on le voit à l'énumération de ses titres, et figura comme principal acteur dans l'un des plus célèbres procès du seizième siècle, procès qui entraîna le conflit de deux juridictions souveraines, les parlements de Paris et de Bourgogne. Il se termina par la réhabilitation éclatante de Raymond Pélisson, en 1556, condamné à mort quatre ans auparavant. Pélisson mourut en 1558, entouré d'honneurs et de considérations, et confirmé par le roi dans toutes ses charges.

Le premier président Pélisson laissa plusieurs enfants, qui s'établirent en Auvergne. Le plus jeune, nommé Pierre, se convertit au protestantisme, malgré les menaces de sa famille qui le dépouilla dans la suite de tout ce qu'il possédait. Il s'attacha au parti des princes et obtint du roi de Navarre une place de conseiller maître des requêtes en la Chambre de l'Edit, par provision du 16 février 1582. Pour le dédommager de ce qu'il avait souffert pour sa foi, ce prince lui accorda plus tard une pension de quatre cents écus.

Du mariage de Pierre Pélisson avec sa cousine germaine Jeanne Du Bourg, petite-fille du chancelier de France, sont issus plusieurs enfants, entre autres Jean-Jacques Pélisson, né à Castres le 11 juin 1589, conseiller à la Chambre de l'Edit de Castres en 1614, qui épousa en 1617 Jeanne de Fontanier, fille et héritière de François de Fontanier, secrétaire du roi, trésorier général du pays de Foix et domaine de Navarre. Mlle de Fontanier était fort belle; son portrait fait à l'âge de cinquante ans, par le célèbre Lebrun, peintre du roi, la représentait dans tout l'éclat d'une majestueuse beauté; il fut longtemps conservé dans sa famille. Demeurée veuve à vingt-cinq ans, elle ne voulut jamais se remarier et consacra toutes les brillantes facultés de son esprit et tous les trésors de son cœur à l'éducation de ses quatre enfants. Le 17 avril 1673, elle mourut à Paris dans un âge fort avancé et dans les sentiments de la plus ferme piété ; inébranlable dans sa foi, elle résista à toutes les instances que l'on crut pouvoir employer pour la faire changer de religion. « C'était une femme de beaucoup d'esprit, mais fort entêtée de calvinisme, » disait d'elle l'abbé d'Olivet.

Georges Pélisson, son fils aîné, ami et collègue de Jacques de Rapin à l'Académie de Castres, avait beaucoup d'esprit et de savoir, et sa réputation serait vraisemblablement allée aussi loin que celle de son frère, « s'il avoit eu autant de politesse que lui ; mais c'est de quoi il se piquoit le moins, ne se souciant que de l'étude où il fit de très-grands progrès. » Il justifiait mieux que son frère (dont la laideur était presque aussi célèbre que « la beauté de son esprit ») certaine tradition qui voulait que la beauté et la laideur se succédassent sans interruption dans la famille Pélisson. Mais ses avantages physiques et intellectuels étaient comme paralysés dans leurs effets par une humeur bizarre et chagrine dont sa mère et son frère eurent plus d'une fois à subir les désagréables effets ; sans amis, sans famille, car ses parents trop de fois rebutés pour l'entourer, se tenaient à l'écart, il végéta longtemps à Paris, travaillant sans rien produire, brûlant, dans des moments d'impatience chagrine, le fruit de ses veilles et de ses efforts ; il finit par y mourir, en 1676. Il avait été nommé conseiller d'Etat en 1659 et en 1661 conseiller au Parlement de Metz. Quant à son frère puîné, Paul Pélisson-Fontanier, qui avait ajouté à son nom celui de sa mère, tant pour satisfaire au désir de celle-ci que pour se distinguer de son homonyme Paul Pélisson, procureur au Parlement de Chambéry, quant à celui que Mme Du Noyer appelle cavalièrement « un gros réjoui, qui avoit été autrefois protestant et estoit pour lors convertisseur, » nous aurons plus d'une fois occasion d'y revenir dans le cours de cette étude.

Jacques de Rapin était à peine fiancé avec Jeanne de Pélisson, qu'il dut partir pour Paris avant la célébration de son mariage, ayant été choisi avec quelques autres personnes pour faire partie d'une députation dont le marquis de Bourbon-Malauze était le chef. Il s'agissait de formuler, au nom des réformés de Languedoc, de justes réclamations contre le Parlement de Toulouse qui avait fait trancher la tête au vicomte de Léran, malgré le renvoi que ce dernier avait demandé de sa cause à la Chambre de l'Edit de Castres, d'où il ressortissait en qualité de réformé.

Dans les diverses phases que parcourut cette affaire, M. de Rapin fut toujours chargé par ses collègues de porter la parole devant les ministres, et le cardinal Mazarin lui répondit, un jour qu'il exprimait quelques craintes sur le succès de leurs requêtes en raison des fonctions ecclésiastiques que le tout-puissant ministre cumulait avec un pouvoir quasi-royal : « *Encore qu'à en juger par ceci*, touchant à sa calotte rouge, *vous puissiés juger que je suis vostre ennemi, je vous assure pourtant que je ne le suis pas.* » (Cf. De Félice, *Hist. des Protestants de France*, 3e édit., p. 331).

Cette députation, comme beaucoup d'autres du reste,

n'aboutit qu'à de vaines promesses, et la cour congédia les députés avec de belles paroles. Toutefois le Parlement de Toulouse, secrètement averti, se montra désormais plus circonspect.

Le 5 septembre 1661, Pélisson-Fontanier était arrêté à Nantes avec son protecteur et son ami, le célèbre Fouquet. Les causes qui amenèrent la ruine du fastueux surintendant sont trop connues et d'ailleurs trop en dehors de notre sujet pour que nous ayons à nous y arrêter. Rapin était à Toulouse lorsqu'il reçoit la nouvelle de l'emprisonnement de son beau-frère : il prend la poste, accourt à Nantes, obtient du maréchal de la Meilleraye la permission de voir le prisonnier, et grâce à la délicatesse de l'officier chargé d'être témoin de l'entrevue, qui se retira discrètement dans un coin de la chambre, il peut nouer les premiers fils de la trame délicate et subtile qui sauvera la tête du surintendant. De Nantes, Rapin court à Paris « disposer toutes choses dans l'intérêt des prisonniers qu'on savait bien y être bientôt conduits. » Il ne se passe pas de jour qu'il ne fasse tenir quelque billet à Fouquet ou à Pélisson, et grâce à la « propreté excessive » de ce dernier, dont chaque chemise, bien que « déployée et secouée par les officiers de la Bastille, » renfermait néanmoins « une grande lettre, » la correspondance marchait activement. Le courageux avocat trouva moyen, au risque de sa liberté et de sa ruine, d'avoir copie de l'interrogatoire qu'on devait faire à Pélisson deux jours avant qu'il ne fût mis entre les mains des commissaires; il la lui fit passer, et lui donna le temps de préparer une réponse « dont tout Paris » s'arracha les copies et qui est restée célèbre dans les fastes judiciaires. Rapin ne se contenta pas des marques de dévouement qu'il donnait à son beau-frère; il eut part à la courageuse défense que Pélisson, l'avocat Buray et La Mothe Le Vayer produisirent en faveur du surintendant. Il se chargea de tout ce qui concernait le droit romain et traita en jurisconsulte consommé les questions qui s'y rapportaient. Pendant les loisirs que lui laissait cette grave affaire et durant les six années qu'il passa à Paris à cette occasion, Rapin traduisit du latin plusieurs livres de l'*Historia mei temporis* du président de Thou, mais ces essais restèrent manuscrits. Il en fut de même de divers commentaires qu'il composa sur le droit écrit, et de la part considérable qu'il prit, de concert avec les conseillers d'état d'Estampes et Pussort à la rédaction de l'édit connu sous le nom de *Code Louis*. L'incapacité notoire de son second collaborateur, et plus encore l'impossibilité d'atteindre le but de cet édit destiné à restreindre le dédale de la procédure, « tant que le roi tireroit tant de profit du papier timbré, des amendes et des greffes qui lui appartenoient, » découragèrent M. de Rapin d'en poursuivre la révision, mais ses manuscrits furent assez prisés de ceux qui furent à même de les lire et de les juger, pour qu'après sa mort on en offrît à sa fille aînée plus de mille écus. Elle eut le tort de ne pas accepter cette offre; ce refus fut la cause première de la perte de ces manuscrits.

Avocat habile et consciencieux, Jacques de Rapin plaidait lui-même à la barre toutes les affaires qui lui étaient confiées. Il était tellement considéré à la Chambre de l'Edit, que jamais il ne se vit refuser le renvoi d'une affaire, lorsqu'il le demandait, ne se sentant pas suffisamment préparé, tant on le savait incapable d'user de ce prétexte, trop souvent employé de son temps et du nôtre, dans le seul but de gagner du temps. Plus d'une fois il fut consulté par les magistrats de cette cour sur quelque point de droit obscur ou controversé, et tel arrêt rendu par le président de la chambre devait ses *considérants* au savant avocat. Une profonde connaissance de la jurisprudence, la pratique soutenue du bon sens, une conscience rare qui le portait à examiner par lui-même et avec une sage lenteur, les moindres pièces d'un procès, la fermeté de ses principes, et la droiture de son âme, qui avait horreur du mensonge, caractérisaient plus encore son talent qu'une grande puissance oratoire. Ses discours étaient brefs, mais substantiels, il plaidait presque toujours au fond, « ne touchant jamais au fait, lorsqu'il ne parlait pas le premier, à moins que l'avocat contraire ne l'eût altéré en quelque manière. » Dans ce dernier cas, il exposait le fait tel qu'il était, nettement, simplement, mais en en tirant tout ce qui pouvait être favorable au succès de sa cause. Quelquefois même il allait plus avant, témoin le singulier plaidoyer qu'il fit un jour en ces termes : « Messieurs, en examinant ce procès, j'ai trouvé que cette pauvre vieille femme a été engagée par des praticiens de village à entreprendre un procès très-mal fondé; je supplie la cour d'avoir pitié de son ignorance et de lui épargner les dépens. » Sur quoi il y eut un arrêt conforme à ses conclusions, et au sortir de l'audience, le président de Verthamon lui dit : « Je ne crois pas que Cicéron ait jamais si bien plaidé! »

Après la suppression de la Chambre de l'Edit, Jacques de Rapin se retira à Toulouse avec sa famille, et ne parut plus guère à l'audience. Cependant des Mémoires du temps nous ont conservé le souvenir d'un de ses plus beaux succès au barreau. « Alors qu'on commençoit déjà à ne garder aucune mesure avec les réformés, une cause importante fut plaidée par lui devant le Parlement. Un illustre personnage, Champlatreux, ne vouloit point reconnaître pour sa femme la demoiselle de Sainte-Claire, bien qu'il y eût entre eux un mariage secret. Gourdon, l'avocat du mari, étoit un très-habile homme, éloquent et plein de traits vifs, mais particulièrement si fécond en bons mots que d'ordinaire il attiroit tous les rieurs de son côté. M. de Rapin, avocat de la demoiselle de Sainte-Claire, avoit bien, comme l'autre, une habileté toute singulière, mais outre cela, en contrebalance de ces bons mots si heureux de son adversaire, il avoit une réputation de probité si universellement répandue daus toute la province et beaucoup par de là, qu'on ne l'écoutoit qu'avec une prévention d'estime, de gloire et d'honneur et qu'il n'étoit regardé qu'avec vénération. Il plaida donc cette cause si importante, et, nonobstant le crédit du magistrat de grand renom qui étoit en cause, les désavantages d'un parti décrié et les grands mouvements de l'orateur à bons mots, il la gagna par l'ascendant de sa vertu et de son bon droit, mettant ainsi comme la dernière clef au comble de sa belle réputation. »

Des consultations lui étaient demandées de toute la province, et lorsqu'un plaideur obtenait de lui un avis favorable à sa cause, l'intéressé ne manquait pas de donner la place d'honneur à l'avis de M. de Rapin parmi les pièces qu'il produisait pour sa défense.

Mais le jurisconsulte n'était pas seul consulté : de curieuses lettres, longtemps conservées dans sa famille, nous montrent de grands seigneurs, des maréchaux de France, venant demander au savant gentilhomme un avis souvent suivi et toujours respecté, sur les plus délicates questions du point d'honneur.

Quelques traits achèveront de caractériser celui dont les lignes qui précèdent ont essayé le portrait. Deux ou trois ans après la translation de la chambre de l'Edit à Castelnaudary en 1670, M. de Rapin, qui s'était transporté dans ce pays avec sa famille, acheta la terre de la Sale, et acquit de son cousin Alexandre de Piry, sieur de Beausens, une partie de la seigneurie de Puginier. Les gentilshommes du voisinage, d'ailleurs tous catholiques, n'apprirent pas sans quelque alarme, qu'un *avocat* allait s'établir parmi eux. Les procès territoriaux ont été de tout temps fréquents en Languedoc, et chacun craignit « quelque chicane » de la part du nouveau voisin. « Mais ils furent bientôt détrompés : M. de Rapin vécut en paix avec tout le monde, n'eut de procès avec aucun de ses voisins, prêta de l'argent à plusieurs d'entre eux, particulièrement aux paysans. » Ces façons d'agir, si différentes de celles des gentilshommes d'alors, lui attirèrent le respect et l'affection de tous, de ceux mêmes dont la délicatesse était au-dessous de pareils actes. En voici un exemple, passé dans sa forme naïve à l'état de tradition de famille. Les bâtiments de sa maison de Puginier étaient en très-mauvais état. M. de Rapin les fit réparer et voulut enclore d'une muraille un grand verger qui s'étendait au-devant de la maison. Un coin de terre, appartenant à une vieille femme, détruisait la régularité de cet enclos et M. de Rapin fit offrir à sa pauvre voisine le double du prix auquel elle ferait estimer son terrain. Mais la bonne femme n'y voulut pas entendre, et quelques instances que l'on fit près d'elle, elle s'obstina à rester sur son coin de terre. Irrités de cet entêtement, les amis de M. de Rapin l'engageaient à passer outre, lui disant qu'il lui serait facile de mettre le droit de son côté au moyen de quelque ancien privilége du seigneur. Mais il n'en voulut rien faire : « J'aime bien mieux, leur dit-il, que mon jardin soit irrégulier que d'avoir une injustice à me reprocher. » Et la vieille femme, qui vivait de charité, n'en continua pas moins à venir tous les jours au château où on lui donnait l'aumône comme auparavant.

La vie publique de Jacques de Rapin était dirigée par les mêmes mobiles que sa vie privée. L'austérité de ses principes, la considération qui s'attachait à ses lumières et à son nom, l'avaient désigné aux suffrages de ses coreligionnaires : il fut nommé, en 1657, secrétaire du synode de Mauvezin ; mais on lui suscita quelques difficultés à l'occasion de ces fonctions, et il crut devoir s'abstenir dès lors d'assister à aucune autre assemblée. Toutes les instances de ses amis ne purent ébranler sa décision. Il ne voulut même pas en faire partie au titre de commissaire du roi (1). Cette charge,

(1) « Ce commissaire estoit nommé pour assister au synode de la part du roi, afin qu'il ne s'y passât rien contre son service. Le roi donnoit

plus honorifique que réelle, était tenue par un gentilhomme désigné par le gouverneur de la province (1); le marquis de Calvisson, lieutenant de roi du Haut-Languedoc, malgré les refus répétés de M. de Rapin, avait tant d'estime pour lui, qu'il le désigna plusieurs fois comme commissaire du roi, en ces termes : « Je nomme M. de Rapin, et s'il ne veut pas, un tel... »

Le synode du Haut-Languedoc s'assembla en septembre 1679, à Réalmont. Les circonstances étaient trop graves pour que Rapin se dispensât d'y assister (2). Il y alla avec son fils aîné et prit part à ses délibérations. Mais quelque zèle qu'il eût d'ailleurs pour la religion, il ne voulut jamais entrer dans les voies violentes et illégales où le parti de l'action voulait entraîner les Eglises. Aussi, en 1681, refusa-t-il d'assister à une réunion qui eut lieu à Toulouse et à laquelle prirent part plusieurs notables réformés de Languedoc et de Guyenne; on y devait prendre jour pour qu'il fût prêché à la fois dans toutes les églises condamnées. Le secret fut vendu,

cent écus à ce commissaire, qui tenoit Table [qui siégeoit] et estoit fort respecté par tout ce synode. » (*Mémoires de la famille de Rapin*. — Voy. aussi Drion, *Hist. chronologique de l'Eglise protestante de France*, II, p. 145).

(1) La circonscription du synode comprenait le Haut-Languedoc, la Haute-Guyenne et le pays de Foix (*Mémoires de la famille de Rapin*).

(2) Les Chambres de l'Edit venaient d'être supprimées et leurs conseillers incorporés dans les chambres des enquêtes et de la Tournelle, sans qu'ils pussent entrer dans les grandes chambres qui furent exclusivement réservées aux catholiques (juillet 1679). Le 15 novembre suivant, une déclaration royale renvoya aux grandes chambres toutes les affaires des réformés, afin de leur ôter même la possibilité d'être jugés par les conseillers protestants (Drion, *Histoire chronologique de l'Eglise protestante de France*, p. 143 et 144).

l'affaire manqua presque en entier, et ne servit qu'à animer davantage contre les réformés ceux qui les représentaient au roi comme des rebelles dangereux qu'il fallait écraser. Cette conduite prudente et modérée n'empêcha pas les ennemis de M. de Rapin de répandre contre lui des accusations mensongères. Il fut obligé de venir, en plein Parlement, démentir par sa présence les calomnies qui représentaient sa maison comme un foyer de conspirations et comme un dépôt secret d'armes et de munitions.

Mais le moment du repos suprême approchait pour cet esprit si actif, si douloureusement tendu vers les angoisses de ses frères persécutés. Un travail assidu, la fréquence stérile des affaires de religion, pour lesquelles il n'avait jamais voulu recevoir d'honoraires, noble désintéressement partagé par deux de ses collègues, le célèbre Claude Brousson et Rozel de Beaumont, absorbait son temps, épuisait ses ressources et ses forces. Les malheurs qui frappaient ses coreligionnaires réveillaient dans son âme protestante de douloureux échos ; la fièvre de l'angoisse minait peu à peu sa robuste constitution.

Un matin du mois d'août 1685, un des principaux commerçants de Montauban, nommé Solinhac, vint de fort bonne heure trouver M. de Rapin qui était alors à Toulouse. Il lui apprit que l'intendant de la province avait fait savoir à tous les notables réformés de Montauban qu'ils eussent à se trouver à l'hôtel de ville, le lendemain, à une certaine heure, sans leur donner la raison de cette convocation insolite. « M. de Rapin fut » extraordinairement frappé de cette nouvelle, car il

» avoit toujours regardé Montauban comme sa patrie ; » il comprit bien que l'on ne faisoit pas cette démarche » sans s'estre auparavant asseuré de la plus grande par- » tie ou du moins des principaux d'entre les réformez. » Quelques moments après cette visite, en plein été, il fut saisi d'un frisson, se mit au lit, et le samedi suivant, 18 août, après quatre jours de souffrances, il rendit le dernier soupir. Deux mois après l'édit de Nantes était révoqué.

Voici la dernière page des *Mémoires* écrits par son fils, où ont été puisés presque tous les détails qui précèdent. La simplicité touchante du récit, l'intérêt qui s'attache au souvenir des persécutions dont les réformés furent victimes, justifieront cette dernière citation :

« Pendant la maladie de mon père, il n'eust ni priè- » res ni consolations que de mon frère de Thoyras et » de moy, qui estions les seuls de la famille auprez de » luy ; car le ministre de Toulouse estoit en fuitte. » Pour luy, il ne se plaignit jamais. Il estoit dans des » élévations d'âme continuelles, ce qu'on connoissoit à » ses yeux, lorsqu'il ne parloit pas, et il témoigna cons- » tamment et de la manière la plus expresse, une en- » tière résignation à la volonté de Dieu. Quoique sa » mort nous causast la douleur la plus vive que l'on » puisse ressentir, et que ce fust une perte irréparable » pour nous à tous égards, nous la regardâmes pour- » tant comme une grâce que Dieu luy avoit faite à cause » de l'affreuse circonstance de temps où nous estions.

» Le lendemain de sa mort, nous accompagnâmes » son corps, mon frère et moy, jusqu'à Mauvers, qui » n'est qu'à trois lieues et demy de Toulouse, où il

» fust enterré dans le sépulchre de nos ancestres. C'es-
» toit un pavillon basti exprez pour cest usage au mi-
» lieu d'un champ, ayant tout autour, à quelque dis-
» tance, une muraille, pour enterrer les domestiques
» dans l'espace descouvert qui estoit entre deux. Qui
» n'auroit cru que son corps auroit esté là en repos,
» jusqu'au jour du jugement ? Mais comme si l'on s'es-
» toit repenti de ne pas l'avoir mal traicté, persécuté
» personnellement pendant sa vie, on le persécuta après
» sa mort. J'appris quelques années après (1), que
» M. Le Gendre, intendant de Montauban, estoit allé à
» Mauvers avec cinq cents hommes et plusieurs che-
» vaux chargez d'outils, et que non-seulement il avoit
» fait démolir ce bastiment, sous prétexte qu'on l'appe-
» loit *La Chapelle*, bien que ce n'en eust jamais esté
» une, mais que mesme il avoit fait déterrer les corps
» qui y estoient, dont celuy de mon père estoit le der-
» nier et avoit fait respandre les os dans les champs. »

Jacques de Rapin laissa six enfants. L'aînée, Cécile, épousa son cousin germain, Paul de Rapin, baron de Mauvers. C'était un jeune officier, plein de mérite et d'avenir ; sa cousine l'aimait et en était tendrement aimée, mais leur peu de fortune à tous deux, plus encore que la disproportion de leurs âges, avait longtemps retardé le consentement de leurs parents à leur union.

(1) Ce fut en 1700, quinze ans après la mort de Jacques de Rapin, qu'eut lieu cette odieuse profanation. Son corps etait dans un parfait état de conservation ; on le jetta dans un fossé au bord de la route ; les matériaux de la chapelle furent vendus aux enchères et l'argent donné au curé pour dire des messes « pour le salut des petits-enfants de Jacques de Rapin ! » (*Mémoires de Cécile de Rapin.*)

Paul de Rapin servait sous les ordres du duc de Luxembourg, quand arriva en Guyenne la nouvelle que son régiment avait été l'un des plus maltraités au siége d'Oudenarde. M. de Rapin, qui aimait fort son neveu, était dans une vive anxiété à son sujet, et ne put s'empêcher de témoigner à sa fille l'étonnement qu'il éprouvait de ne pas la voir partager sa sollicitude.

« Mon père, lui dit-elle alors, je ne puis me résoudre » à vous voir dans la peine, j'aime mieux vous dire la » vérité au risque de vous déplaire, car malgré vos » défenses, j'aime toujours mon cousin. Voici un bil» let qu'un soldat m'a porté ce matin, sur lequel il a » écrit ces mots : *Je suis échappé de cette terrible affaire* » *pour vous aimer toujours.* »

Touché de ce que sa fille avait mieux aimé lui avouer sa désobéissance que de le voir dans l'inquiétude, M. de Rapin l'embrassa tendrement, et, tout en lui faisant apprécier les motifs qui l'avaient empêché de consentir à ce mariage, il ne s'y opposa plus. Au retour du jeune capitaine, les deux amants furent unis. Mais leur bonheur fut bientôt cruellement traversé : la persécution s'acharna contre les châtelains de Mauvers, et la jeune baronne, qui était en couches, faillit en devenir folle. Des dragons vinrent au château, et battaient jour et nuit le tambour dans la chambre où elle était couchée ; réduit au désespoir et la voyant prête à mourir, Paul de Rapin faiblit, il signa l'acte d'abjuration et sa femme fut sauvée. Mais cette abjuration forcée ne fut suivie que de ces formes toutes extérieures, dont le clergé catholique se contentait alors, et Paul de Rapin-Mauvers n'abandonna pas la religion de ses ancêtres. Quelques années plus tard, à son lit de mort, il rendit un fidèle témoignage de sa foi en Christ.

Après avoir fait ses premières armes en Hollande, il avait servi en Flandre et en Italie, sans s'élever plus haut que le grade de capitaine ; en 1679, Paul de Rapin se retira du service et céda sa compagnie à son plus jeune frère.

Choisi avec le comte de Rochefort pour lever la taxe de guerre, dite de l'arrière-ban, il s'acquitta de cette mission délicate de la manière la plus honorable, et sut mériter l'estime et la reconnaissance de l'intendant et de la noblesse de sa province. Des six enfants qu'il avait eus de Cécile de Rapin, cinq vivaient encore quand il mourut en 1694. La même année, sa veuve et ses deux filles étaient enlevées à main armée de leur château de Mauvers et conduites à Montpellier et à Toulouse : ses fils furent enfermés par une lettre de cachet dans d'autres couvents. Aux nombreux amis qui s'émurent de cette séquestration arbitraire, on donna pour prétexte que, non-seulement Mme de Rapin élevait ses enfants dans la religion réformée, mais encore dissuadait ses coreligionnaires de suivre la volonté du roi. Au bout de cinq ans de tribulations et d'avanies de tout genre, sa patience et sa résignation lassèrent ses persécuteurs : en 1699, Mme de Rapin et ses enfants sortirent de prison ; la famille dispersée se réunit, mais pour se séparer de nouveau. L'aîné des jeunes de Rapin n'avait pas douze ans lors de la mort de leur père ; peu après sa sortie du couvent où il fut enfermé, il eut une enseigne colonelle dans un régiment d'infanterie ; capitaine à dix-sept ans, il mourut en traversant les Alpes après le siége de Turin (1706). Le cadet, aussi capitaine, mourut à vingt-quatre ans au siége de Fribourg; quant au second fils, Jacques de Rapin-Mauvers, il se maria en France avec Elisabeth de Rioupeyroux et eut six enfants que nous retrouverons plus tard.

Mme de Rapin-Mauvers demeura longtemps veuve. Ses *Mémoires* manuscrits, malheureusement incomplets, nous apprennent qu'elle eut à subir de nouvelles persécutions.

Peu après la violation de la sépulture de sa famille en 1700, une lettre de cachet l'envoya aux Nouvelles-Catholiques de Montauban. Ses enfants se trouvaient déjà dans cette ville : les filles dans des couvents, les garçons aux colléges des jésuites. Mme de Rapin obtint sa liberté par l'intervention de quelques amis dévoués, se fixa d'abord à Montauban, auprès de ses enfants, puis à Toulouse, et se décida enfin à quitter la France. Elle fut s'établir à Utrecht, où se trouvait alors son beau-frère, Daniel de Rapin, naguère colonel au service de Hollande, et y mourut en 1739 dans les dispositions pieuses et résignées que n'avaient pu affaiblir les longues épreuves qu'elle avait supportées.

Les femmes de la maison de Rapin se distinguèrent plus d'une fois par de tels sentiments : développés et fortifiés par la persécution, les réformés mourant dans l'exil, loin de leurs enfants qui leur avaient été violemment enlevés, leur laissaient comme un saint héritage l'exemple de leur fermeté dans la foi. Les pieuses leçons des mères, profondément gravées au cœur de leurs filles, suffirent plus d'une fois à les préserver d'une apostasie que ne rendaient que trop facile et la faiblesse de leur âge et les suggestions perfides dont elles étaient entourées.

Peu de femmes ont montré autant d'énergie et de persévérance dans leur foi que Jeanne de Pélisson, mère de Cécile de Rapin-Mauvers, dont nous venons d'esquisser la vie d'après les intéressants *Mémoires* qu'elle a laissés. Si l'on en croit le portrait que Rou nous en a conservé, « Jeanne de Pélisson se distinguait par une » vertu sans austérité, une piété sans faste, par une » patience angélique et une grandeur d'âme extraordi- » naire. » Elle eut assurément besoin de toutes ces nobles vertus, la pauvre femme ! car, à partir de la mort de son mari, auquel l'unissait la plus vive affection, tout devint obscur et douloureux dans sa vie. Ses fils sont dispersés, sa fortune est perdue ; reduite à fuir et à se cacher, elle a pour persécuteur son frére, son gendre pour dénonciateur.

M. Nayral a publié quelques lettres relatives à Jeanne de Pélisson, qui montrent à quel point, dans ces tristes temps de la persécution religieuse, se réalisaient ces paroles prophétiques de Jésus-Christ : « Vous serez » même livrés par vos péres et mères, par vos frères, » par vos parents et par vos amis ; et ils en feront mou- » rir d'entre vous. Et vous serez haïs de tout le monde, » à cause de mon nom ; mais celui qui persévérera jus- » qu'à la fin, c'est celui-là qui sera sauvé » (*Saint Luc*, XXI, v. 16 ; *Saint Matthieu*, X, v. 22).

Après la Révocation, le roi envoya dans chaque province un commissaire avec des pouvoirs suffisamment étendus pour presser l'exécution des mesures sévères qu'emportait la promulgation du nouvel édit. De Caraman-Bonrepos, né à Castres, au milieu du dix-septième siècle, allié aux premières familles du pays, fut choisi pour remplir ces difficiles et pénibles fonctions. Un court passage dans la carrière des armes l'avait habitué à exécuter fidèlement les ordres de ses supérieurs, mais la modération de son caractère, le sentiment de l'injustice des mesures extrêmes dont l'exécution lui était confiée, rendirent sa mission moins douloureuse ; tout en obéissant ponctuellement aux ordres reçus, il en adoucissait la rigueur et voyait avec répugnance les vexations dont les protestants étaient l'objet. Il était en correspondance avec le ministre Louvois et plusieurs personnages de la cour, Noailles, Créqui, Pélisson et autres. Cette correspondance fort curieuse offre un ensemble plein d'intérêt. Plusieurs pièces adressées, soit à Pélisson, soit à l'intendant Basville, y concernent Jeanne de Pélisson. On pourra juger par ces lettres, émanées d'un fonctionnaire catholique modéré et tolérant, ce que l'on pouvait attendre et craindre de ceux bien plus nombreux qui n'étaient ni tolérants ni modérés.

Mme de Rapin-Thoyras, veuve depuis quelques mois, ne sachant comment se défendre des obsessions des prêtres qui l'entouraient, essaya de se dérober par la fuite à la contrainte dont elle était l'objet. Elle-même encouragea ses deux fils, Paul et Salomon de Rapin, à s'expatrier plutôt que de renier la foi de leurs ancêtres, et, lorsqu'ils furent partis pour l'Angleterre, pressentant le sort que la charité de son frère lui réservait, elle trouva un asile chez quelque obscur métayer. Mais elle ne jouit pas longtemps de cette tranquillité relative.

« Je vous envoie, Monsieur, une lettre que Mon-

» seigneur l'évêque de Lavaur m'a écrite au sujet de » Mme de Rapin, — écrit le 24 août 1686 Bonrepos à » Pélisson, — je l'avais consulté après que j'eus parlé » à M. de Mauvers [Paul de Rapin-Mauvers] et vous » verrez qu'il se trouve dans le même sentiment que » j'étais de ne point communiquer la retraite de Madame » votre sœur à M. de Basville, dans la crainte qu'il ne » pût point s'empêcher de la faire mettre dans un cou» vent... J'ai pris des mesures pour la faire venir en » lieu où elle pourra se rétablir de ses peines et fati» gues, et peut-être le repos qu'elle goûtera lui don» nera des dispositions plus favorables pour écouter ce » que vos amis et les miens pourront lui dire touchant » les vérités de la religion. »

Toutefois, M. de Caraman ne put s'abstenir longtemps de signaler au grand inquisiteur du Languedoc, Basville, la rébellion de Mme de Rapin ; il lui écrivait de Castres, le 6 septembre 1686 : « Je vous envoie une » lettre de M. de Pélisson, que le gendre de Mme de Ra» pin me rendit il y quelque temps, mais comme il n'a » jamais voulu dire l'endroit où elle était que je ne lui » donnasse quelque certitude du traitement que vous » pourriez lui faire, j'ai différé à vous l'envoyer, espé» rant de la découvrir, ce qui m'a été impossible... Si » vous voulez lui faire la grâce de la reléguer en quel» que endroit du diocèse de Lavaur, comme M. Pélis» son vous en supplie, je crois que Revel serait le lieu » le moins propre à cause du grand nombre de nouvel» les catholiques qu'il y a. Il me semble qu'il serait » mieux à Lavaur par la commodité que M. l'évêque » aurait de l'entretenir. Ce serait dans la suite un moyen

» de pouvoir la mettre dans un couvent, M. Pélisson » m'ayant marqué par une lettre particulière qu'il ne » serait pas fâché qu'elle y fût. Cette femme est si en- » têtée de sa religion qu'elle se cache avec plus de faci- » lité qu'une autre, tous les lieux lui étant également » bons. »

Dans une autre lettre adressée à Pélisson, Bonrepos lui fait entendre que le temps de la douceur et des ménagements est passé, qu'il a cru devoir en user largement, mais que, pour « attaquer cet esprit fort entêté, » il faut agir autrement, et qu'ainsi faisant, il a lieu de croire qu'il sera « entré dans l'esprit » de Pélisson. « Il » sera malaisé, ajoute-t-il, en terminant, d'obliger son » gendre de dire où elle est, à moins que de le faire » arrêter lui-même. » On ne fut malheureusement pas obligé d'en arriver là, comme le prouve la lettre suivante adressée par le même Bonrepos à Basville à la date du 20 septembre : « M. du Terrail (1) a enfin dé- » couvert où est la sœur de M. Pélisson. Je ne ferai » pourtant rien à son égard que je ne sache ce que vous » aurez eu d'agréable d'ordonner sur la lettre que j'eus » l'honneur de vous écrire il y a quelques jours sur ce » sujet, n'osant point la faire conduire dans une mai- » son particulière à Lavaur sans savoir si vous voulez » lui faire cette grâce. M. du Terrail est pauvre et a » très-bien servi. Si vous aviez pour agréable, Monsieur, » de lui faire donner quelque chose lorsque vous ferez

(1) Paul ou Jacques de Chauvet, sieur du Terrail, originaire de Revel, avait épousé Marie de Rapin, seconde fille de Jeanne de Pélisson. (Voy. Haag, *France protestante*, t. VIII, p. 383.)

» distribuer le revenu des biens des fugitifs, je vous en » aurais une très-sensible obligation. » On ne sait point si le sieur du Terrail toucha la récompense de sa lâche trahison, mais sa belle-mère fut enfermée dans un couvent de Lavaur, bien que les soldats de Basville qui vinrent la chercher dans sa retraite l'y eussent trouvée assez malade pour qu'on ne pût de plusieurs jours la transporter au couvent. Elle y languit longtemps, sans aigreur, sans amertume contre le triste zèle de son frère, qui n'avait pas rougi de séduire son gendre et de l'amener à trahir sa retraite, opposant une patience et une douceur angéliques aux sollicitations incessantes de l'évêque de Lavaur. Rien ne put ébranler sa constance et sa foi, et ses persécuteurs, lassés, expulsèrent du royaume « cet esprit si fort entêté. » La pauvre martyre arriva péniblement à Genève ; sa santé, minée par le chagrin et la souffrance, déclina rapidement, et, après une grave maladie, elle quitta ce monde de douleurs pour l'éternité glorieuse, le 13 février 1706.

CHAPITRE IV.

Enfance et première jeunesse de Rapin-Thoyras. — Querelles et disputes. — Rapin devant les maréchaux de France. — Académies protestantes. — Leur organisation, leurs tendances diverses. — Rapin commence l'étude du droit sous la direction de son père. — Son insuccès. — Ses études. — Il part pour l'Angleterre. — Certain abbé essaie de le convertir à l'instigation de Pélisson. — Sa fuite. — Nouvelles tentatives de son oncle pour le convertir. — Lettre de Rapin-Thoyras à Leduchat. — Les défenses de Fouquet. — Pélisson convertisseur. — Résultats de son éloquence *dorée*. — Il échoue dans ses tentatives pour convertir son neveu.

Nous avons retracé, trop longuement peut-être, les vies plus ou moins illustres, mais toujours marquées au coin de l'honneur, de la droiture et de la foi, de ceux qui furent les ancêtres de l'historien Rapin-Thoyras. Les pages qui précèdent ont montré que, dans cette famille où le courage et la vertu semblaient héréditaires, les femmes même participaient à l'énergie morale de leurs époux, et que cette énergie et cette fidélité chrétiennes pouvaient aller jusqu'au martyre.

C'est après avoir pénétré, en quelque sorte, dans l'intimité de ces cœurs fidèles et de ces nobles caractères, que nous pourrons dire de Rapin-Thoyras, que ceux qui l'ont précédé dans la vie lui avaient transmis leurs vertus et leurs exemples avec leur sang. Deux siècles nous séparent de ces soldats chrétiens dont les ombres vénérées ont plané sur sa vie; encore quelques années, et ces souvenirs du passé, ces traditions de famille, auront disparu, comme tant d'autres traces de ce que furent nos pères, sans qu'il reste même un vestige de la tombe profanée où furent déposés leurs restes. Chercher à recomposer leurs traits effacés par le temps, replacer dans le cadre de leur époque ces figures martiales et austères pour en former la galerie de famille qui précède et qui attend le portrait de Rapin-Thoyras, tel était le but que nous nous étions proposé, et que nous aurions voulu moins imparfaitement atteindre.

L'année de la fête de Vaux et de la chute éclatante qui en fut la suite, catastrophe mémorable dans laquelle nous avons vu son père et son oncle impliqués à des titres divers, en 1661 et le 25 mars, « Paul de Rapin,
» écuyer, seigneur de Thoyras, naquit à Castres en Al-
» bigeois. »

Il ne montra pas, dans ses premières années, ces dispositions sérieuses, ce sens droit et ferme, cette ardeur pour l'étude qui se révéleront plus tard dans le futur historien. D'un naturel vif et emporté, les premiers traits de sa jeunesse qui nous aient été conservés sont empruntés à des récits de querelles et de combats. A peine âgé de dix-sept ans, il provoque un de ses camarades d'académie sous le prétexte le plus futile, et, désarmé sur le terrain, il ne doit la vie qu'à la générosité de son adversaire. Un an plus tard, autre querelle. Il étudiait à Saumur, lorsqu'un soir, ayant achevé son travail et se promenant tranquillement sur les remparts, il fut assez rudement heurté par un promeneur. Le passage était fort étroit; le passant, beaucoup plus âgé que le jeune étudiant, avait pu croire que le haut du pavé ne lui serait pas disputé, mais il n'en fut point ainsi : furieux de ce qu'il regarde comme un sanglant affront, le jeune Rapin court chercher son épée, qu'un prudent règlement défendait aux étudiants gentilshommes de porter en public, et revient bientôt après pour se mesurer avec son adversaire. Mais celui-ci, peu soucieux de son méfait, avait paisiblement continué sa route; Rapin court après lui sans pouvoir le rejoindre, le cherche plusieurs jours dans la ville, apprend qu'il est parti pour Paris, se jette dans le coche sans balancer et tombe encore tout échauffé de colère chez son parrain Pélisson. Mais un avis de Saumur avait mis l'oncle sur ses gardes, il avait fait diligence auprès des maréchaux de France, lesquels s'empressèrent de lui envoyer un exempt qui trouva le jeune duelliste en train d'être morigéné par le prudent Pélisson. Aux premières paroles de l'officier de la Connétablie, Rapin se trouble et s'étonne; il proteste, il réclame les droits de son honneur offensé, mais sans l'écouter, on l'entraîne devant ses juges, où il retrouve son adversaire qu'ils avaient fait également assigner. A défaut de la leçon qu'il eût tant voulu lui donner, Rapin eut du moins la satisfaction de l'entendre condamner « à tenir prison au Fort-l'Evê- » que jusqu'à ce que l'offensé trouvât bon qu'il en » sortît. » A peine hors de cette méchante affaire, et dès le lendemain, le jeune étudiant rencontre au détour d'une rue le frère du prisonnier. C'était « une des bonnes lames qu'il y eût. » La conversation s'engage en des termes tels qu'une nouvelle rencontre devient nécessaire, et, sans plus de retard, les voilà tous deux flamberge en main et l'épée de Rapin dans le corps de son adversaire avant que les passants les aient pu séparer. Toutefois, « cette dernière avanture fut tenue se- » crète, de peur que Messieurs les Maréchaux de France » n'en fussent irritez ; » car la précédente affaire n'avait eu que trop d'éclat, malgré les soins de Pélisson, qui craignit avec raison que cette belle équipée ne compromît la carrière de son neveu. Celui-ci, dont la colère avait peine à s'apaiser, usait largement des termes de l'arrêt qui avait mis en prison son adversaire et l'avait laissé à sa discrétion. Il ne fallut rien moins, pour obtenir sa délivrance, que l'intervention du prince-évêque de Strasbourg qui se trouvait alors à Paris. L'évêque sollicita l'étudiant, qui consentit enfin, plus d'un mois après, à l'élargissement du malencontreux promeneur de Saumur. On renvoya Rapin à l'école avec une bonne mercuriale, et ses parents mirent tous leurs soins à modifier en lui cette humeur querelleuse dont les écarts paraissent du moins s'être bornés à cette dernière escapade.

Tout jeune encore, Paul de Rapin avait reçu à Castres, dans la maison de son père, les premiers rudiments du latin, mais ses progrès ne répondirent que faiblement aux espérances de son précepteur et de ses parents. Aussi ces derniers n'hésitèrent pas longtemps à le placer sous la férule plus efficace et plus austère des maîtres de l'Ecole ou Académie de Puylaurens, où presque toute la noblesse protestante du Midi envoyait les enfants.

L'Académie de Puylaurens fut la dernière transformation du collége de Montauban, fondé en 1579, lequel avait succédé lui-même à une institution du même genre, fondée près de cent ans auparavant. Par sa forte organisation, ce collége devint le type et le modèle de ces grandes écoles protestantes célèbres aux seizième et dix-septième siècles.

Il était dirigé par un principal, « homme craignant Dieu, grave en « toutes ses actions, doué de bon sçavoir » et principalement versé es lettres humaines, propre » aussi à faire une profession publique, estant du corps » de l'Académie. » Un conseil académique, choisi parmi les notables réformés de la ville, de concert avec l'intendant de la province, nommait le principal. Ce dernier logeait primitivement dans les bâtiments du collége avec les sept régents ou professeurs qui se partageaient l'enseignement; mais en 1623, la pénurie des églises obligea le synode de La Rochelle à adopter un mode de direction plus économique: un pasteur, choisi parmi ceux de la ville, administra désormais le collége, et les régents cherchèrent au dehors leur gîte et leur pitance.

Les matières sur lesquelles roulait l'enseignement étaient nombreuses et variées; les auteurs grecs et latins, bien plus nombreux que de nos jours, servaient de thème à une foule d'exercices, qui avaient pour résultat de donner aux écoliers la prompte et pleine possession de la langue latine. Dès leur bas âge, dans la classe de septième, un sous-maître leur apprenait à lire et leur mettait entre les mains les *Distiques* de Caton; ils n'y comprenaient pas grand'chose, mais ils lisaient en latin, et dans la sixième, on les exerçait à dire et à composer de petites phrases dans la langue de Cicéron. Dès lors, le pli était pris: et une fois les élèves admis dans les classes supérieures, il leur était défendu de s'exprimer, à l'intérieur du collége, autrement qu'en latin. Aussi la plupart arrivaient-ils à s'énoncer dans cette langue avec autant de facilité que dans la leur.

Les punitions avaient trois degrés : l'admonestation, la verge, dont les maîtres ès-arts étaient seuls exempts, et enfin l'exclusion : les deux premiers châtiments étaient administrés « au son de la cloche, en la salle » commune, en présence du principal et de tous les régents. » Le mercredi matin et le dimanche, les élèves étaient tenus d'assister au service divin. De plus, le dimanche matin, il se faisait un catéchisme pendant lequel toutes les classes étaient interrogées. L'inexactitude et le manque de recueillement étaient sévèrement punis. Tous les écoliers, tant du collége que de l'académie, étaient externes; cette règle était générale (on ne cite que le collége de Metz qui eut des élèves internes), ils devaient venir aux classes avec leurs robes, de même que leurs régents qui, en cela comme en toutes choses, devaient leur servir d'exemple.

Au mois de septembre il y avait trois semaines de vacances. Elles s'ouvraient par une distribution de prix, qui consistaient en livres ou en écritoires dorées, selon les classes, et par une allocution du recteur en présence des magistrats de la ville convoqués à la fête, comme de nos jours.

Tels étaient ces règlements de l'académie de Montauban, qui donnent une idée avantageuse des fortes études que faisait alors la jeunesse protestante. Promulgués en octobre 1600, ils furent en vigueur jusqu'en 1661, époque à laquelle, par un ordre exprès du roi, l'académie de

Montauban fut expulsée de la ville, réunie à l'école de Puylaurens, et les bâtiments qu'elle occupait donnés aux Jésuites. Ces mesures arbitraires, cette brusque suppression dont les réformés restèrent consternés, furent la conséquence d'une misérable querelle entre les étudiants protestants et les écoliers catholiques.

Transférée à Puylaurens (1), l'académie de Montauban y trouva une école déjà florissante, qui était soutenue par les contributions de vingt-quatre Eglises de l'Albigeois. Pour contribuer à l'entretien des régents venus de Montauban, on soumit les élèves à une taxe qui variait suivant le rang qu'ils occupaient dans leurs études. Les étudiants en philosophie payaient un minerval (fr. 3,25); ceux des six dernières classes, le double, et les proposants en théologie, la moitié. Les sceaux de l'ancienne école de Puylaurens furent conservés en souvenir des services qu'elle avait rendus et apposés à tous les diplômes de maître ès-arts que délivrait la nouvelle académie, qui adopta les règlements de celle de Montauban. Telle était l'école dans laquelle le jeune Rapin passa les premières années de sa vie d'écolier.

Quelques années auparavant, Puylaurens avait formé

(1) Puylaurens avait déjà un collége fondé par les protestants vers la fin du seizième siècle, et plusieurs synodes provinciaux s'occupèrent avec un soin particulier de tout ce qui pouvait contribuer à sa prospérité. C'est ainsi que ceux de Réalmont, de Milhau, de Caussade, de Mauvesin et de Saint-Antoine, ayant défendu sous peine d'excommunication à tous les calvinistes de faire élever leurs enfants par les colléges de l'Eglise romaine ou chez les jésuites, le nombre des élèves qui se rendirent à Puylaurens devint en peu de temps très-considérable. Nayral, *Biographie castraise*, IV, 540 et seq., et *Pièces justificatives*, note B.

un élève qui devait aussi l'illustrer : Bayle, « le plus sage des sceptiques », l'un des littérateurs les plus célèbres du dix-septième siècle, était à cette accadémie en 1669. Le jeune étudiant qui devait faire « l'admiration » de l'Europe par la puissance de sa dialectique », fut converti à l'âge de vingt-deux ans par un curé de Puylaurens, habile homme dont la postérité a oublié le nom. Toutefois, le triomphe de ce dernier ne fut pas de longue durée, puisque Bayle revint six mois après à la religion réformée.

La suppression de l'académie de Puylaurens, en 1685, ouvrit à la jeunesse studieuse de ces contrées les portes de l'école de Sorèze. Déjà inaugurée en collége rival de celui des Réformés par les Bénédictins en 1682, la réputation de Sorrèze, relevée de nos jours par un illustre dominicain, a fait oublier la gloire plus ancienne de l'académie de Puylaurens. Mais l'oubli où cette célèbre école est tombée est un motif de plus pour constater ici l'influence morale et religieuse que cette dernière de nos grandes académies protestantes exerça sur les générations qui s'y sont succédé, influence qu'elle dut à la solidité et à l'éclat de son enseignement, au zèle et à la doctrine de ses professeurs.

Lorsque Rapin quitta l'académie de Puylaurens pour celle de Saumur, il trouva de notables différences entre l'enseignement doctrinal de cette dernière école et celui qu'il avait reçu jusqu'alors. L'esprit qui régnait à Saumur, au moment où il y fut envoyé, moins turbulent qu'à Puylaurens, était plus dangereux pour ses croyances religieuses. Peut-être faut-il attribuer à ce défaut de suite et d'équilibre dans son éducation religieuse, le peu de consistance de sa foi, pendant les années de sa jeunesse. Sa raison, qui fut plus tard mûrie et développée par l'épreuve, ne pouvait alors dégager, des enseignements parfois contradictoires des écoles, les principes d'une foi solide et sincère, fondée sur le pur Evangile. Une rapide esquisse de ce qu'était alors l'académie de Saumur donnera un sens plus précis à ces derniers mots.

Célèbre entre toutes les universités protestantes, Saumur avait vu se succéder dans ses chaires les Gomarus, les Amyraut, les La Place, les Cappel. Fondée en 1599 par une ordonnance des Eglises et par l'initiative de Duplessis-Mornay, trois ans après sa création, la nouvelle école comptait de nombreux étudiants français et étrangers. Les dépenses s'accrurent en raison de sa prospérité, et l'académie de Saumur émargeait plusieurs milliers de livres sur les deniers octroyés par le roi. Mais ces deniers royaux furent peu à peu plus ménagés; d'abord payés irrégulièrement, ils cessèrent de l'être tout à fait, et, en 1631, le synode de Charenton dut décider que le *quint*, c'est-à-dire la cinquième partie de toutes les contributions charitables, servirait à soutenir les professeurs des diverses écoles aussi bien que les élèves.

Malgré cette pénurie des Eglises, cette seule académie reçut encore quatre mille livres, pour sa part de la contribution nouvelle.

L'école de Saumur exerça, par les doctrines de ses professeurs, une profonde influence sur les opinions religieuses des pasteurs français de cette époque, influence qui s'étendit jusque sur les élèves que forma cette académie. Amyraut et Louis Cappel furent les pères de la critique sacrée, et leurs collègues et successeurs se transmirent cette épée de combat avec laquelle ils battirent en brèche le calvinisme et l'inspiration littérales des saintes Ecritures, dogmes et doctrine qui avaient pour champion l'école plus orthodoxe de Montauban, dont les traditions se continuèrent dans celle de Puylaurens.

D'autres différences moins fondamentales séparaient encore ces deux académies : il n'y avait point au collége de Saumur de classes de philosophie et de mathématiques, cet enseignement étant donné par les professeurs de l'académie dans des cours publics ; les classes de ce collége étaient entièrement consacrées aux études classiques, et il suffit de jeter un coup d'œil sur le programme de ces études pour les années 1683 et 1684, pour concevoir une haute idée de leur force et de leur variété.

Sévère était la discipline extérieure de ces académies réformées : on voit dans le règlement de celle de Montauban les détails dans lesquels ses auteurs sont entrés à ce sujet; le conflit qui amena la suppression de cette dernière école témoigne que leurs précautions n'étaient pas superflues. Tout libres qu'étaient les étudiants et les écoliers, leurs mœurs n'en étaient pas moins surveillées de très-près; on exigeait même des certificats de moralité, émanant de leurs Eglises, avant que de les admettre dans les académies. Mais quelques années après la translation de l'académie de Montauban à Puylaurens, le relâchement se glissa parmi les jeunes gens qui fréquentaient l'école. Le synode de Loudun, devant lequel les habitants et les professeurs portèrent leurs doléances, jugea qu'il était urgent d'y remédier et dépêcha à Puylaurens, par l'intermédiaire des consistoires de Castres et de Sorèze, les pasteurs Jossaud, Causse et Patus. Ceux-ci firent leur rapport au synode de Saverdun (1678); le règlement fut modifié, et on y trouve ces lignes, qui peignent avec naïveté les soins que l'on prenait de la moralité des étudiants : « Les » écoliers en théologie seront modestes en leurs vête- » ments, ne porteront point de cravates ni bourgui- » gnottes, ni des cannes ou bâtons, ni autre chose » contraire à la modestie, ni des cheveux longs, et se- » ront vêtus de noir; ils éviteront la conversation des » filles, ne les accompagneront point ni dans les rues, » ni aux promenades, ni en particulier; ne pratique- » ront point les jeux, ne fréquenteront point les caba- » rets ni autres lieux de débauche, et les contrevenants » au présent article seront vivement censurés; et au cas » qu'ils continueront dans leur méchant train, au mé- » pris desdites censures, ils seront rayés de la matri- » cule. »

De pareilles mesures de prudence avaient été prises à Saumur, vraisemblablement motivées par quelques désordres. On a vu Rapin laisser là son agresseur dans cette querelle qui le mena jusque devant les Maréchaux de France, pour aller quérir son épée; les écoliers auxquels leur naissance assurait ce privilége n'avaient pas la permission d'en user dans le ressort de l'université.

Après n'avoir donné que trop de preuves de son humeur belliqueuse, Paul de Rapin sortit des écoles, bien décidé à suivre la carrière des armes. Mais il rencontra dans les sentiments paternels une opposition qui, pour n'être pas absolue, ne lui permettait pas de songer à embrasser immédiatement une carrière pour laquelle ses parents montraient tant de répugnance. Il se résigna donc, et rongeant son frein, il étudia avec l'ardeur qu'il mettait en toutes choses les principes du droit, sous la surveillance de son père. Il fit de rapides progrès dans la science juridique, sous la direction de ce guide sûr et éclairé; et comme il est rare que l'étude sérieuse et suivie d'une science, quelque ingrate qu'elle soit, ne finisse pas par attacher celui qui s'y livre tout entier, l'apprenti jurisconsulte fut bientôt en état d'être reçu avocat. Il est à croire qu'on n'exigeait pas alors, pour acquérir ce grade, la somme de connaissances qu'il suppose aujourd'hui, car « il se vit obligé, » dit son biographe anonyme, « comme une infinité d'autres » jeunes gens, à se faire recevoir avocat, sur l'avis » qu'on eut d'un Edit qui parut bientôt après, où il » estoit défendu de donner le degré de docteur qu'à » ceux qui auroient estudié cinq ans dans une univer- » sité. »

Il se crut obligé de plaider une cause pour étrenner sa robe d'avocat; mais ce fut avec un médiocre succès, et son père dut renoncer à l'espoir qu'il avait conçu de voir son fils lui succéder dans la position éminente qu'il avait su se créer au barreau.

Au mois de juillet de cette même année 1679, l'arrêt du conseil du roi qui supprimait les Chambres de l'Edit fut publié. Les termes de cet acte arbitraire, qui mettait à néant l'une des plus précieuses garanties données aux protestants par l'Edit de Nantes, méritent d'être cités. L'arrêt était rendu « afin d'effacer la mémoire des » guerres passées et de faciliter l'administration de la » justice, en ôtant le prétexte à nos sujets catholiques » de se servir du nom et des priviléges de ceux de la » religion prétendue réformée, pour perpétuer les pro- » cès dans les familles par des évocations ou des règle- » ments de juges. » Pour comprendre tout ce qu'il y avait de spécieux et d'inique dans ces affirmations mensongères, il faut rappeler que les Chambres de l'Edit connaissaient, aux termes de l'acte célèbre qui les avait créées, non-seulement de toutes les causes des réformés, mais encore de toutes celles où un réformé était impliqué, au moins comme partie. La raison de cette extension est trop évidente pour être expliquée : c'était une garantie et un privilége accordés aux sujets protestants, envers lesquels la partialité des juges d'alors, dont les arrêts participaient des passions qui agitaient la nation tout entière, était justement suspectée. Mais vouloir donner pour prétexte à la suppression d'une telle garantie l'emploi abusif que faisaient les catholiques des évocations de leurs causes mixtes devant les chambres de l'Edit, c'était joindre l'ironie et le mensonge à l'arbitraire et ouvrir dignement la déplorable liste des manquements à la foi jurée, des mépris de la parole royale, des ordonnances qui restreignirent peu à peu, comme en un filet, toutes les libertés protestantes si chèrement achetées, pour aboutir à la Révocation, digne et funeste couronnement de ces longues iniquités.

A l'exemple de beaucoup d'autres familles que la suppression de la Chambre de l'Edit laissait sans ressources à Castres, celle de Paul de Rapin se retira à Toulouse, et lui-même comprit que sa carrière de jurisconsulte était brisée aussi longtemps qu'il mettrait la pratique de la foi au-dessus de son avancement dans le monde. Il était du reste bien peu de professions, aucune peut-être pour les gentilshommes protestants d'alors, où l'exercice de la religion réformée ne créât sans cesse des obstacles à l'indépendance ou au succès.

Le père du jeune avocat, dont la réputation était faite depuis longtemps, et auquel d'ailleurs son âge ne permettait plus de choisir une position plus en harmonie avec celle qui était faite aux réformés, ne se découragea pas : il ouvrit un cabinet à Toulouse où affluèrent bientôt de nombreux clients. Si rarement qu'il parût à l'audience, il y était toujours écouté avec la déférence due à son âge et à son talent. Mais il comprit que la carrière qu'il avait parcourue avec éclat pendant trente années ne pouvait plus convenir à son fils. Aussi cessa-t-il de l'y encourager, mais redoutant pour lui les séductions d'une légitime ambition, constamment déçue dès cette époque pour les jeunes officiers réformés que l'exercice de leur foi retenait dans les rangs inférieurs, il ne lui permit pas d'embrasser la carrière des armes.

Ce fut dans cet état d'incertitude que le jeune Rapin passa plusieurs années à Toulouse, tantôt se perfectionnant sans entrain dans l'étude du droit, tantôt laissant là Cujas et Dumoulin, se passionnant pour l'aride science des fortifications, souvenir et reflet de ses goûts militaires que d'autres occupations n'avaient pu lui faire oublier. On le voyait tour à tour passer avec la même ardeur de l'étude des mathématiques à celle de la musique pour laquelle il eut toute sa vie un goût décidé. Ces occupations paisibles, auxquelles il joignit la connaissance des classiques latins et grecs et celle des auteurs du grand siècle, devenus classiques à leur tour, furent les bases solides des travaux qui devaient illustrer son nom bien des années plus tard, lorsqu'il recueillit le fruit des veilles laborieuses de sa jeunesse.

A la mort de M. de Rapin, sa nombreuse famille était dispersée, ses deux fils aînés étaient seuls auprès de lui; on a vu plus haut avec quelle filiale sollicitude ils l'assistèrent dans ses derniers moments. Cette perte d'un père respecté et adoré de tous les siens affecta profondément le cœur du jeune Rapin ; il se retira avec sa mère et ses frères dans une campagne isolée qu'ils avaient dans les environs de Castres; mais bientôt la persécution devenue plus ardente, les força d'abandonner cet asile. Au mois de mars 1686, cédant aux instances de sa mère, il partit pour l'Angleterre avec son plus jeune frère Salomon; son frère aîné avait quitté la France immédiatement après la mort de leur père.

Lorsque Paul de Rapin arriva à Londres, le roi d'Angleterre, Jacques II, venait de promulguer un Edit dont la tolérance contrastait avec la rigueur fanatique qui avait inspiré l'Edit de Révocation. Ce prince, bien que catholique, promettait aide et protection à ceux des protestants français qui, fuyant la persécution, viendraient s'établir dans ses Etats. Le souverain qui, peu d'années après, devait demander à son tour un asile à la France contre ses sujets révoltés, obéissait-il alors à un sentiment personnel de pitié et de tolérance? Avait-il le pressentiment de son avenir d'exilé, lorsque, sans crainte d'offenser le puissant monarque dont les sujets préféraient l'exil à une honteuse conversion, il recevait ces fugitifs dans son royaume et leur offrait secours et protection? Ou plutôt, devinant la faute sous le crime, saisit-il avec ce coup d'œil pratique qui caractérise la nation anglaise, les avantages que pourrait retirer son pays de l'immigration d'ouvriers habiles, de négociants dont le crédit tenait le premier rang sur les places commerciales de l'Europe, d'officiers pleins de courage qui viendraient recruter les armées de l'Angleterre? Il est plus probable que cette mesure généreuse eut la politique pour mobile, et que Jacques, qui cherchait à ramener au catholicisme une nation presque entièrement protestante, en détruisant, sous prétexte de tolérance et de liberté, les barrières qui défendaient la religion réformée contre les empiétements du catholicisme, ne voulut point paraître inconséquent avec les principes qu'il invoquait pour parvenir à son but. Bien plus, pour se concilier l'Eglise nationale, il exigea que les Calvinistes accueillis dans ses Etats communiassent selon le rite anglican, mesure restrictive qui ne diminua pas les louanges que les ministres français lui prodiguaient sans mesure jusque dans la chaire, mais qui contribua puissamment à fixer les Calvinistes français sur le sol de leur nouvelle patrie.

Quoi qu'il en soit, le refuge paya largement sa dette à l'hospitalité de l'Angleterre; onze régiments se recrutèrent d'officiers et de soldats choisis parmi les quatre-vingt mille Français qui passèrent la Manche. Vingt-deux Eglises florissantes, dues au zèle pieux des réfugiés, s'élevèrent dans les quartiers de la seule ville de Londres, dont un faubourg tout entier se peupla de protestants expatriés (1).

Ce ne fut pas sans une profonde tristesse que Rapin-Thoyras quitta la France où il ne devait plus rentrer. Les derniers moments de son père, si troublés par les sinistres avant-coureurs de la persécution, étaient encore présents à sa mémoire. Il laissait sa mère, qui s'était volontairement privée de l'appui de ses fils, dans le deuil et dans les larmes; il la savait exposée à d'inévitables tribulations, qui, dépassant toute mesure, la conduisirent mourante jusque sur la terre de l'exil. Il quittait ses parents, ses amis, ces riantes contrées où s'était passée sa jeunesse, cette France pour laquelle ses pères avaient versé leur sang, qu'il eût voulu servir comme eux, et qui le repoussait de son sein ; il partait pour un long voyage, à contre-cœur, léger d'argent, incertain de l'avenir, presque du lendemain... et cependant, à travers sa tristesse, un rayon de joie remplissait son cœur; nulle carrière n'était plus possible pour lui que celle des armes ; les ronces du chemin de l'exil déchiraient pour toujours sa robe d'avocat ; sa main frémissait sur la garde de son épee, et il communiquait à son jeune frère cette généreuse ardeur qui ne tarda pas à atteindre le but si longtemps poursuivi.

Quelque temps après son arrivée à Londres, il fit la connaissance d'un ami de son oncle Pélisson, l'abbé de

(1) De Félice, *Histoire des Protestants de France*, édit. in-12, p. 428.

L'enthousiasme excité parmi les Anglais en faveur des protestants exilés fut tel, que de simples citoyens souscrivirent pour 500 et 1,000 liv. sterl. (12,500 et 25,000 fr.), sommes plus considérables encore pour ce temps-là que pour le nôtre (Hallam, *Hist. constit. d'Angleterre*).

Denbeck, neveu de l'évêque de Tournay, « abbé français d'une qualité distinguée. » C'était un homme de cour, de manières fort civiles et fort déliées, qui, pensant plaire à Pélisson et à l'Eglise, ne tarda pas à désirer et à poursuivre la conversion du jeune réformé. Avec une adresse extrême, « quoiqu'il en usât d'une manière fort » douce et civile, » il tournait habilement toutes les conversations sur le sujet de la controverse. Quoique la religion d'alors fût assez militante pour que, dans les académies où Rapin avait été élevé, la controverse ne fût pas négligée, il n'avait sans doute pas bien profité, sous ce dernier rapport, des enseignements de ses maîtres en théologie, car il se sentit ébranlé par les insinuations de l'abbé. M. de Barillon, alors ambassadeur de France, qui avait reçu avec beaucoup de bienveillance le jeune réfugié, à la recommandation de l'abbé de Denbeck et de Pélisson, espérant plus facilement le tenter et le convertir par l'appât de quelque emploi élevé, entreprit, de concert avec le marquis de Saissac, autre Français catholique qui se trouvait à Londres, de le présenter au roi, l'assurant qu'il en serait bien reçu. Rapin pouvait n'être qu'un médiocre théologien, mais il ne manquait ni de pénétration ni d'esprit; jugeant avec raison qu'il n'avait aucun titre à un pareil honneur, se voyant sans cesse harcelé pour sa religion, et soupçonnant quelque piége caché sous ces prévenances, il résolut d'y échapper.

Il sentait d'ailleurs que sa position à Londres n'était plus tenable. Sans raisonner sa foi et ses croyances, il avait un vif sentiment de ses devoirs, et le jour où il crut ne plus pouvoir se dérober aux prevenances intéressées de ses nouveaux amis, il prit le parti de Joseph devant la femme de Putiphar, et laissant là la cour, l'abbé et l'ambassadeur, il s'enfuit bravement à la campagne, sans prendre congé de personne, blessant ainsi toutes les convenances et tous les usages, mais sûr de lui-même et heureux d'avoir échappé au doute et à la tentation.

Après cette aventure et les suites peu agréables qu'elle eut naturellement pour lui, il vit bien que tout espoir de réussir en Angleterre lui était interdit tant que Jacques II serait sur le trône. Aussi se décida-t-il à passer en Hollande. L'excellent accueil qu'il y reçut de son cousin Daniel de Rapin le dédommagea des ennuis qu'il avait essuyés en Angleterre. Bientôt après il fut admis à prendre du service dans la compagnie de cadets réfugiés que son parent commandait à Utrecht.

Le séjour de l'Angleterre semblait prédestiné à mettre à de rudes épreuves la foi du jeune officier : non content de chercher à le convertir par procuration passée au séduisant abbé de Denbeck, Pélisson s'était adressé plus directement à son neveu et filleul, et il ne s'y épargna pas. Quelques passages tirés des lettres de Rapin-Thoyras sont significatifs. « Depuis que je fus arrivé à » Londres, dit-il, je me vis obligé à soutenir de terri» bles assauts contre lui. Il me tenta par toutes sortes » de voies... Mon obstination, c'est ainsi qu'il l'ap» pelloit, le dégoûta enfin de moi et lui fit perdre l'espé» rance qu'il avoit conçue de me persuader. Deux cho» ses, entre autres, contribuèrent à me faire perdre ses » bonnes grâces. La première fut que, comme il s'effor» çoit dans ses lettres de me persuader par son exem-

» ple, je lui répondis naïvement que je trouvois fort
» étrange que lui, qui avoit fait profession ouverte de
» n'avoir changé de religion qu'avec connoissance de
» cause, voulût me persuader de changer par d'autres
» motifs. Il fut piqué de ce reproche, mais encore plus
» d'une raillerie, quoique très-innocente, de ma part. Il
» avoit fait un livre intitulé : *Réflexions sur les différents*
» *de la Religion*, dans lequel il prétendoit avoir battu
» les réformés eux-mêmes. Il me fit donner ce livre par
» M. de Bonrepos, et m'écrivit en même temps qu'il me
» prioit de lire ce livre avec exactitude et de lui en dire
» mon sentiment, comme je me le dirois à moi-même,
» sans consulter qui que ce fût. J'obéis exactement à
» son ordre. Je ne sais si vous avez lu ce livre ; mais,
» quoi qu'il en soit, il ne respire que la douceur et la
» charité, et il établit pour maxime que l'on ne conver-
» tit point les gens en leur disant des injures et par la
» violence, etc. Comme il ne m'avoit point averti qu'il
» fût l'auteur de ce livre, et que M. de Bonrepos ne me
» l'avoit pas dit, je ne le crus point de lui. Ainsi, entre
» plusieurs choses, je lui dis que j'approuvois beaucoup
» les maximes de douceur que l'auteur établissoit ; mais
» qu'il me sembloit qu'elles venoient assez mal à pro-
» pos dans un temps où, manifestement, on suivoit
» en France des maximes toutes contraires ; qu'il me
» sembloit entendre Sganarelle écrire à sa femme : *Mon*
» *cher cœur, je vous rosserai ; doux objet de mes yeux*
» *je vous assommerai*. Depuis ce temps-là, il cessa peu
» à peu ses sollicitations, et je n'eus pas beaucoup de
» peine à m'apercevoir qu'il n'avoit plus pour moi les
» sentiments qu'il avoit eus auparavant. »

On a dit de Pélisson que c'était un écrivain dont on parle beaucoup et qu'on lit fort peu : ce n'est point ici le lieu de refaire sur ce personnage l'excellente et complète étude que lui a consacrée M. F.-L. Marcou dans un style si littéraire ; mais une rapide esquisse de sa vie fera mieux comprendre les affinités et les contrastes qui séparaient souvent et réunissaient parfois l'historien de l'Académie et le futur historien de l'Angleterre.

Castres et Béziers se disputent l'honneur d'avoir donné le jour (1624) à celui que le célèbre Bayle, bon juge en semblable matière, appelait « l'un des plus beaux esprits du dix-septième siècle. » Dès ses premières années, il habita la première de ces deux villes et y commença des études si brillantes qu'à onze ans il avait fait ses humanités et commençait à étudier en droit à Toulouse. Ce fut là que, tout jeune encore, il paraphrasa le premier livre des *Institutes de Justinien*, son premier et l'un de ses meilleurs ouvrages. Ayant achevé ses études de droit, il vint à Paris, se lia avec tout ce que cette ville renfermait alors de *beaux esprits* avec lesquels il fit assaut d'érudition et de petits vers. Son retour dans sa patrie lui fut fatal : il y fut affreusement défiguré par la petite vérole. Nous avons eu occasion de dire que Pélisson n'était pas beau ; ainsi maltraité, il devint hideux, et au désespoir de ce revers inattendu, il se renferma chez lui et vécut quelques années dans une retraite presque absolue. Il n'en sortit guère que pour contribuer activement à la fondation de l'Académie de Castres dont il fut une des colonnes. En 1652, on le retrouve à Paris, secrétaire du roi. C'est à cette époque qu'il inspira à Mlle de Scudéry la romanesque passion qu'il partagea et que célébrèrent à l'envi les poëtes de la cour et de la ville dans « la journée des madrigaux » ; passion qui dura cinquante années et qui fit dire à Mme de Sévigné que, « si on dédoublait M. de Pellisson, on trouverait » une belle âme au-dessous de sa laideur », telle, dit-elle ailleurs, « qu'il abusait de la permission qu'ont » les hommes d'être laids. »

Son *Histoire de l'Académie* lui ouvrit les portes de cette illustre assemblée, qui, par un précédent sans exemple et qui ne se renouvela plus, le reçut par acclamation au nombre de ses membres, en déclarant que la même faveur ne pourrait plus être faite à personne sous quelque prétexte que ce fût.

Mais l'éternel honneur de Pélisson, ce qui a rendu son nom populaire, au moins autant que la fameuse araignée chantée par Delille, c'est la courageuse et savante défense qu'il fit de son protecteur Fouquet, dont la célèbre disgrâce est assez connue. Le *Discours au roy par un de ses fidèles sujets sur le procès de M. Fouquet* (Paris, 1661, in-4°), restera le plus beau titre de gloire de Pélisson. Son éloquence séduit ses juges, les émeut, les entraîne ; il absout son ami dans un magnifique langage où la noblesse des sentiments ne le cède pas à la beauté de l'expression, toujours heureuse, toujours choisie ; ces mémoires sont le chef-d'œuvre du barreau français au dix-septième siècle. Nous avons vu Jacques de Rapin travailler à la défense de Fouquet avec Pélisson, mais à ce dernier seul appartient la gloire et l'honneur d'avoir composé le *Discours au Roy* ; il n'a, parmi ses nombreux ouvrages, rien mieux écrit, ni mieux pensé. Le talent, la science, l'éloquence oratoire dont le savant académicien donna tant de preuves diverses, ont atteint leur apogée dans ces pages célèbres qui ont fait beaucoup parler de Pélisson, mais méritent aussi beaucoup d'être lues. Les sentiments les plus nobles et les plus élevés y sont exprimés, et en même temps qu'elles respirent un dévouement sans bornes à un ami malheureux, leur auteur y mêle avec délicatesse les témoignages habiles et sincères de l'intérêt le plus vif et le plus élevé à la gloire de son roi.

Les dernières années de la vie de Pélisson ont imprimé à sa mémoire une tache qu'on voudrait pouvoir effacer. Capable des plus nobles sentiments, mais possédé par une ambition qui, pour n'être pas le seul mobile de sa conversion, y contribua peut-être dans une mesure plus grande qu'il ne voulut se l'avouer à lui-même, Pélisson, aux yeux de ses coreligionnaires, peut mériter ce sévère jugement de Voltaire : « Beaucoup » plus courtisan que philosophe, Pélisson changea de » religion et fit fortune. »

Nous verrons plus loin le compte qu'il faut tenir de cet arrêt, dans une appréciation aussi délicate que celle de la conscience d'un homme de la valeur de Pélisson. Le rôle tristement célèbre qu'il joua dans ces conversions obtenues à prix d'argent de ses anciens coreligionnaires est plus déshonorant pour lui que ne saurait jamais l'être son apostasie, si elle fut sincère, comme nous le voulons croire.

L'idée première de ce vil trafic des consciences n'appartient pas à Pélisson : l'évêque de Grenoble, Le Camus, depuis cardinal, peut en revendiquer l'honneur devant la postérité. Cet habile homme trouva moyen,

« sans autre distribution que deux mille écus en tout, » de faire rentrer « sept ou huit cents personnes dans le » giron de l'Eglise. » Aidé du zèle des évêques, Pélisson suivit ses traces, et le roi, applaudissant à ses efforts, accumulait entre ses mains bénéfices sur économats, pour faire face aux dépenses croissantes de la *Caisse des conversions*.

La corruption semée par les mains de Pélisson réussit mieux au grand roi que les dragonnades, et les conversions achetées par le ministère de celui que Bayle appelait le *trésorier général de la Propagation de la Foi*, devinrent si nombreuses, qu'elles épuisaient la caisse importante, qu'il administrait cependant avec la plus grande économie. Un écu de six livres devint le prix moyen de bon nombre d'apostasies ; est-il besoin d'ajouter, à l'honneur des protestants d'alors, que parmi les listes de six cents, huit cents convertis que Pélisson présentait régulièrement au roi, l'immense majorité était formée de gens de la lie du peuple, ou de fripons qui faisaient métier de l'apostasie, ou de pauvres affamés, qui n'allaient ni au prêche ni à la messe, et ne voyaient dans l'acte d'abjuration qu'on leur demandait que le morceau de pain dont leur prétendue conversion était payée.

Ce fut ainsi que le nombre des convertis des trois dernières années, qui, à la fin de 1679, ne s'élevait qu'au chiffre de dix mille, atteignit, deux ans plus tard, celui de *cinquante mille huit cent trente*, total arrêté à la fin de 1682. « Et Pélisson, ajoute avec justesse » M. Marcou, auquel ces chiffres sont empruntés, qui » avait étudié pendant huit ans avant d'abjurer en con-

» naissance de cause, s'applaudissait de ces abjurations » improvisées par masses au greffe d'un caissier. »

L'analyste si fin du caractère de Pélisson n'a pu pénétrer cependant la singulière capitulation de conscience au moyen de laquelle le convertisseur se palliait à lui-même ce qu'avaient de honteux ces procédés de conversion. Nous laissons la parole, sur ce point délicat, à son neveu Rapin-Puginier : « On pourroit objecter à » ce que je viens de dire (que Pélisson avait cherché « à » trouver son compte » dans la religion romaine qui » pouvait lui être avantageuse pour sa fortune), qu'il a » témoigné un grand zèle pour l'Eglise où il est entré » et qu'il a procuré de tout son pouvoir les conver- » sions. A Dieu ne plaise que je prétende le justifier à » cet égard; son intérêt ne me sera jamais aussi cher » que la vérité. Je demeure donc d'accord de tout ce » qu'on voudra dire contre lui à cet égard, je me con- » tente de dire les choses comme elles sont. Il est vrai » que je lui ai ouï dire qu'il donneroit jusqu'à sa che- » mise pour procurer des conversions, mais en même » temps il avouoit que ceux qui recevoient de l'argent » pour changer de religion étoient des coquins; mais » que cependant leurs enfants se trouvoient dans l'Eglise » de bonne foi. » Et le narrateur ajoute à ce curieux aveu de Pélisson les lignes suivantes, dont la conclusion est à l'éloge de son oncle : « J'avoue, de plus, que » cette espèce de persécution estoit plus mauvaise et » plus cruelle que pas une autre; mais pour celle qui » consiste à tourmenter les gens de quelque manière » que ce soit, il m'a dit à moi-même dans le temps que » j'estois fort jeune, qu'il ne l'approuveroit jamais. Je

» sais de bonne part, c'est-à-dire par M. de Bonrepos,
» qu'on avoit esté surpris que M. Pellisson, tout bon
» courtisan qu'il estoit, eust osé parler au roi sur ce
» sujet avec tant de liberté et de force dans le temps
» même que ce prince avoit cette affaire le plus à cœur. »
Ajoutons encore que, dans le manuscrit des *Mémoires* de Louis XIV, rédigés par Pélisson sur les notes du roi, le secrétaire « fit généreusement blâmer par son maître
» les moyens violents de conversion et reconnaître
» quelques-unes des justes réclamations des protestants
» contre la discipline catholique. Que fit le roi ? Il barra
» ces passages. Louis XIV semblait vouloir se réserver
» à tout hasard les dragonnades, et Pellisson les con-
» damnait d'avance, comme il le fit en 1685. » Marcou, *Etude sur la vie et les œuvres de Pellisson*, p. 292.)

C'en est assez pour établir que, naturellement incliné à la douceur, Pélisson réprouva toujours les violences par lesquelles le gouvernement de Louis XIV chercha à ramener les « prétendus réformés » dans le giron de l'Eglise.

C'était les *prétendus convertis* qu'il eût fallu dire ; car, dans le chiffre énorme qui représenterait la totalité des conversions obtenues par les Marillac, les Foucault, les Saint-Ruth, et, par des moyens plus doux et plus habiles, par les Pélisson, les Bossuet, par le roi lui-même, combien y eût-il d'âmes sincèrement touchées, profondément convaincues des erreurs de la foi réformée, qui abjurèrent librement, sans remords, sans regrets ; combien de cœurs entièrement détachés des intérêts de ce monde se convertirent-ils, illuminés par la seule et pure lumière de la vérité divine ? Combien ? Nous le demandons : Dieu seul le sait ! Mais ce que nous savons, ce sont ces hontes si grandes, ces humiliations publiques avec larmes, au pied de la chaire chrétienne, que venaient faire en Hollande, en Angleterre, en Prusse, dans tous les pays où les réformés proscrits avaient trouvé un asile, ces milliers d'entre leurs frères qui avaient eu le malheur d'abjurer. Nous savons qu'il y avait en France, « de bons et vrais catholiques et de » saints évêques qui gémissoient de tout leur cœur, » de voir des orthodoxes imiter, contre les erreurs et » les hérétiques, ce que les tyrans hérétiques et païens » avoient fait contre la vérité, contre les confesseurs » et les martyrs, et qui ne se pouvoient surtout con- » soler de cette immensité de parjures et de sacri- » léges (1). » Nous savons encore que si les protestants de France furent décimés, amoindris par un régime si dur de persécution, qu'ils ne pouvaient y échapper que par le parjure, la mort ou la fuite, l'Eglise réformée de France fut épurée, sanctifiée, par cette épreuve envoyée de Dieu, et que, dispersée sur la terre étrangère, elle y donna naissance à des centaines d'Eglises où l'on priait pour les bourreaux.

Si tout ce qui était faible dans la foi, attaché à la gloire du monde plus qu'à celle de Dieu, succomba sous les arguments habilement présentés des Bossuet, des Nicole, des Arnaud, si tout ce qui n'était pas capable de supporter le martyre renia sa foi sous les outrages des missionnaires bottés, tout ce qui était vénal, cupide, vendu au plus offrant, disparut de l'Eglise

(1) Saint-Simon, *Mémoires*, édit. Hachette, 1856-58, t. XIII, p. 26.

protestante, et alla grossir les phalanges romaines à la confusion et à la douleur des catholiques pieux et chrétiens. La caisse de Pélisson fut le crible de l'Eglise de France. Ce ne fut pas le plus cruel, mais ce fut le plus humiliant et le plus flétri de tous les moyens employés par Louis XIV pour forcer ses sujets à renier leurs croyances (1).

L'éloquence dorée de Pélisson échoua contre son neveu Rapin-Thoyras. En suivant ce dernier après son départ, on pourrait presque dire sa fuite d'Angleterre,

(1) Dans un magnifique langage, le grand prédicateur Saurin brave et glorifie la persécution romaine qui faisait de chaque protestant réfugié un confesseur de la foi, de chaque victime un martyr; mais, déplorant les séductions et les piéges auxquels succombent trop souvent ses coreligionnaires, il fulmine contre les nouveaux convertis cette véhémente apostrophe : « Où est la famille de nos exilés qui ne puisse s'appliquer ces paroles d'un prophète : *Ma chair est en Babylone, mon sang est parmi les habitants de la Chaldée.* Ah! honte de la Réformation! ah! souvenir digne d'ouvrir une source éternelle de larmes! Rome, qui nous insultes et nous braves, ne prétends pas nous confondre en nous montrant ces galères que tu remplis de nos forçats, dont tu aggraves les peines par le bâton sous lequel tu les abats, par les chaînes dont tu les accables, par le vinaigre que tu répands sur leurs plaies! Ne prétends pas nous confondre en nous montrant ces cachots noirs, inaccessibles à la lumière et dont tu augmentes l'horreur en laissant les corps morts avec les corps vivants : mais lieux changés en délices par les influences de la grâce que Dieu verse dans l'âme des prisonniers, et par les cantiques d'allégresse qu'ils ne cessent de faire retentir à sa gloire. Ne prétends pas nous confondre en nous montrant ces maisons ruinées, ces familles dispersées, et ces troupes fugitives par tous les lieux de l'univers : ces objets sont notre gloire, et tu fais notre éloge en nous insultant. Veux-tu nous couvrir de confusion? montre, montre-nous les âmes que tu nous as enlevées; reproche-nous, non que tu as extirpé l'hérésie, mais que tu as fait renier la religion, non que tu as fait des martyrs, mais que tu as fait des déserteurs de la vérité! » (Jacques Saurin, *Sermons*, t. Ier, p. 421.)

on verra que la résistance qu'il opposa aux séductions de ceux qui voulaient le convertir, ne fut pas sans mérite pour un jeune homme élevé dans des principes austères, il est vrai, mais dont la foi était plutôt alors une tradition de famille que le résultat de fermes convictions et d'expériences personnelles, dont la position était précaire et l'avenir incertain.

CHAPITRE V.

Rapin-Thoyras est incorporé dans la compagnie des cadets réfugiés, en garnison à Utrecht. — La Hollande, à l'instigation de Guillaume d'Orange, accueille les réfugiés français. — Libéralité des juifs de La Haye envers les proscrits. — Menées des Jésuites en Angleterre; mécontentement de la nation anglaise contre son souverain. — Guillaume d'Orange cherche à profiter des dissentiments qui s'élèvent entre Jacques II et son peuple. — Mesures désastreuses et aveuglement du roi d'Angleterre. — Guillaume s'embarque à Naerden. — Descente et campagne d'Angleterre en 1688. — Jacques II, dépossédé par son gendre, se réfugie auprès du roi de France. — Schomberg en Irlande. — Siége de Carrick-Fergus. — Rapin-Thoyras s'y distingue. — Bataille de la Boyne. — Mort de Schomberg. — Campagne d'Irlande. — Assaut de Limerick. — Rapin-Thoyras, aide de camp du général Douglas, y est grièvement blessé. — Pélisson envoie 50 pistoles à son neveu. — Siége d'Athlone par Ginkel. — Soumission définitive de l'Irlande. — Rapin-Thoyras en garnison à Athlone, à Kilkenny, à Kingsale, contribue par sa modération à apaiser les disputes qui s'y élèvent entre les soldats et les habitants.

Incorporé dans la compagnie des cadets réfugiés qui tenait garnison à Utrecht, Rapin-Thoyras avait du pain et le droit de tirer l'épée pour sa nouvelle patrie; mais là se bornaient à peu près les avantages de sa position : ses premiers débuts dans la carrière militaire ne furent ni brillants ni faciles. Les cadets recevaient six sous de paye par jour et se nourrissaient tant bien que mal, en dehors de leur maigre ordinaire, que « Messieurs les Etats généraux » leur mesuraient avec quelque parcimonie.

L'énergique et persévérante activité du marquis de Louvois avait créé, pour ainsi dire, l'armée française; ce grand ministre avait, dès 1682, organisé ces compagnies de cadets, institution militaire jusqu'à lui inconnue en Europe, dont l'origine remonte, dit-on, jusqu'à Alexandre le Grand. A l'exemple de son adversaire politique, Guillaume d'Orange avait organisé en compagnies huit cents cadets réfugiés, qui passèrent avec lui en Angleterre en 1688. Pour la plupart, fils de gentilshommes morts au service, accoutumés de bonne heure aux fatigues de la guerre, formés à toutes les connaissances de leur état, ces apprentis soldats, parmi lesquels se recrutaient les jeunes officiers de l'armée hollandaise, étaient presque tous sortis des académies instituées pour eux par Louvois, à Tournay d'abord, puis à Strasbourg, à Besançon, à Brisach, plus tard à Colmar. La situation exceptionnelle de ces villes de frontières rendit plus difficile l'exécution des édits qui défendaient aux réformés de sortir de France; aussi, parmi les jeunes gens de ces écoles qui appartenaient à des familles protestantes, le plus grand nombre gagna les Provinces-Unies et le Brandebourg. On a vu leur solde en Hollande; en Brandebourg elle était moindre encore : quatre écus et demi par mois. Ces compagnies de cadets réfugiés furent, pour le prince d'Orange, les prémices de ces cohortes de braves qui payèrent de leur sang en Irlande et en Flandre, les bienfaits qu'ils avaient reçus de leur nouvelle patrie. La France fournissait des soldats aux puissances jalouses de sa gloire et de sa grandeur ; et quand, sur les champs de bataille, elle se heurtait contre leurs armées, au premier rang, et d'autant plus à craindre que leur courage était animé par le désir de la vengeance, elle trouvait ses enfants répudiés qui, sans leur injuste exil, auraient versé pour leur patrie le sang qu'ils prodiguaient contre elle.

Le plus habile et le plus persévérant ennemi du gouvernement de Louis XIV, Guillaume d'Orange, sut profiter sans retard de la faute qu'avait commise le cabinet de Versailles en forçant l'expatriation de tous les hommes de cœur qui avaient su faire à leur foi le sacrifice de leur patrie et de leur fortune. Guillaume méditait déjà ses projets sur l'Angleterre, attendant que Jacques II eût mis le comble à l'exaspération de ses sujets. Il comprit tout le parti qu'il pouvait tirer de ces gentilshommes qui arrivaient en foule dans les Provinces-Unies, et dont le courage et le désintéressement recevaient une sanction nouvelle de leur volontaire exil. Aussi les reçut-il avec les marques de la compassion la plus vive. Pendant que les Etats délibéraient sur les moyens de faire subsister ces nombreux fugitifs, sans argent, sans asile, le prince leur accordait une preuve plus immédiate de sa libéralité et de sa compassion en donnant l'ordre aux maîtres des auberges de défrayer à ses frais tous les officiers réfugiés. Cette démarche généreuse hâta la résolution des Etats, et l'on décida qu'en attendant leur incorporation régulière dans l'armée, des pensions seraient accordées suivant certaines conditions à tous ceux qu'on n'aurait point encore pourvus.

De tous les pays où les réfugiés trouvèrent accueil et sympathie, nul peut-être plus que la Hollande ne fit davantage pour que leur patrie d'adoption leur semblât douce et leur devînt chère. C'était une terre déjà francisée que ces Provinces où, lors des persécutions espagnoles, tant d'infortunés cherchèrent et trouvèrent un refuge. A la Révocation, vingt-deux Eglises wallonnes ou françaises y existaient déjà; trois ans après, en 1688, on comptait quarante-huit Eglises françaises dans les Etats du prince d'Orange. Bien avant la Révocation, la jeune noblesse française allait faire ses premières armes sous les généraux de cette illustre et guerrière maison de Nassau, dont la réputation militaire était glorieusement établie : de ce contact naissaient des relations, des alliances, et plus d'un réfugié trouva, chez des parents plus ou moins éloignés, une généreuse hospitalité.

Ceux donc qui dirigèrent leur fuite sur la Hollande ne furent pas trompés dans leur espoir; leur gratitude envers le pays qui les avait accueillis se manifesta dans les services de tous genres que les réfugiés rendirent aux Provinces-Unies; et si nul pays ne leur avait donné une plus large hospitalité, nul ne profita davantage des forces vives que la France laissait échapper de son sein. Les actes de charité envers les protestants exilés furent presque incroyables; dans la seule Eglise de La Haye, en un seul dimanche, la bourse des pauvres destinée aux réfugiés fut remplie de dix mille écus; les juifs d'Amsterdam fournirent quarante mille écus pour venir en aide aux réfugiés protestants. Quel contraste ! Le roi très-chrétien chasse ses sujets de son royaume, des juifs étrangers les assistent dans leur exil ! De nombreuses communautés de femmes et de filles de qualité furent fondées à La Haye, à Rotterdam, à Harlem, et les épouses et les sœurs des réfugiés y trouvèrent un honorable asile.

Mais le Stathouder des Pays-Bas ne profita pas seulement des fautes de Louis XIV ; le trône d'Angleterre chancelle, ébranlé par les erreurs et l'obstination de Jacques Stuart ; son gendre deviendra son adversaire, et dans le désordre d'une fuite honteuse et précipitée, Jacques, laissant tomber sa couronne, la verra relever par son peuple et passer sur la tête de Guillaume d'Orange.

Le règne de Jacques II avait pourtant commencé sous d'heureux auspices. Rien ne semblait faire présager qu'il dût terminer sa vie dans l'exil, repoussé de ses sujets, et déchu pour toujours de ce trône, d'où une révolution bien autrement terrible avait déjà une fois précipité les siens. Mais après que le supplice de Montmouth et d'Argyle eut affermi sa couronne et que les sanglantes exécutions de Jefferies eurent terrifié l'Angleterre, Jacques se crut armé d'un pouvoir plus grand que celui dont il disposait en réalité. Fidèle à la fatale tradition des Stuart, il mit son ambition dans le renversement des libertés de la nation anglaise et dans le triomphe de la religion qu'il croyait la véritable ; tous les actes de son gouvernement tendent dès lors à introduire dans ses états « la religion du Roi. » Bientôt, à l'occasion de la *déclaration de tolérance*, sept des principaux prélats du royaume, ayant à leur tête l'archevêque de Cantorbéry, refusent, dans une requête célèbre, d'ordonner la lecture de la déclaration royale dans les églises de leurs diocèses. Sur neuf mille cinq cents paroisses de l'Angleterre, neuf mille deux cent quatre-vingt-treize enfreignent, par leur silence, les ordres royaux. Furieux de cette résistance, Jacques envoie à la Tour les sept évêques, et cette inique réclusion devient le signal d'une réaction de jour en jour grandissante, qui ruinera la fortune du monarque et ses projets insensés contre la liberté et la foi de ses sujets. Dès lors les chefs de l'Eglise anglicane, les principaux seigneurs protestants de la Cour d'Angleterre, commencent à nouer de secrètes intelligences avec le prince d'Orange, et l'engagent à soutenir, s'il le faut, par les armes, les libertés nationales et la foi protestante menacées.

L'influence toujours croissante des Jésuites, la composition du conseil privé, présidé par l'un des leurs, le père Pètre (Peter), confesseur du roi, et presque exclusivement formé de personnages hostiles à tout ce que Jacques veut renverser ; la présence du nonce du Pape à Londres, violation flagrante des lois du royaume, scandale dont s'émeut le peuple tout entier, tels sont les griefs qui s'acumulent et que l'opinion publique enregistre contre le roi.

La naissance de celui qui ne fut toute sa vie que le prince de Galles, naissance enveloppée d'un fâcheux mystère, acheva d'aliéner à Jacques II la nation qu'il gouvernait. Les protestants d'Angleterre avaient souffert assez patiemment le règne d'un prince catholique dans l'espoir qu'un roi protestant lui succéderait, la santé de la reine paraissant lui interdire toute chance de maternité. Cette espérance dès lors déçue renforça le parti qui appelait de ses vœux le prince d'Orange. Un de ses gentilshommes, Zuylestein, lui rapporta, d'un voyage entrepris par ses ordres pour sonder le terrain, le manifeste dont il désirait appuyer ses prétentions.

La nation anglaise y était peinte irritée contre le despotisme de Jacques ; les nombreux abus de son pouvoir y étaient retracés ; le prince d'Orange, désigné comme l'héritier légitime d'un royaume tombé en des mains indignes, y était appelé, sinon au trône, au moins comme le libérateur attendu d'un peuple gémissant sous l'oppression. Tout exagérée que fût cette relation, principalement en ce qui concernait l'appui que devait trouver Guillaume dans les dispositions de la flotte et de l'armée, elle décida la révolution d'Angleterre.

Toutefois, le jugement froid et le sens politique du prince d'Orange ne lui permirent pas de se faire illusion sur le véritable état du pays qui l'appelait ainsi par la voix d'une minime fraction de mécontents. Le royaume était troublé, divisé; de toutes parts éclataient les symptômes d'un malaise résultant d'un défaut de confiance en son gouvernement, mais il y avait loin de ce mécontentement général à une révolution. Ce dissentiment entre l'Angleterre et son roi était cependant un symptôme trop grave pour ne pas mériter toute l'attention du prince, dont non-seulement l'intérêt, mais encore le droit et le devoir étaient de veiller sur la politique intérieure de ce pays, qu'il pouvait être appelé à gouverner un jour, par droit ordinaire de succession. Aussi se tenait-il prêt à agir, attendant quelque occasion favorable. Elle ne tarda pas à se présenter ; les préparatifs de la guerre du Palatinat absorbaient l'attention et les forces de la France; quelque mésintelligence avait déjà séparé Jacques II et les Provinces-Unies : Guillaume crut que le moment était venu; il ne se trompait pas.

Le 10 octobre 1688, il publia à La Haye un manifeste, bientôt répandu dans toute l'Angleterre. Il y exposait les principaux griefs des protestants de ce pays contre leur souverain, leur impuissance d'y remédier tant qu'un roi catholique serait sur le trône, et présentait son intervention armée comme un secours fraternel que les Etats Généraux et le prince donnaient aux réformés anglais. Il annonçait hautement son intention de convoquer un Parlement libre et légitime, qui restituât à la nation ses anciennes libertés, et déniait, de sa part, toute intention de conquérir l'Angleterre. Le roi répondit à ce manifeste par un autre qui tendait à justifier sa conduite et à rendre odieuse celle du prince d'Orange, mais ces récriminations impuissantes ne convainquirent personne.

Aveugle instrument des Jésuites qui fortifiaient en lui un faux sentiment de ses devoirs de roi, ces paroles, qui échappèrent à Jacques dans un entretien familier qu'il eut avec l'un d'eux : « qu'il convertirait l'Angle- « terre ou qu'il mourrait martyr, » sont l'expression fidèle des sentiments impolitiques que ses conseillers lui avaient inspirés. Jacques II dut aux Jésuites la perte de son trône; leur habileté ordinaire leur fit défaut : l'ambition de reconquérir en Angleterre l'influence qu'ils y avaient eue autrefois les perdit, et le trône des Stuart disparut avec eux. Vouloir convertir l'Angleterre était une pire folie que celle de Louis XIV voulant exterminer l'hérésie dans son royaume : Jacques ne le comprit pas.

Ce fut cette erreur qui lui attira plus tard, quand son désastre fut accompli, ce sarcasme de l'archevêque de Reims : « Voilà un fort bon homme qui a perdu trois royaumes pour une messe. » N'est-ce pas du nom de folie que doit être caractérisée cette ambition étrange de vouloir catholiciser une nation dont la *millième partie* seulement professait alors la religion romaine? Mais, pour expliquer son aveuglement, il ne faut pas oublier que, lorsque le système de terreur que Jefferies avait si fatalement inauguré eut produit ses désastreux effets, Jacques II vit se traîner à ses pieds ses peuples consternés ; qu'il trouva dans les adresses des Eglises anglicanes une étonnante faiblesse, une honteuse adhésion à ses projets, et une adulation si basse, qu'il put se laisser éblouir sur l'avenir et le succès de ses plans de réforme. Seule, la Chambre des Communes tenta des remontrances, nettement formulées dans son adresse du 17 novembre 1685; mais, terrifiée par la réponse irritée du roi, elle faiblit à son tour, et vota coup sur coup sept cent mille livres sterling de subsides, et un bill qui accordait au roi la faculté de désigner aux emplois vacants de l'armée tous les officiers « qu'il lui plairoit nommer. » Ce bill portait une rude atteinte aux *Lois pénales*, et réduisait l'*acte du Test* à une vaine formalité, puisque le roi allait pouvoir remplir l'armée d'officiers catholiques.

La défense de la religion protestante fut le prétexte dont les Etats de Hollande se servirent pour se disculper, aux yeux de l'Europe, d'avoir donné les mains à l'entreprise du prince d'Orange; mais le désir de détourner sur la couronne d'Angleterre l'ambition de leur stathouder, et la crainte toujours plus fondée de voir se réunir les deux rois d'Angleterre et de France, pour écraser à la fois l'hérésie et la marine hollandaise qui leur disputait les mers, furent leurs véritables et plausibles motifs.

Tout ce qu'il y avait de réfugiés portant l'épée, dans les Provinces-Unies, se rendit à La Haye, quand la nouvelle du départ de Guillaume-d'Orange fut officiellement connue. Jeunes gens et vieillards, tous animés d'un transport d'enthousiasme pour « cette guerre sainte, » se disposèrent à suivre « ce libérateur. »

L'état-major du prince se composait presque entièrement de réfugiés. Le maréchal de Schomberg et son fils le comte Meinhardt, qui devait s'illustrer au delà de la Manche; La Caillemotte, second fils du marquis de Ruvigny, député général des Eglises protestantes de France; le marquis d'Arzilliers; de l'Estang et de la Melonnière, aides-de-camp de Guillaume; les colonels Cambon, Le Goulon et Petit, Jacques de Bane, baron d'Avéjan, issu d'une des plus anciennes familles du Languedoc, lieutenant-colonel; les capitaines de Jaucourt de Villarnoul, La Bastide, Belcastel, Daniel de Rapin, de Cosne-Chavernay, de Bostaquet, le baron d'Entragues et tant d'autres, en tout sept cent trente-six officiers français, furent dispersés dans tous les régiments de son armée.

Quatre régiments, dont un de cavalerie, étaient uniquement composés de réfugiés; et leur discipline et leur courage leur valut ce bel éloge de Schomberg (1) :

(1) Dépêche de Schomberg à Guillaume, du 9 janvier 1690, dans Dalrymple, *Memoirs of great Britain and Ireland*, citée par Weiss, I, 304.

« De ces trois régiments et de celui de cavalerie, Votre » Majesté tire plus de services que du double des au- » tres. »

L'embarquement eut lieu du 19 au 29 octobre; la mer était couverte de vaisseaux; plus de cinq cents voiles composaient la flotte libératrice. Au centre, le navire qui portait Guillaume avait arboré un pavillon où brillaient, au-dessous des armes du prince la fière devise de la maison de Nassau : « *Je maintiendrai*, et ces mots : « *La religion protestante et les libertés d'Angleterre.* »

L'air retentissait des fanfares de la cavalerie, et ce fut un imposant spectacle que le départ du port de Naerden. Mais dans la nuit s'éleva une violente tempête : ballottés par d'énormes vagues, les vaisseaux dispersés n'échappèrent qu'avec peine au péril de la mer, et ne purent se rallier autour du vaisseau du prince qu'avec des difficultés inouïes. Il fallut près de huit jours pour que la flotte fût de nouveau réunie aux ports de Gorée et d'Helvetsluis, où elle trouva un asile assuré. La cavalerie avait beaucoup souffert; nombre de chevaux, mal arrimés sur le pont des navires, s'étaient entrechoqués les uns contre les autres : la plupart de ceux que les vagues n'avaient pas balayés étaient tués ou blessés; le rivage de l'île de Gorée se couvrit de leurs cadavres rejetés par les flots.

Calme et tranquille au milieu de ce désastre, Guillaume ne parut s'émouvoir que fort peu de ce fâcheux contretemps; il donna ses ordres et dirigea tout avec tant d'énergie et de précision, qu'en moins de onze jours le désastre fut réparé : les deux compagnies de gentilshommes commandées par de Cosne-Chavernay et par

Daniel de Rapin, dans l'une desquelles se trouvait Rapin-Thoyras, furent poussées par la tempête jusque sur les côtes de Norwége, et rejoignirent la flotte alors que l'on ne doutait plus de la perte de leur navire.

Le 1er novembre on mit à la voile; l'escadre se développa majestueusement dans le canal; les côtes de France et d'Angleterre étaient couvertes de spectateurs, et, malgré les avis réitérés de Seignelay, Louvois ne mit aucune opposition à la marche de Guillaume, qui débarqua paisiblement à Torbay.

Le lendemain, les troupes hollandaises se mirent en marche sur Exeter. Le temps était pluvieux, et les chemins si rompus par les pluies, que l'armée marchait sur deux lignes, dans d'étroits défilés où des ennemis, mieux avisés que ceux qu'ils avaient à combattre, auraient eu bon marché des quinze mille soldats de Guillaume.

Ce prince reçut à Exeter un assez froid accueil. Le docteur Burnet, plus tard évêque de Salisbury, étant monté en chaire pour lire le manifeste du prince, les chanoines et une grande partie du peuple affectèrent de sortir pour ne pas en entendre la lecture; les habitants les plus considérables de la ville l'avaient abandonnée à la suite de l'évêque. Peu de troupes venaient renforcer son armée; mais cette attente, cette quasi-déception, que Guillaume supporta avec son calme habituel, ne fut pas de longue durée; la publication de l'*acte d'association* (1), qui fut faite en différents endroits du royaume

(1) Cet acte était une adhésion à l'entreprise libératrice du prince d'Orange, à la convocation d'un Parlement libre, à la garantie donnée

décida les chances en sa faveur. La petite armée qu'il avait amenée de Hollande pleine de confiance en son chef et d'espoir en sa cause, marchait gaiement à travers les difficultés matérielles de la route, et les populations des campagnes, mieux disposées que celles d'Exeter, se pressaient sur son passage, offrant aux soldats de la bière et des fruits.

Abusé sur les préparatifs de son ennemi, le croyant encore retenu par la réparation des avaries de sa flotte, Jacques avait négligé de rassembler sous sa main les troupes encore nombreuses qui reconnaissaient son autorité. A la nouvelle de l'approche du prince d'Orange, le roi réunit en toute hâte quelques régiments dans les vastes plaines de Salisbury; mais, redoutant un engagement sérieux, dont le succès paraissait incertain, il ne se porta pas à la rencontre de l'armée ennemie. De son côté, Guillaume ne demandait pas le combat, il sentait qu'arriver à Londres les mains teintes de sang anglais, en supposant qu'il fût favorisé par la victoire, ne pouvait qu'être nuisible au succès de sa cause; et, s'il n'évita pas la bataille, il ne fit rien pour l'engager. Bientôt la désertion commença dans l'armée du roi; les principaux seigneurs de sa cour, jusqu'à Churchill, le frère de sa maîtresse, jusqu'au prince de Danemark, le mari de sa fille, l'abandonnèrent, et quatre régiments de dragons passèrent à l'ennemi avec leur colonel, lord Cornbury. Jacques quitta la partie et revint précipitamment à Londres; l'invasion était consommée. Pas un

au prince contre les attentats du parti papiste : il se couvrit bientôt de milliers de signatures. (Rapin-Thoyras, *Histoire d'Angleterre*, l. XXIV.)

coup de pistolet ne fut tiré pour la défense de son royaume envahi, et, quelques jours plus tard, Schomberg put répondre à l'un de ses officiers, qui vint en hâte l'avertir que le roi Jacques s'avançait pour engager la bataille, ces mots dédaigneux et significatifs : « Si nous » le jugeons à propos. » Abandonné de ses conseillers qui, voyant venir l'orage, s'étaient prudemment mis à l'écart; sentant son armée fondre dans ses mains, ses peuples hostiles ou désaffectionnés, le malheureux roi reconnut trop tard dans quel abîme il avait été poussé. Dans sa détresse, il s'accrocha alors aux seigneurs protestants dont la défection n'était pas encore officielle; par ses ordres et par leurs soins, des ouvertures sont faites au prince d'Orange : avec une modération qui surprend le roi lui-même, le prince expose ses griefs et réclame des garanties que le roi va lui accorder. Mais la nuit même de ce jour, la fatale influence de ses conseillers ordinaires reprend tout son empire; et le faible monarque, repoussant, par un aveuglement fatal, la seule planche de salut qui lui reste, s'enfuit, jetant le grand sceau de l'Etat dans la Tamise, afin d'illégaliser tous les actes de ceux qui lui succéderont sur le trône. Une frégate l'attend à Whitehaven; il va franchir le détroit et demander à la France le maintien de droits prescrits par sa faute, et des secours qu'il achètera plus tard par trois années d'exil et d'amers retours sur le passé. Mais, arrêté dans sa fuite à Feversham, maltraité par quelques matelots qui le prennent pour un autre, le roi cède aux sages conseils du comte de Winchelsea, et revenant à Londres il veut tenter un dernier appel à ses partisans. Son entrée est encore celle d'un roi; les acclamations de la foule lui rendent quelque courage : il peut se croire encore le roi d'Angleterre; mais cette illusion est de courte durée; bientôt le prince d'Orange arrive sur ses pas et le tient quelques heures prisonnier à Whitehall.

La position n'était plus tenable; Jacques s'enfuit encore, gagna Rochester, puis la France, non sans protester par écrit et avec quelque dignité contre la violence qui lui était faite. Peu de jours après, le 23 février 1689, après d'orageux débats dans la convention assemblée par les seigneurs, débats qui avaient rempli cet interrègne de deux mois, sans exemple dans l'histoire, où deux rois, l'un qui ne l'était plus et l'autre qui ne l'était pas encore, se trouvaient en présence, Guillaume et Marie furent solennellement proclamés roi et reine d'Angleterre dans la grande salle des banquets à Whitehall.

Ce grand acte politique accompli, les nombreux réfugiés qui avaient quitté leur nouvelle patrie, pour suivre la fortune du prince d'Orange, se demandèrent avec inquiétude quel serait leur sort. Servir, pour eux c'était vivre, et si le tumulte des camps et le choc des armées étaient des conditions nécessaires de la carrière qu'ils avaient librement choisie, leur paie aussi était indispensable à la subsistance de leurs familles, pour la plupart restées en Hollande. Mais Guillaume n'oublia pas, sur le trône d'Angleterre, ceux qui s'étaient associés à sa fortune, et il rendit justice à la valeur et à la constance des réfugiés, en déclarant les vouloir garder à son service. Il n'eut pas lieu de s'en repentir, car ils contribuèrent, pour une large part, au succès de ses armes en Irlande.

L'Angleterre était dès lors soumise au sceptre de Guillaume. Il n'en était pas de même de l'Irlande : Richard Talbot, comte de Tyrconnel, zélé catholique, en était le vice-roi, et tenait pour le roi Jacques, qui l'avait nommé à dessein dans ce pays presque entièrement catholique. Disposant d'une grande autorité dans cette contrée, le vice-roi avait sous ses ordres des troupes nombreuses, quoique peu exercées, et tout l'espoir du roi dépossédé se reporta sur Tyrconnel.

Jacques II, fugitif, décida bientôt le roi de France à l'aider à reconquérir sa couronne, dont le seul fleuron de l'Irlande n'était pas brisé. Louis XIV voyait le danger que courait sa puissance, menacée dès lors par l'Angleterre, par la Hollande et par la ligue d'Augsbourg, prête à se déclarer contre lui : les intérêts de son royaume concordaient avec ceux de sa religion pour lui faire accueillir avec faveur la requête du roi détrôné.

Il prêta à Jacques dix vaisseaux, six à sept mille hommes, commandés par Lauzun, ce qu'il fallait pour armer une nombreuse infanterie, des munitions; et malgré l'opposition secrète de Louvois, qui en voulait personnellement à Jacques, ce secours était encore assez considérable pour ébranler un trône moins nouvellement assis que celui du prince d'Orange.

Le 21 mars, Jacques débarqua à Kingsale, et trois jours après, il fit à Dublin une entrée triomphale, au milieu des troupes de Tyrconnel. Vingt carrosses, dont plusieurs à six chevaux, composaient son cortége; à ses côtés, le comte d'Avaux, ambassadeur de France, témoignait, par sa présence, de l'appui que prêtait son souverain au roi déchu de l'Angleterre. Trente mille fantassins et huit mille chevaux, réunis par les soins de Tyrconnel, marchaient sous l'étendard de Jacques; il se rendit facilement maître de Coleraine et de Kilmore; mais, par la mauvaise discipline de ses troupes, la mollesse et l'insolence des Irlandais qui les composaient en majorité, il vint se heurter contre Londonderry. Dix huit jours de siége ne purent lui assurer cette place, la clé de l'Irlande, courageusement défendue par le ministre Walker, tour à tour gouverneur, prêtre et soldat, qui, se multipliant pour conserver au roi Guillaume cette ville importante, eut la gloire d'y réussir.

Guillaume envoya le maréchal de Schomberg en Hollande, au mois de juillet 1689. Ce dernier venait d'être reçu chevalier de la Jarretière, et le Parlement lui avait voté un don de cent mille livres sterling. Le 20, après avoir remercié la Chambre de ce glorieux présent, qu'il employa plus tard presque entièrement à solder les troupes du roi, Schomberg arriva à Chester, à la tête de douze à quinze mille hommes, anglais, français et flamands. Les services de l'armée étaient si mal remplis, qu'il ne trouva rien de prêt en arrivant : vivres, munitions, matériel d'embarquement, tout manquait ou à peu près.

Il fallut tout le prestige du nom de Schomberg et son expérience consommée dans l'art de la guerre, pour oser entrer dans un pays ennemi avec si peu de troupes, presque point de cavalerie et un matériel de guerre si insuffisant. Le 12 août, il s'embarqua à Highlake, à quelques milles de Chester, et, peu de jours après avoir pris pied en Irlande, il mit le siége devant Carrick-Fergus.

C'était une place admirablement défendue par la nature, entourée par l'art de remparts, de fossés et flanquée de solides bastions. La citadelle qui la défendait s'élevait à quarante-huit pieds au-dessus du niveau de la mer, sur des escarpements inaccessibles, et présentait, du côté de la terre, des murailles de vingt pieds d'élévation. La garnison assiégée fit mine de vouloir capituler; mais Schomberg rejeta leurs propositions avec mépris. Dédaigneux d'une facile victoire, voulant frapper un coup d'éclat à l'entrée de la campagne, appuyé du feu de six vaisseaux qui canonnaient la place du côté de la mer, il poursuivit activement les opérations du siége.

Au bout de quelques jours, les assiégés, bloqués et incapables de résister plus longtemps, demandent à capituler de nouveau et obtiennent de se retirer, vies et bagues sauves, jusqu'à la prochaine garnison. Au jour fixé, les troupes évacuent la place ; mais les derniers soldats ont à peine quitté les lignes du maréchal, que les Ecossais de l'Ulster, bandes sauvages et indisciplinées, admis comme auxiliaires dans l'armée royale, se jettent sur les soldats irlandais, les désarment, les pillent, et les auraient massacrés jusqu'au dernier, sans la prompte intervention du général en chef, secondé par ses principaux officiers.

Rapin-Thoyras faisait partie de cette expédition. Peu après l'invasion il avait quitté la compagnie des cadets pour l'enseigne-colonelle du régiment de lord Kingston, que son parent Daniel de Rapin lui avait fait obtenir.

Le jeune enseigne fit ses premières armes au siége de Carrick-Fergus, et son entrain, son courage, le sangfroid dont il fit preuve, lui attirèrent l'estime de ses chefs et de ses compagnons d'armes. Le chevalier Fielding, son lieutenant-colonel, applaudit à sa valeur, et lui promit une lieutenance avec laquelle il passa, avant la fin de l'année, dans le régiment que commandait lord Douglas.

Dans cette seule campagne, la valeur française eut de brillantes occasions de se faire connaître; mais, moins heureux que Rapin, bon nombre d'officiers réfugiés trouvèrent en Irlande la mort au lieu d'une récompense. Peu de jours après la capitulation de Carrick-Fergus, renforcées des *Inniskillings*, sorte de partisans irlandais, habillés de mauvais sarreaux bleus, les jambes nues, aussi mal montés que mal vêtus, « picoreurs » à l'occasion, mais d'un indomptable courage, que Schomberg força tant bien que mal à la discipline, les troupes du duc traversèrent Belfast l'épée à la main, et le nord de l'Irlande fut soumis aux armes royales, pendant que le comte de Tyrane, dans le sud, réduisait Waterford et d'autres places. Ces succès ne furent interrompus que par l'approche de l'hiver, qui obligea les troupes victorieuses à se retirer dans leurs quartiers.

Jacques, de son côté, se disposait à prendre les siens ; il alla camper du côté de Dundalk, brûlant derrière lui les villages que Schomberg trouvait tout fumants sur son passage. Son fils Berwick était à Newry avec un corps considérable de cavalerie ; le maréchal, dès la pointe du jour, fit marcher contre lui tout ce qu'il avait de chevaux. Frappé de terreur à leur approche, Berwick abandonne ses bagages, jette son gros canon dans la rivière, et prend la fuite après avoir fait mettre le feu à la ville ; on le poursuit par les chemins escarpés des montagnes, sous la pluie qui tombe à flots ; il fuit toujours, et grâce à sa défection, Schomberg arrive à Dundalk sans qu'on lui ait disputé le passage. Mais cette armée victorieuse fut bientôt forcée de s'arrêter ; les vaisseaux chargés de provisions, qui étaient attendus de Belfast, n'arrivaient pas, et il vint un jour où « l'armée » manqua de pain. »

Ce ne fut que le commencement des désastres qui frappèrent l'armée royale dans ce funeste camp de Dundalk. Rapin-Thoyras se plaisait, dans sa retraite de Wesel, à raconter une anecdote qui témoigne des épreuves par lesquelles passa la petite armée de Schomberg. Parmi les jeunes officiers, l'entrain de la jeunesse déguisait cette cruelle pénurie dont ils souffraient comme leurs soldats. Un soir, Paul de Rapin était avec quelques-uns de ses camarades « qui s'avisèrent d'une dé» bauche fort singulière. » Les entendant « rire, folâ» trer et se porter des santez, » sous la tente où ils étaient réunis, un certain major, à qui le vin manquait plus encore que tout le reste, flairant quelque bombance, entra dans leur joyeux cercle en leur demandant de prendre sa part de leur plaisir. On le reçoit avec des acclamations dont il ne comprend pas l'ironie ; on lui fait place autour « d'une grande jatte pleine de liqueur, » qui était au milieu d'eux, et dans laquelle chacun puisait du gobelet qu'il tenait à la main. Le major tend son verre, « la liqueur » coule et l'emplit ; mais « il s'aperçut « d'abord que ce n'étoit que de l'eau claire. »

Sur quoi, vexé et tout confus, le major sortit en grondant et disparut aux éclats de rire de la bande joyeuse. Mais cette gaieté faiblissait parfois devant la triste réalité; battue des vents et de la pluie, campée au bord d'un marais « couvert d'un côté de montagnes horribles, dont » il sortoit des fumées perpétuellement comme d'une » fournaise, » l'armée était réduite à la moitié, et cette moitié était affligée de « maladies furieuses, » causées par le froid, la faim, l'humidité : « les Anglais mouroient » par milliers, » les chefs comme les soldats.

Malgré les instances de Guillaume, qui, par deux fois, lui écrit « de hasarder quelque chose, » Schomberg, affaibli, épuisé par ses pertes, se borne à observer les mouvements des ennemis ; il sent que s'il donne, et que s'il est vaincu par une armée trois fois plus forte que la sienne, il est perdu, et l'Irlande avec lui.

Quelques reconnaissances sont poussées de côté et d'autre. Un jour, Jacques fait planter son étendard au milieu de son camp, fait masser ses troupes au-devant, et au milieu d'un gros corps de cavalerie, se dirige vers l'ennemi. Schomberg qui connaissait son adversaire, tout en dînant, dit à Bostaquet qui lui en apporta la nouvelle : « Nous nous sommes un peu promenés, le roi » Jacques veut en faire autant ; laissons-le faire. » Le duc ayant cependant fait mettre l'infanterie sous les armes, le roi ne fit que « se promener » en effet, et le vieux maréchal de Rosen, de dépit, lui dit ce mot cruel : « Si Votre Majesté avait dix royaumes, elle les perdrait » tous. »

Le 15 novembre, on leva le camp. Quelques jours auparavant, Jacques en avait fait autant : sa position était meilleure, mais les retranchements dont il l'avait environnée n'avaient pu préserver son armée de fièvres meurtrières qui l'avaient décimée.

L'hiver fut employé aux préparatifs de la campagne suivante. Six mille hommes d'infanterie danoise sont envoyés à Schomberg; la ville de Londres, à elle seule, offre dix-sept cent mille livres sterling, comme subside de guerre; on recrute les anciens régiments, on en forme de nouveaux; les chantiers de la marine, sans relâche, mettent à la mer de nouveaux vaisseaux qui vont grossir la flotte de Guillaume, et ce prince ne tarde pas à déclarer au Parlement qu'il va se mettre, en personne, à la tête de son armée.

Le 23 juin, le roi débarque à Carrick-Fergus, ayant avec lui le prince de Danemark; son armée, forte de trente-six mille hommes environ, l'avait précédé. Ses lieutenants, Schomberg, La Caillemotte, d'autres encore, Wolseley, Shovel, avaient préparé son arrivée par leurs succès sur terre et sur mer.

La présence du roi ranima les troupes qu'avait démoralisées la fin de la campagne précédente. Soixante-deux escadrons de cavalerie, cinquante-deux bataillons d'infanterie : telle était la nouvelle armée, dont le lieutenant général Douglas commandait l'avant-garde, le roi, Schomberg et S'Gravenmore le corps de bataille.

Guillaume était depuis six jours en Irlande que Jacques l'ignorait encore. Persuadé que les préparatifs de la guerre et les débats du Parlement retiendraient le roi à Londres, son adversaire avait négligé de garder les passages entre Newry et Dundalk, où il aurait pu facilement l'arrêter. Quelques temps auparavant, Jacques avait tenu un conseil de guerre : les officiers français de son armée l'avaient vivement engagé à attendre l'ennemi et à lui disputer la victoire, contre l'avis des Irlandais qui voulaient qu'on l'attirât dans les basses terres, et que l'on demandât au climat meurtrier de l'Irlande des secours plus efficaces que ceux qu'avait fournis le roi de France.

Hésitant, comme toujours, Jacques finit par suivre ces derniers conseils, lorsque, en vue du camp royal, arriva la flotte française. Renvoyant alors une partie de son artillerie et de ses bagages, il préparait sa retraite ; mais l'armée anglaise apparut à son tour; il n'était plus temps de reculer.

Soixante et dix mille hommes, presque également partagés dans les deux armées, étaient en présence; et si les Anglais avaient l'avantage de quelques milliers d'hommes de plus, Jacques II avait celui d'un camp bien choisi et défendu par la nature même du terrain, tout coupé de monticules et de haies, également propre à la défense et à la retraite. Disposé au-devant de la Boyne, protégé par ses gués profonds et ses bords escarpés couverts de broussailles ; appuyé à droite, et de l'autre côté de la rivière, par la ville de Drogheda où se trouvaient les magasins et les réserves de l'armée irlandaise ; défendu, à gauche, par une fondrière impraticable, au sud de laquelle une mince langue de terre permettait de gagner le pont de Slane, à trois mille en deçà, ce camp, si bien défendu par la nature, l'était même aux regards de l'ennemi. Une chaîne de collines dissimulait si complétement les forces irlandaises, qu'un des lieutenants de Guillaume vint lui rapporter, avec quelque dédain, que l'armée jacobite ne comptait que quarante-six régiments. Le roi voulut en juger par lui-même, et, suivi de quelques officiers de sa maison, il s'approcha de la rivière à une portée de mousquet de l'ennemi, pour examiner ses dispositions et reconnaître les gués par où il voulait faire passer ses troupes. De l'autre rive, les chefs de l'armée ennemie, Berwick, Sarsfield, Tyrconnel, observaient ses mouvements. Pendant qu'assis sur le gazon, il prenait des notes, ils envoient, en toute hâte, un escadron de cavalerie, avec l'ordre de mettre en batterie deux pièces de campagne derrière une haie, qu'un repli de terrain dérobait à la vue du prince. A peine Guillaume venait-il de remonter à cheval que, du feu des deux pièces, un homme et deux chevaux sont tués à quelques pas de lui ; l'autre boulet, rasant les bords de la rivière, revient par ricochet sur le roi, emporte une partie de la manche de son surtout, déchire la chemise et les chairs.

On le crut tué au camp du roi Jacques, et la nouvelle de sa mort vola jusqu'à Paris avec une incroyable rapidité. Le canon de la Bastille, tonnant en signe d'allégresse, annonça à l'Europe la crainte que Guillaume inspirait à ses ennemis, par la joie indécente qu'ils témoignèrent à la nouvelle de sa mort. « Il ne fallait pas » que le coup fût tiré de plus près, » dit froidement le roi d'Angleterre, en remontant à cheval ; et, le même jour, aux acclamations de ses troupes, il les passe en revue et demeure dix-neuf heures en selle. Il ne descend de cheval que pour tenir un conseil de guerre avec ses généraux, et le soir, après avoir visité lui-même tout son camp, un flambeau à la main, il leur envoie à chacun ses ordres, à Schomberg lui-même, qui s'étonne de recevoir, pour la première fois de sa vie l'ordre arrêté de la bataille.

Il s'agissait de passer la Boyne en trois endroits; le lendemain, avant le jour, le comte Meinhardt de Schomberg, fils du maréchal, avec quelques milliers d'hommes de pied, la meilleure partie de la cavalerie et trois ou quatre pièces de campagne, descend la Boyne à quelques milles du camp vers un gué reconnu la veille, s'élance dans la rivière avec son infanterie, culbute huit escadrons de cavalerie irlandaise et française qui l'attendaient dans le gué même, leur tue soixante et dix hommes, et, parvenu à l'autre bord, range ses troupes en bataille et marche à l'ennemi qui se replie sur Dundalk.

Quelques heures plus tard, le centre de l'armée, composé des troupes hollandaises, et des régiments de réfugiés, au milieu desquels était Rapin-Thoyras, passe à son tour la rivière. Mais les soldats ont de l'eau jusqu'au aisselles et trébuchent dans la vase; les chevaux perdent pied, nagent vers le rivage qu'ils ne réussissent pas tous à atteindre; leurs cavaliers, la plupart démontés, les rejoignent en désordre; et, sans le feu terrible d'un régiment danois qui, tout en passant lui-même, dispersa la cavalerie ennemie accourue sur les bords, ce corps d'armée eût été détruit, incapable qu'il était de se défendre, dans la confusion imprévue où la marée montante l'avait réduit.

A peine le maréchal de Schomberg est-il averti de ce désordre que, sans prendre le temps de revêtir ses armes, il pousse son cheval au milieu de la rivière et rallie les réfugiés qu'il voit faiblir. « Allons ! mes amis, » leur crie-t-il, rappelez votre courage et vos ressenti» ments ; voilà vos persécuteurs ! » En effet, les cavaliers de Lauzun, mêlés aux dragons irlandais, ivres de rage et de l'eau-de-vie dont on les avait gorgés, s'élancent avec fureur à la rencontre des régiments réfugiés. Le choc fut terrible et les conséquences de cet engagement déplorables, car pendant la mêlée, cinq ou six des gardes de Tyrconnel, passant au travers des rangs de l'infanterie, reconnaissent Schomberg à son cordon bleu, poussent droit à lui, le blessent de deux coups de sabre et l'entraînent avec eux. Voyant ce groupe de cavaliers repasser au galop de leurs chevaux, les soldats du maréchal tirent sur eux sans le voir. Une de leurs balles lui traverse la gorge, et ce héros de quatre-vingts ans tombe enseveli dans son triomphe, laissant une renommée de droiture, de courage, et de science militaire que bien peu de généraux ont égalée.

La Caillemotte-Ruvigny, le fidèle compagnon du glorieux maréchal dans toutes les variations de sa fortune, avait traversé la rivière à quelques pas de lui à la tête des réfugiés qu'il commandait. Grièvement blessé, renversé, foulé aux pieds des chevaux, comme on le rapportait tout sanglant au milieu de ses compagnons d'armes, il s'écriait, épuisé de douleur et les encourageant encore : « A la gloire, mes amis ; à la gloire ! »

Durant ce double drame qui fit payer cher la victoire aux troupes royales, Guillaume, à la tête des gardes flamandes, avait traversé la rivière, brandissant son épée de son bras blessé la veille, animant ses soldats du geste et de la voix. Son cheval perd pied, glisse dans la vase; on dégage le roi qui, d'un nouvel effort, se jette, avec ses troupes, sur le flanc gauche de l'armée jacobite.

Agité de sombres pressentiments, Jacques, du haut d'une colline, observait tous les mouvements de l'ennemi; vainement il tenta de s'opposer à l'irrésistible élan que Guillaume avait imprimé à ses troupes. Un instant il crut que les chances de la guerre allaient lui être favorables, ce fut au moment où l'armée anglaise traversa la rivière. Un terrible combat, où la victoire fut chèrement disputée, eut lieu sur ses bords : Français contre Français, Anglais contre Irlandais, s'entrechoquèrent avec furie; la cavalerie royale plia un instant, mais Guillaume la fit soutenir de dix-sept bataillons. L'infanterie irlandaise recule à son tour, se débande et prend la fuite à travers les marais. En vain Lauzun et sa poignée de braves qui, du moins, soutenaient vaillamment la gloire de leur nation, cherchent à rallier les fuyards; en vain les dragons d'Hamilton s'élancent à la rescousse de Lauzun, l'infanterie irlandaise les entraîne dans sa déroute, et ils plient avec elle, laissant leur chef prisonnier.

Les ennemis se retirèrent « avec une précipitation terrible, » dit un témoin oculaire; ils laissèrent tout leur bagage qui fut pillé; le comte Meinhardt de Schomberg les poursuivit jusqu'à la nuit, et si Guillaume n'eût arrêté la poursuite, c'en était fait de l'armée jacobite, et la guerre d'Irlande était terminée.

Avant même que la déroute ne fût complète, le roi Jacques avait fui; au galop de son cheval, il arriva le même soir à Dublin, faisant rompre les ponts derrière lui; de là il gagna Waterford. Il suivit le même itinéraire que lors de sa première fuite, la frégate qu'il avait donné ordre de préparer mit immédiatement à la voile, et Jacques gagna la France. « Fuite honteuse qui découragea ceux qui tenoient au parti, dit Durand, le continuateur de Rapin-Thoyras, et qui dégoûta les Français de combattre pour lui. » La bataille de la Boyne coûta la vie à deux mille Irlandais; les troupes de Guillaume ne perdirent que le quart de ce nombre (1er juillet 1690).

Après cette victoire, qui fonda sa puissance en Irlande, le roi fit occuper Drogheda par La Melonnière, et gagna Dublin où il fut solennellement couronné roi d'Irlande; puis il détacha en armée d'occupation le lieutenant général Douglas, avec cinq régiments de cavalerie et dix régiments d'infanterie, parmi lesquels était celui où servait Rapin-Thoyras.

Brave, mais insouciant et ami du plaisir, Douglas ne sut pas maintenir la discipline: malgré les efforts de Rapin-Thoyras et de son ami Carle, depuis lieutenant général en Portugal, que Douglas avait nommés quartiers-maîtres généraux de sa petite armée, les habitants eurent cruellement à souffrir des violences de ses soldats.

Aussi Douglas arriva-t-il exécré sous les murs d'Athlone, et le gouverneur, sommé par lui de se rendre, cassa la tête d'un coup de pistolet au parlementaire, en disant : « Ce sont là mes conditions ! »

La ville fut investie immédiatement, mais le désordre et la maladie désolèrent le camp du général anglais; sa cavalerie démontée, ses canonniers tués sur leurs pièces, Sarsfield arrivant pour dégager la ville avec quinze mille hommes, l'obligèrent à lever le siége.

Prévenu de la conduite de ses troupes, connaissant l'insuccès du siége d'Athlone, le roi, mécontent, marche à la rencontre de son lieutenant sur la route de Limerick ; Douglas, qui avait depuis peu attaché Rapin-Thoyras à sa personne comme aide de camp, l'envoie au devant du souverain irrité, et le jeune officier sut présenter la conduite de son chef sous un jour assez favorable pour fléchir le ressentiment du roi.

Le siége de Limerick fut alors décidé ; c'était une des plus fortes places de l'Irlande méridionale. Protégée par un château et une citadelle, entourée de trois côtés par le Shannon, bien défendue, cette ville pouvait arrêter longtemps les armes royales. Malgré la saison avancée, malgré l'infériorité de son armée réduite à vingt mille hommes, malgré les dix-neuf régiments qui composaient la garnison, Guillaume, voulant détruire le dernier boulevard de son ennemi, résolut de s'en rendre maître. Sommé de se rendre, le gouverneur Boisselot répondit courtoisement qu'il tenait trop à l'estime du prince d'Orange pour ne pas chercher à la mériter en se bien défendant, et le siége commença.

Après quatorze jours de tranchée, la brèche étant ouverte à six toises de large, l'ordre de l'assaut fut donné. Les grenadiers de l'armée, ayant à leur tête des officiers français, « commandés par le sieur de la Barbe, brave » homme et bon officier, » s'élançant dans le fossé, culbutent l'ennemi ; quelques-uns même, franchissant le rempart, entrent dans la ville ; mais la garnison se rallie, la poignée d'assaillants est massacrée au moment même où l'un d'eux criait : « Ville gagnée! » Les autres, massés sur la contrescarpe, furent chargés par l'ennemi dans leur retraite, et l'assaut fut repoussé. Cette attaque désastreuse fut surtout funeste aux régiments réfugiés : plus de quinze cents des leurs, officiers ou soldats, furent tués ou blessés. Rapin fut du nombre de ces derniers; à ses côtés il vit tomber son jeune frère, le corps percé d'une balle, et lui-même, grièvement atteint à l'épaule d'un coup de mousquet, dut quitter la place, en proie à de cruelles souffrances.

Le lendemain, qui était le vingt-deuxième jour du siége, l'armée n'apprit pas sans surprise que le roi était parti, donnant l'ordre de lever le camp. On monta à cheval, et Rapin-Thoyras fit ainsi quatre milles qui aggravèrent tellement sa blessure par la fatigue de cette marche forcée, qu'il lui fallut renoncer à suivre les troupes qui se retiraient. Ce fut à cette occasion qu'il reçut de son oncle Pélisson, par les soins de son parent M. de la Bastide, qui joua un rôle important dans cette guerre, un cadeau de cinquante pistoles, qui le consola quelque peu de sa mésaventure. Il eut un motif plus sérieux de consolation en apprenant que lord Douglas, qui avait conservé beaucoup d'affection pour lui, lui avait fait avoir une compagnie dans le régiment de Kingston, celui-là même où il avait été enseigne. Quelque temps après, la campagne de Flandre étant décidée, Douglas le pressa vivement de l'y accompagner en qualité d'aide de camp, mais les suites longues et sérieuses de sa blessure ne lui permirent pas de le suivre ; il dut renoncer à ce poste honorable, qui eût beaucoup hâté son avancement, et se séparer d'un chef qui avait su apprécier toute la valeur de ses services.

La campagne d'Irlande recommença bientôt : le roi, en se retirant, avait investi Van Ginckel, un de ses généraux hollandais, des pouvoirs les plus étendus. Ginckel entra en Irlande à la tête de trente mille hommes, et débuta par la prise de Ballymore. De là, le général en chef s'avança vers Athlone, et pour la seconde fois une armée royale mit le siége devant cette ville. Défendue par le Shannon qui baignait ses remparts, un gué étroit où vingt hommes pouvaient passer de front était le seul passage possible depuis la démolition du beau pont de pierre construit sous le règne d'Elisabeth et détruit par Douglas l'année précédente. Athlone se composait de deux villes, toutes deux fortifiées, séparées par le fleuve. Un assaut donné à celle de la rive gauche par le major général Mackay la livre aux troupes royales : la garnison irlandaise s'enfuit devant elles, gagne le pont de bois jeté sur les arches de l'ancien pont, et court demander asile à l'autre ville. Mais la garnison de celle-ci, craignant que Mackay ne passât le pont avec les fuyards, eut la barbarie de rompre la dernière arcade : les malheureux Irlandais, poursuivis l'épée dans les reins, ayant devant eux l'abîme, sautèrent la plupart dans le fleuve et se noyèrent presque tous, sous les yeux de leurs camarades. Ginckel se fortifia dans la ville abandonnée, et pendant neuf jours, Athlone offrit le singulier spectacle d'une ville se déchirant elle-même : chaque boulet partant de l'une des batteries ennemies attirait sur elle les imprécations de ses habitants. Saint-Ruth, le même qui mérita par ses cruautés un si déplorable renom dans nos Cévennes, avait été nommé lieutenant général du roi à la place de Lauzun, et commandait avec Tyrconnel l'armée jacobite. Il avait renforcé la garnison d'Athlone, et les ouvrages considérables que les assiégeants avaient faits ayant été incendiés par une grenade adroitement lancée par ses canonniers, il s'en alla se divertir avec les autres généraux, ne croyant pas que l'ennemi pût rien entreprendre de longtemps.

Au camp royal, les vivres étaient rares, les soldats découragés : Ginckel tint conseil. Cette assemblée présentait une étrange physionomie, tant les éléments qui la composaient étaient hétérogènes; les anglais Talmash et Mackay, le français La Melonnière, le danois Tittau, le comte hollandais de Nassau, le duc allemand de Hesse-Darmstadt, le prince bavarois de Wurtemberg, prirent tous la parole, et malgré les prudents conseils de Mackay, l'attaque de la ville fut résolue pour le lendemain.

Le brigadier général Talmash propose à deux bataillons de grenadiers de se mettre à leur tête et de tenter le passage du Shannon. Ils acceptent : la contagion de leur audace gagne leurs camarades ; deux mille hommes se jettent dans la rivière, poussant de grands cris pour s'étourdir, car leur entreprise était plus que téméraire. Ils traversent le gué sous une grêle de balles ; le prince de Wurtemberg a son cheval tué sous lui, il se fait porter sur les épaules de ses grenadiers, et par les brèches mal réparées, ils entrent dans la ville, rompant devant eux tous les obstacles. Pour cinquante hommes des leurs qui restent sur les remparts, les assaillants en tuent plus de mille, repoussent la garnison qui se retire en désordre, et une heure après que les premiers soldats fussent entrés dans la rivière, le drapeau anglais flottait sur Athlone. Ce coup d'éclat, auquel Rapin-Thoyras et ses compagnons d'exil prirent une glorieuse part, vengea dignement l'échec de l'année précédente. Ginckel fut créé comte d'Athlone, et Saint-Ruth, arrivé trop tard au secours de la ville, vit en frémissant de rage ses propres canons tournés contre lui. Effrayées de l'impétuosité de leurs adversaires, ses troupes se replièrent en désordre sur Aghrim, à dix milles de là, où leur chef parvint avec peine à les rallier.

Deux régiments furent laissés dans Athlone, dans l'un desquels était Rapin-Thoyras ; les soldats étaient de nations différentes, les chefs, jaloux de leurs droits, cherchaient à les faire prévaloir aux dépens l'un de l'autre, chaque jour des conflits plus ou moins graves éclataient entre les deux régiments. Aidé d'un capitaine de ses amis, homme de sens et de tête, Rapin-Thoyras parvint à apaiser et à résoudre la plupart des querelles et des difficultés qui s'élevaient entre les soldats et les habitants ; grâce à cette intervention aussi ferme que conciliante, ces faits regrettables devinrent de plus en plus rares.

Il était dans la destinée de Rapin-Thoyras de rencontrer sans cesse des occasions nouvelles de déployer les qualités de son esprit et de son cœur qui formaient le plus frappant contraste avec l'humeur susceptible et querelleuse qu'il manifesta dans sa première jeunesse. Les fatigues et les enthousiasmes de la guerre avaient donné un aliment à cette ardeur généreuse qui semblait d'abord destinée à se consumer sans éclat au sein des luttes obscures d'un barreau de province ; la force et l'énergie, aussi bien que la douceur de son caractère, le faisaient craindre moins encore qu'elles ne le faisaient aimer.

La soumission de l'Irlande aux armes royales fut accomplie en 1691, par la célèbre bataille d'Aghrim. Le récit de ce dernier fait d'armes où le brillant courage du marquis de Ruvigny décida la victoire, où Saint-Ruth fut tué d'un boulet de canon, où sept mille Irlandais restèrent, dit-on, sur le carreau, ne saurait trouver place dans ce rapide exposé de la campagne d'Irlande, puisque Rapin-Thoyras n'y fut pas présent. Envoyé dans diverses garnisons, de 1690 à 1693, entre autres dans les villes de Kilkenny et de Kingsale, le jeune capitaine eut plus d'une occasion nouvelle de montrer ces qualités conciliantes qui lui valaient l'estime de ceux même qu'il blâmait, et l'amitié de ceux qui savaient apprécier tout ce que son âme renfermait de modération, de fermeté, d'amour du bien et du devoir. Mais quelque honorable que fût ce rôle de médiateur, il ne laissait pas que d'être souvent pénible et toujours difficile; aussi, après avoir rétabli plusieurs fois la concorde entre le syndic de la ville de Kilkenny et les officiers de la garnison, malgré les agréables relations qu'il avait formées avec l'évêque dont l'affabilité et la bienveillance surent gagner son cœur, Rapin s'estima heureux d'être appelé au commandement de deux compagnies dans une autre garnison.

A Kingsale, il retrouva son régiment, et se lia bientôt intimement avec le chevalier James Valler, gouverneur de la ville, homme éclairé et instruit, qui contribua par son exemple et ses conseils à lui inspirer le goût des études de politique et d'histoire, qui décidèrent plus tard de sa véritable vocation.

C'est là qu'il reçut l'ordre de rappel qui arrêta l'essor de sa carrière militaire et eut une si grande influence sur la seconde période de sa vie. Cet ordre, bref et impératif, lui enjoignait de se rendre en Angleterre auprès du roi, dans le plus court délai. Il n'y avait pas à reculer, et le jeune capitaine, se perdant dans les conjectures les plus invraisemblables, ne comprenait rien à ce rappel imprévu, dont il ne pouvait deviner les motifs. Grande fut sa surprise quand une lettre de M. de Belcastel, alors brigadier général au service d'Angleterre, mit le terme le plus inattendu à ses incertitudes. Le roi le rappelait à Londres pour qu'il eût à remplir les fonctions de gouverneur auprès du fils de lord Bentinck, comte de Portland.

Rapin quitta l'Irlande sur la fin de 1693, non sans regrets, car il prévoyait que la volonté du souverain serait plus forte que ses répugnances personnelles pour des fonctions d'ailleurs honorables, mais qui devaient forcément entraver sa carrière militaire. Les difficultés, les périls de la triple campagne qu'il venait de faire, loin de le rebuter, avaient affermi sa vocation par le sentiment d'un devoir fidèlement accepté et glorieusement rempli ; il aimait ses compagnons d'armes réfugiés comme lui, si nombreux dans l'armée anglaise ; il pouvait aspirer aux distinctions que quelques-uns d'entre eux avaient su mériter par leur valeur et par leur courage, et maintenant, en présence d'un ordre royal qui n'admettait aucune hésitation, il lui fallait rompre à la fois avec un passé qui était le garant de son avenir, avec le présent qui suffisait à ses goûts, et, déception plus grande, avec l'avenir qui suffisait à ses rêves.

Mais le jeune officier savait que l'obéissance et l'abnégation sont les premières vertus du soldat; il partit donc, et l'accueil bienveillant qu'il reçut du roi Guillaume adoucit quelque peu l'amertume de ses regrets.

Le comte de Portland jouissait alors de la plus haute faveur auprès du prince. D'un dévouement sans bornes à la personne royale, les services de Bentinck étaient ou paraissaient être de ceux qu'on n'oublie pas. Ils allèrent autrefois jusqu'au-devant d'une mort certaine pour sauver le futur roi d'Angleterre; et ce ne fut que par miracle que le jeune page du prince d'Orange échappa au fléau terrible qui avait mis son maître aux portes du tombeau. Depuis lors, les liens d'une intimité aussi complète que le caractère froid, réservé, égoïste du prince pouvait la comprendre, réunirent le maître et le serviteur; d'éclatantes faveurs en furent le témoignage; les titres et les richesses prodigués à William Bentinck le rendirent un des plus puissants seigneurs du nouveau royaume. La sollicitude royale s'étendit jusqu'aux enfants de lord Portland, et Guillaume voulut donner à l'héritier de tant de titres et d'honneurs une éducation en rapport avec la haute position qui l'attendait. Préoccupé de cette idée, le roi s'en ouvrit un jour au marquis de Ruvigny qu'il avait récemment créé lord Galway et pair d'Irlande, l'un des réfugiés français dont il prisait le plus les lumières et les conseils. Après quelques instants de réflexion, Ruvigny, qui avait appris à connaître et à apprécier les qualités à la fois solides et brillantes de Rapin-Thoyras, son instruction, son sens droit et ferme, la délicatesse de son esprit, « et surtout » un certain air du beau monde et ces manières nobles » et aisées qu'on n'attrape qu'avec des gens de qualité, » ne crut pouvoir mieux faire que de proposer au roi le jeune capitaine comme l'un des hommes les plus propres à diriger, selon ses vues, l'éducation du futur duc de Portland. Rapin n'était point un inconnu pour le roi d'Angleterre. On a vu déjà les circonstances délicates où, justifiant son chef, Rapin s'était fait avantageusement connaître du prince pour lequel il avait vaillamment combattu à la Boyne et versé son sang à Limerick. Le roi céda sans peine aux suggestions de Ruvigny, et le rappel de Rapin fut décidé. Peu de jours après avoir été présenté au roi, qui lui fit entendre que son obéissance à ses ordres et la déférence à ses désirs ne demeureraient pas sans récompense, Rapin-Thoyras commença ses fonctions auprès de son élève.

CHAPITRE VI.

Rapin-Thoyras gouverneur du fils du comte de Portland. — Importance politique du salon de ce seigneur. — Voyages de Rapin et de son élève dans diverses contrées de l'Europe. — Ambassade du comte de Portland en France, en 1698. — Lettre du maréchal de Villeroy à Rapin-Thoyras. — Profits intellectuels que retira Rapin de ses fonctions auprès de son élève, plus tard duc de Portland et gouverneur de la Jamaïque. — Mariage de Rapin-Thoyras. — Caractère de Marie-Anne Testart. — Difficultés pécuniaires. — *La Féauté.*

Henri Bentinck, lord Woodstock, était un aimable enfant de douze à quinze ans, d'une santé un peu frêle, d'une intelligence ouverte sans être très-vive, doué de plus de cœur que d'imagination, objet de la tendre sollicitude de son père, qui ne se décida pas sans quelque peine à se rendre aux désirs du roi et à confier à des mains étrangères le soin de former, pour la haute position que l'avenir lui réservait, l'héritier de ses titres et de ses biens. Mais Rapin-Thoyras ne tarda pas à se faire aimer de son élève, et les façons d'abord froides et hautaines du comte de Portland devinrent bientôt courtoises et polies envers le gentilhomme protestant, dont le tact et la réserve surent commander l'estime et la sympathie du comte dans leurs rapports journaliers. La résidence du noble lord était le rendez-vous des seigneurs de la nouvelle cour; la plupart de ses amis appartenaient au parti des whigs, d'autres tenaient pour les tories, de là des divergences d'opinions qui s'affirmaient énergiquement et qui faisaient de l'hôtel de Portland une tribune où se discutaient les affaires de l'Etat avant d'être officiellement traitées dans les Chambres constitutionnelles. Cette passion contenue, cette ardeur patriotique que le peuple anglais apporte dans la discussion de ses droits et de ses intérêts politiques, des actes de son gouvernement, avait aussi gagné les seigneurs hollandais qui avaient suivi la fortune de la maison d'Orange. Les discussions étaient générales, passionnées quelquefois, et des lumières inattendues jaillissaient du choc d'éléments si divers. La liberté de tout dire, de tout écrire, plus grande sous ce règne qu'elle ne le fut jamais, sur cette terre classique de la liberté responsable de ses actes donnait à ces conversations une indépendance qui en multipliait la valeur. Rapin-Thoyras, modestement retiré dans un angle du salon, ne prenant qu'une part discrète à ces mêlées de l'esprit, où descendaient dans l'arène les plus grands noms de l'Angleterre, écoutait avec toute son intelligence, et voyait se faire, presque sous ses yeux, l'histoire politique du pays dont il devait trente ans plus tard écrire les annales. Quelquefois même, par le sérieux de son caractère mûri par l'épreuve plus que par les années, par son mérite, dont la modestie n'excluait pas toujours les preuves, il avait su forcer la considération de quelques-uns de ces hommes d'Etat grands seigneurs, et leurs façons hautaines ménageaient le précepteur français plus encore à cause de sa valeur personnelle que de sa naissance. On verra plus tard, à propos d'une dissertation célèbre, quel parti il sut tirer de ces conversations, auxquelles il se mêlait rarement, mais qui jetèrent dans son esprit réfléchi de profondes racines.

Il avait appris dans les camps les éléments de la langue de sa patrie d'adoption ; dans les réunions politiques de l'hôtel de Portland, il se perfectionna dans cette étude, préparation indispensable aux travaux qu'il accomplit plus tard, lorsqu'il mit à profit les documents de tout genre qu'il avait recueillis sur les mœurs, les usages, les coutumes et l'histoire tant locale que générale de l'Angleterre. Une aptitude remarquable pour les langues ; — il parlait l'anglais, l'italien, l'espagnol et avait « quelques teintures des langues germaniques ; » — une mémoire exercée et fidèle autant que consciencieuse, c'est-à-dire défiante d'elle-même, une ardeur et une persévérance dans l'application, qui lui permettait de saisir et de s'approprier l'essence d'un volumineux in-folio avec la même facilité que celle d'une conversation ou d'un discours, tels étaient les éléments de succès dont il disposait dès cette époque de sa vie, où les attraits de l'étude commençaient à balancer dans son esprit les enthousiasmes de la guerre.

Rapin-Thoyras passa plusieurs années auprès de son élève. Suivant l'usage du pays, qui est une conséquence de la position géographique de l'Angleterre, — usage restreint autrefois aux grandes familles, mais général aujourd'hui dans presque toutes les classes de la société anglaise, grâce à la facilité des communications, — Rapin voyagea, avec son élève, sur le continent. « *A continental*

» *journey* » est le complément indispensable de toute éducation anglaise, et le contact des étrangers, le spectacle et l'observation des différences des mœurs et des usages, les idées générales qui naissent d'une appréciation semblable lorsqu'elle est bien dirigée, les difficultés matérielles même, qui ajoutent parfois au voyage une saveur de plus, sont un puissant contre-poids à l'étroitesse de vues, à l'égoïsme borné qui sont la conséquence de la position exceptionnelle où les faveurs de la fortune placent quelques élus. Cette facilité de déplacement, qui n'exclut pas un patriotisme tenace, est tellement dans les mœurs de la nation anglaise, que l'un de ses pasteurs les plus distingués, le pieux et savant évêque Leigthon, en faisait comme une condition du perfectionnement moral. Ce chrétien éminent ne craignait pas de ranger l'obligation de voyager parmi les devoirs de l'homme envers lui-même, et ce devoir de la fréquentation chrétienne de ses semblables, il le pratiquait pour son compte et avec grand profit pour son âme, toutes les fois qu'il le pouvait, selon le précepte qu'un poëte avait formulé le premier dans ce vers célèbre :

Homo sum, humani nihil a me alienum puto.

Lord Woodstock et son gouverneur voyagèrent donc plusieurs années en Europe : en Hollande, en Allemagne, en France, en Espagne, en Italie. Ne négligeant aucune occasion de s'instruire en l'instruisant lui-même, Rapin enseignait à son élève les langues des pays qu'ils parcouraient ensemble, lui rendait familiers les auteurs grecs et latins qu'il lisait lui-même avec prédilection, l'initiait aux difficultés des mathématiques, étudiait avec lui les destinées des peuples et des rois, et cherchant à faire pénétrer dans l'âme confiée à ses soins les fermes croyances et les pieux sentiments qui remplissaient la sienne, il lui montrait l'action toujours présente de Dieu sur les manifestations de la liberté humaine, et la justice divine s'accomplissant dans le monde à travers le bouleversement des empires.

En 1698, le comte de Portland fut choisi par son souverain pour le représenter auprès de la Cour de France dans les négociations qui précédèrent l'ouverture de la succession d'Espagne. Le continuateur de Rapin-Thoyras fait de ce seigneur un portrait qui emprunte son intérêt aux longues relations qu'eut le comte avec le futur auteur de l'*Histoire d'Angleterre*. Après avoir rappelé le dévouement de William Bentinck, les services qu'il avait rendus au prince d'Orange et à sa dynastie, après avoir énuméré les titres qui en furent la récompense : pair d'Angleterre, baron de Cirencester, vicomte Woodstock, comte de Portland, chevalier de la Jarretière, membre du Conseil privé, premier gentilhomme de la Chambre et général de la cavalerie, il passe au titulaire de tant d'honneurs et de distinctions. « Bien fait, d'une » belle physionomie, parlant françois comme s'il fût né » en France, versé dans les affaires, fidèle et affectionné » au roi, généreux et incorruptible, estimable d'ailleurs » par tout ce qui fait un honnête homme, bon mari, bon » père, bon maître, il ne sembloit pas qu'on pût déférer la » charge d'ambassadeur en France à personne qui réu» nît tant de belles qualitez. Mais ce ne fut point là uni» quement ce qui le fit préférer. Les François qui

» avoient négocié avec lui, ne sachant pas que son pro-
» cédé avec eux, flexible et accommodant, étoit un effet
» de la prudence, l'avoient donné à Louis XIV pour un
» seigneur qui avoit le cœur françois. Voilà en partie
» ce qui détermina Guillaume à lui donner en France
» la qualité de Ministre. Il jugea que la Cour s'ouvriroit
» plus avec le comte qu'avec tout autre et qu'elle achè-
» veroit de lui découvrir sans réserve le fond de ses
» intentions. »

Suit une pompeuse description de l'entrée quasi-royale du comte de Portland à Paris. Un écuyer, douze pages, cinquante-six valets de pied, vingt-cinq chevaux de main, six carrosses dont quatre étaient à huit chevaux et deux à six, composaient ce brillant cortége. Les pages avaient des vestes de damas cramoisi et or, des plumets blancs à leurs toques de velours, et la livrée de la maison était d'un drap couleur d'azur galonné d'or et d'argent.

Le roi de France reçut l'ambassadeur dans la chambre du lit et jusque dans la balustrade, honneur du plus haut prix dans ce siècle de l'étiquette ; les trois princes du sang, ses petits-fils, étaient aux côtés du roi, ainsi que le comte de Toulouse, le duc d'Aumont et le maréchal de Noailles.

Les princes et les grands du royaume ne voulurent pas être en reste avec la somptuosité de l'ambassadeur d'Angleterre. D'ailleurs, les ordres du roi concouraient avec leur orgueil pour assurer au comte de Portland une réception sans égale. Le duc d'Orléans le mène dans son carrosse et le « régale splendidement » à Saint-Cloud. Le roi se promène avec lui dans le jardin de Versailles et l'entretient familièrement. On lui montre les grands appartements de ce palais, alors dans tout l'éclat de leur splendeur, décorés par Lebrun des tableaux des victoires remportées par les généraux de Louis XIV pour la plus grande gloire de leur roi. Ce fut pendant cette visite que le célèbre Mathieu Prior, secrétaire de l'ambassade, auquel on demandait si les palais du roi d'Angleterre étaient aussi glorieusement ornés, fit cette réponse plus mordante que ne le voulait la prudence : « Non, dit-il, il y a partout des monuments des grands » exploits de mon maître, excepté chez lui. »

Rapin-Thoyras avait accompagné son élève et se trouvait mêlé aux Cavendish, aux Hastings, aux Stanhope, à cette escorte brillante de grands seigneurs et de diplomates qui servaient d'auréole au brillant ambassadeur.

Lord Woodstock, malgré son jeune âge, faillit jouer un rôle politique ; l'exilé de Saint-Germain avait cherché à se concilier les seigneurs anglais de la suite de Bentinck, et très-instruit par son père, le prince de Galles, à une revue où ils se trouvaient ensemble, s'efforça de lier conversation avec le jeune Woodstock ; mais le prudent gouverneur y mit bon ordre, et la conversation entre les deux jeunes gens se borna à l'échange de simples formules de politesse : lord Portland et ceux de sa suite évitèrent constamment, malgré les avances de Jacques II, de se trouver en particulier avec ce prince.

Il eût été intéressant de recueillir quelques détails de plus sur ce séjour de Rapin-Thoyras dans sa patrie, alors déchirée par la persécution la plus violente et la plus impolitique. C'était l'année où un intendant de la

Saintonge écrivait que sa province avait perdu cent mille religionnaires. « Le Languedoc en avait perdu qua- » rante à cinquante mille avant la guerre des Camisards, » la Guyenne au moins autant (1). » C'était l'époque où les manufactures se fermaient par centaines, où dans l'espace de trois ans, cinquante mille familles sortirent du royaume, près de huit cent mille personnes, suivant l'estimation d'Antoine Court.

Rapin-Thoyras avait des parents, des amis, parmi les réfugiés : dispersés, disséminés, poursuivis, il ne devait plus les revoir, pas plus que les ormes de Puginier, témoin des jeux de son enfance, pas plus que ce foyer désert où son père était mort, d'où sa mère avait fui. N'eut-il pas le désir, ou plutôt lui fut-il possible de quitter quelques jours son élève et d'accomplir un rapide voyage vers les bords de la Garonne? Les souvenirs de famille sont muets sur ce point : protégé par le drapeau anglais à Versailles, peut-être eût-il été saisi et jeté en prison, comme tant d'autres, revenus furtivement pour revoir le foyer paternel, et qui n'y trouvèrent que la désolation et le deuil, puis la prison, la mort ou l'exil. Il a dû, le cœur serré, passer à travers la France, et, refoulant dans son âme le sentiment qui l'oppressait, chercher, peut-être en vain, l'oubli de sa patrie dans l'accomplissement de sérieux devoirs.

Rappelé en Angleterre, le comte de Portland quitta la Cour de Versailles sans avoir obtenu aucune satisfaction ni contre le roi Jacques, ni pour les réformés de France, ni pour la succession d'Espagne. On lui

(1) De Félice, *Histoire des Protestants de France*, p. 427, édit. de 1856.

avait fait force compliments, on lui avait prodigué à Versailles les honneurs et les distinctions, mais à Londres on trouva avec raison que ces satisfactions puériles étaient payées trop cher par quatre-vingt mille livres sterling qu'avait coûté cette ambassade, la plus honorée et la plus stérile qu'ait jamais envoyée l'Angleterre à la France.

Entre tous les voyages que Rapin-Thoyras fit avec son élève, celui d'Italie fut pour lui l'occasion des plus vives jouissances. Les relations du comte de Portland, sa position à la cour d'Angleterre, lui avaient permis de procurer à son fils l'accueil le plus empressé dans les principales cours de l'Europe. A Rome, à Naples, à Florence, le jeune seigneur se trouva en relation avec les personnages les plus haut placés, et son gouverneur, l'accompagnant toujours, profita plus que lui de ces rapports passagers. Ils ne cessèrent pas tous avec le départ des voyageurs, car, au dire de Jean Rou, Rapin-Thoyras laissa dans tous les lieux où il avait passé « une estime généralement répandue de sa politesse, » de son bon goût, de ses lumières en un mot, et de » son esprit. »

C'est ainsi qu'ils rencontrèrent en Tyrol le brillant maréchal de Villeroy, qui venait d'être fait prisonnier de guerre à Crémone (1702). Sa captivité, que bien des égards adoucissaient d'ailleurs, ne l'empêcha pas de recevoir, avec sa courtoisie accoutumée, le jeune lord et son gouverneur, qu'il avait connus l'un et l'autre à Versailles lors de l'ambassade du comte de Portland. Il donna à Rapin une lettre pour le cardinal d'Estrées, alors à Venise, et leurs rapports ne s'arrêtèrent pas là, ainsi qu'en témoigné la lettre suivante, datée de Versailles le 28 janvier 1703.

« A M. Thoyras-Rapin.

« Ce mot n'est, Monsieur, que pour vous accuser la réception de votre lettre du 12 de ce mois et vous assurer que je vais m'employer de mon mieux pour procurer l'échange du sieur Paul, votre parent, que vous me recommandés. Je souhoite être en état de vous pouvoir mander quelque chose de précis sur cela ; soyez persuadé que l'on n'oublie jamais un homme comme vous, et qu'en cette occasion comme en toutes celles qui pourront se présenter, vous reconnoîtrez que je suis bien sincèrement, Monsieur, et plus qu'homme du monde, tout à vous.

» Villeroy. »

Les savants et les artistes, les bibliothèques et les musées, les églises et les nécropoles, eurent, aussi bien que les grands seigneurs et les palais, la visite de Rapin-Thoyras et de son élève. L'esprit curieux, le goût éclairé de son gouverneur surent disposer ce jeune homme à dépenser avec intelligence les sommes considérables que le comte de Portland avait affectées à son voyage sur le continent. Ce fut à l'instigation de Rapin qu'il fit faire en Italie, par des dessinateurs habiles, des copies des médailles les plus rares et les plus précieuses au point de vue historique, et qu'il commença ces collections d'objets d'art parmi lesquelles devait figurer un jour le *vase Portland*, l'un des produits les plus exquis de l'art céramique chez les Romains.

Pendant treize ans, Rapin prodigua ses soins au futur duc de Portland, mettant dans cette tâche délicate tout le zèle et toute l'intelligence dont il était capable. Il sut conserver avec un tact parfait sa dignité dans cette position ambiguë où l'on pénètre forcément dans l'intimité d'une famille sans lui appartenir, et il cessa ses fonctions avec la conscience de les avoir bien remplies.

Quelques années après sa séparation d'avec son précepteur, en 1716, le jeune lord fut créé duc de Portland. Peu après, il se maria selon son rang, fut nommé gouverneur de la Jamaïque où il alla s'établir ; mais il succomba bientôt au climat meurtrier de cette île, laissant un fils, dont les descendants siégent aujourd'hui parmi les pairs d'Angleterre.

Si l'élève de Rapin-Thoyras n'a pas marqué davantage dans l'histoire, si les germes d'instruction et de talents divers qu'il avait reçus n'ont pas produit tous les fruits que l'on pouvait en attendre, sa fin prématurée en a sans doute été la cause, car on a pu apprécier, dans les lignes qui précèdent, les soins attentifs et intelligents dont l'avait entouré son illustre gouverneur.

Etant encore auprès de lord Woodstock, Rapin avait épousé à La Haye, en 1699, une jeune femme appartenant à une famille considérable de Saint-Quentin, réfugiée en Hollande, où quelques-uns de ses membres avaient rempli d'honorables charges de magistrature. Il fut assez heureux « pour trouver à tous égards une » aide semblable à lui, jeune, belle, riche, et surtout » vertueuse... et de l'humeur du monde la plus com» plaisante et la plus douce. » Telle était Marie-Anne Testart, et le naïf éloge de Jean Rou, que l'on vient de lire, ne fut point au-dessous de la vérité. Epouse tendre et fidèle, mère dévouée, aïeule chérie et respectée durant sa longue carrière et son long veuvage de vingt-cinq années, Mme de Rapin se montra la digne compagne de l'homme illustre qui l'avait choisie, et conserva, avec une religion touchante, le deuil d'un époux bien-aimé.

A peine marié, Rapin-Thoyras dut quitter sa jeune femme pour suivre son élève dans les voyages que lord Portland lui fit entreprendre. La médiocrité de sa fortune, aussi bien que le désir de répondre à la confiance dont le roi l'avait honoré, lui faisait une loi de continuer auprès de ce jeune seigneur ces fonctions assujétissantes, rendues plus pénibles encore par les continuelles séparations d'avec les siens qu'elle entraînait. Malgré la générosité avec laquelle il fut indemnisé de ses peines par le père de son élève, Rapin ne recueillit guère d'autres fruits de sa déférence aux ordres du roi que les avantages purement intellectuels que lui procurèrent ces longues années employées à l'éducation du jeune lord. Son jugement se forma, ses idées se formulèrent plus nettes et plus précises, sa foi s'affermit par la réflexion et par l'étude des Livres saints, son instruction s'étendit et se développa, le cercle de ces relations s'agrandit ; mais il se retrouva, au commencement de 1707, sans autres ressources que la modeste fortune de sa femme et la faible portion de l'héritage paternel qui lui était échue. Encore était-elle *in partibus infidelium*, cette terre de Thoyras dont il portait le nom, et il n'avait même plus la modique pension de cent livres sterling dont le roi Guillaume avait récompensé sa déférence à ses ordres, « en attendant, » disaient les termes du brevet, « qu'il l'eût pourvu de quel» que chose de meilleur. »

Rapin avait déjà quatre enfants, et le séjour de La Haye devenant trop onéreux, il fut s'établir avec toute sa famille, au commencement de mai 1707, à Wesel (1), ville de la Prusse Rhénane, où ses dépenses furent plus au niveau de la modicité de ses ressources.

L'état de gêne où se trouvait Rapin-Thoyras ne l'empêchait point de se livrer avec ardeur aux travaux de l'esprit. Vers cette époque, il s'était formé à La Haye, entre quelques hommes distingués du Refuge, une Société littéraire dont le but primitif était la révision d'une traduction en vers des Psaumes (2), entreprise par l'un

(1) Wesel, ville forte des Etats Prussiens (Prov. Rhén.), à 40 kil. S. E. de Clèves, au confluent de la Lippe et du Rhin, est aussi riante et pittoresque que peut l'être une place de guerre défendue par la nature et par l'art. Elle fut prise par les armées de Louis XIV, en 1672, ce qui ne l'empêcha pas de donner asile, au temps des persécutions, à un grand nombre de réfugiés français.

(2) On sait que la traduction ou paraphrase en vers de la plupart des Psaumes de David, encore en usage dans nos églises pour le chant sacré, est due au célèbre académicien Conrart. Mais l'on ignore plus généralement que ces psaumes, composés par un roi, furent mis en musique, bien des siècles plus tard, par un autre roi, qui en emprunta les mélodies aux litanies catholiques des Portugais. Don Antoine, prieur de Crato, fils de l'infant Louis de Béja, fut proclamé roi de Portugal en 1580. Presque aussitôt attaqué et défait par le duc d'Albe, ce prince s'enfuit en France et se consola de la perte de sa couronne en se livrant avec passion à la musique. Ses *Psaumes*, imprimés en 1595, furent traduits par Du Ryer en 1657, et réimprimés à La Haye en 1691 par les soins de Jean Rou. Cependant cette piquante origine, rapportée par Jean Rou (*Mémoires*, II, p. 2 et 11), se trouve contredite par un article de M. Ath. Coquerel fils (*Bulletin du Protestantisme*, I, 409). MM. Haag la passent

de ses membres, Rotolp de la Devèse, travail dont il ne parut que la préface, sous le titre de : *Lettre sur le sujet de l'ancienne et de la nouvelle version des Psaumes, en vers françois*, Amst. 1701, Rapin ne tarda pas à faire partie de ce petit cénacle, et sa maison devint peu après le lieu où l'on se réunissait de préférence. Parmi ses collègues, « qu'il régaloit fort galamment » une fois par semaine, se distinguaient le célèbre Basnage de Beauval et Jean Rou, le savant secrétaire des Etats généraux. On convint de donner un règlement à cette académie naissante, et Rapin se chargea de caractériser, en quelques quatrains, les devoirs réciproques des sept ou huit membres qui composaient *la Féauté*. Rou nous a conservé le premier de ces quatrains qu'on ne cite pas ici pour sa valeur poétique :

Un féal, c'est un honnête homme,
D'un esprit droit, doux et poli,
Qui fréquente Athènes et Rome
Sans y prendre aucun mauvais pli.

Il ne faudrait pas juger des talents poétiques du grave historien sur ce badinage familier. Mais ces menus travaux littéraires, auxquels il n'attachait lui-même aucune valeur, n'en étaient pas moins une douce et ingénieuse distraction, et dans sa sévère retraite de Wesel, il ressentit vivement l'absence de ces réunions familières qui charmaient autrefois ses loisirs.

aussi sous silence dans leurs articles *Marot*, *Franc*, *Goudimel*, où ils discutent, dans la *France protestante*, l'intéressante question de la part que chacun de ces artistes ont prise à la composition et à la mise en musique du Psautier huguenot (Voy. aussi sur la question : *Bulletin du Protestantisme*, I, 34, 74, 143, et II, 417).

Les relations de Rapin-Thoyras avec Jean Rou, l'auteur des *Tables* qui portent son nom, protestant aussi zélé qu'érudit et bel esprit, ne se bornèrent pas à ces délassements littéraires. Rou avait fait une traduction estimée de l'*Histoire d'Espagne* du jésuite Mariana, qu'avait annoncé Henri Basnage dans son *Histoire des Ouvrages des Savants*, à propos de laquelle Bayle avait été souvent consulté, traduction beaucoup vantée, mais qui ne fut jamais imprimée par suite de difficultés de librairie. Les ressources pécuniaires de Rou ne lui permirent pas d'en supporter les frais, et les libraires hollandais d'alors ne donnèrent pas à l'auteur les facilités que sa réputation lui donnait droit d'en attendre. Rapin-Thoyras lui écrivait de Wesel : « ..... « J'ai eu plaisir à » voir, dans les journaux de M. de Beauval, les savantes » dissertations que vous avez faites sur des matières » dont peu de personnes sont capables de démêler les » difficultés ; tout est là plein de bon sens, de netteté et » de science, et vous pourriez dire, avec plus juste titre » que M. Ménage, qu'il y a plus de dix éruditions dans » chaque page..... Nous lûmes ensemble votre dernier » cahier, mon frère et moi, et le trouvâmes fort bien » écrit et avec beaucoup de discrétion, et nous conclûmes qu'il seroit très-avantageux au public d'avoir les » caractères de tous les hommes distingués de l'anti- » quité de la même main. »

Ces dissertations, auxquelles il est fait allusion dans les lignes qui précèdent, avaient été rédigées par Rou pour le jeune comte de Portland, à l'instigation de Rapin. Désireux de partager avec son savant ami la la tâche de l'instruction de ce jeune seigneur, Rapin avait obtenu du père de son élève l'aide et la participation de Jean Rou. Ces études historiques, d'importance diverse, forment une des parties les plus intéressantes des *Mémoires* de cet érudit. Leur auteur en retira beaucoup de louanges et quelque peu d'argent ; mais ce ne furent pas ces compliments, d'ailleurs mérités, qui contribuèrent le plus à sa liaison avec Rapin-Thoyras. Voici quelle fut l'origine de leur intimité.

Le principal ouvrage de Rou, ses *Tables historiques, chronologiques et généalogiques*, auxquelles il avait travaillé pendant de longues années, avaient été saisies par ordre du roi, avant même que les planches fussent toutes gravées ; et, malgré de puissantes protections, le pauvre auteur n'avait jamais pu se les faire restituer. Rapin était instruit des tribulations de Jean Rou ; il savait aussi quel amer regret était pour leur auteur la perte d'un travail qui aurait illustré son nom.

Ces monuments d'érudition, bien négligés aujourd'hui, étaient alors en pleine faveur. Soupçonnant que, faute de moyens suffisants, Rou s'abstenait à contre-cœur d'en donner une seconde édition, la première ayant été presque entièrement détruite par ordre du roi, Rapin lui fit offrir par La Devèze, un de leurs amis communs, d'y contribuer de ses deniers. Il se trouva que Rou ajournait la nouvelle édition de ses Tables pour des motifs plus graves encore, selon lui ; il refusa donc les offres de Rapin, mais il resta profondément touché de cettre preuve d'estime pour ses talents et de générosité que lui avait donnée son futur ami : il s'en montra toute sa vie reconnaissant, « n'y ayant rien, dit-il, qui » mette une plus grande base à l'amitié que la bourse. »

Rou a consacré à l'exposé de ses relations affectueuses et littéraires avec le célèbre historien, les dernières pages de ses *Mémoires*, comme s'il eût voulut montrer par là tout l'honneur et tout le prix qu'il attachait à ces rapports si honorables pour tous deux. On pourrait appliquer à ce noble commerce de deux esprits d'élite, qui ont trouvé l'un dans l'autre une complète disposition à s'entendre, à se plaire, à s'interpréter généreusement, à se porter réciproquement au bien et au travail, cette belle définition de Cicéron : *Omnium societatum nulla præstantior est, nulla firmior, quam quùm viri boni similes sunt, familiaritate conjuncti* (1).

(1) *De Officiis*, lib. I, c. 18. « De toutes les sociétés, nulle n'est plus » noble, ni plus fermement constituée, que celle qui réunit des hommes de bien, par l'intimité et la conformité des mœurs. »

CHAPITRE VII.

Rapin-Thoyras quitte La Haye pour aller s'établir à Wesel avec sa famille. — Une soirée chez le comte de Lottum lui donne l'idée de la célèbre *Dissertation sur l'origine du gouvernement d'Angleterre*, imprimée dix fois en cent ans. — Comment Rapin fut amené à écrire l'*Histoire d'Angleterre*. — Son but. — Ses moyens. — Etudes préliminaires. — Les *Actes* de Rymer. — Importance de l'édition donnée par Lefebvre de Saint-Marc, en 1749. — Préface de cette édition. — Reproches faits à Rapin-Thoyras. — N'ont pas empêché le succès général de son œuvre.

Ce fut au commencement du mois de mai 1707 que Rapin-Thoyras se décida à quitter La Haye pour se fixer à Wesel avec sa famille. Cette résolution, basée sur des motifs déjà pénibles en eux-mêmes, lui coûtait d'autant plus à accomplir, qu'il laissait dans la capitale des Pays-Bas des amis nombreux et fidèles, dont l'affection lui était douce et dont les conseils lui auraient été utiles pour les grands travaux qu'il méditait. Il trouva cependant à Wesel un grand nombre de ses compatriotes, réfugiés comme lui, parmi lesquels il rencontra quelques officiers, « gens de qualité, » qui l'accueillirent avec une bienveillance pleine d'égards. Mais quel que fût le charme qu'il goûtait dans leur intimité, elle ne suffisait pas à ses besoins intellectuels, et nous le voyons se plaindre, dans une de ses lettres, de la rareté extrême des conversations littéraires auxquelles il se plaisait. Wesel, ville de garnison, ville fortifiée, ne respirait que la guerre, et on y parlait plus volontiers de fortifications et de plans de bataille, que d'histoire et de littérature.

L'un et l'autre sujet étaient familiers à Rapin-Thoyras, mais le feu des jeunes années s'était éteint : mûri par des veilles laborieuses, l'historien qui jugeait des batailles au point de vue de leur influence sur les destinées politiques des nations, ne pouvait plus considérer la guerre sous le même point de vue que le jeune et vaillant capitaine qui en assura jadis le succès. A cette époque de sa vie, qui fut comme le couronnement de son existence noblement partagée entre le service du prince et l'asservissement volontaire de son esprit au plus rude labeur, la politique avait pour lui plus de charmes que la guerre ; l'étude des rapports qui unissent les gouvernements et les peuples touchait de près à des études qu'il poursuivait dès lors avec tant de passion, qu'elles devaient abréger sa vie. Quelques années après son installation à Wesel, il se trouvait un soir chez le comte de Lottum, feld-maréchal de Prusse, gouverneur du pays de Clèves. Les affaires d'Angleterre étaient l'objet des conversations les plus animées dans tous les cercles d'alors. La société d'élite rassemblée chez le gouverneur de Clèves traita avec la même ardeur la question de l'antagonisme des partis célèbres dont les succès et les revers réciproques sont l'histoire même de leur pays. Frappé des remarques auxquelles cette discussion avait donné lieu, plus encore des lacunes que son érudition et sa connaissance spéciale de l'élément politique de la nation anglaise lui avaient fait entrevoir, Rapin rédigea avec soin ce qui avait été dit de part et d'autre sur ce sujet. Il compléta si judicieusement ses remarques, que, de cette dissertation de quelques pages, il a fait un écrit plein d'intérêt et un véritable modèle d'analyse historique. « Qui voudra se reconnaître dans » ces orageux débrouillements de la liberté anglaise, » après la révolution de 1648, devra lire ces quelques » pages, qui placent leur auteur au premier rang des » publicistes modernes. Il y trouvera expliqué sobre» ment, nettement, comment l'Eglise, mêlant ses dis» putes et ses divisions à celles de l'Etat, il y avait bien » des variétés et des espèces de *whigs* et de *torys*, cha» cune servant à tenir en respect les autres, et toutes » contribuant à maintenir, par une surveillance mutuelle, » l'équilibre de l'Etat (1). »

Rapin n'avait destiné ce travail, l'un de ses plus solides titres de gloire, qu'à l'instruction de ses amis. Il y avait mis la dernière main, en février 1716, lorsque l'un d'eux, le chevalier Fountain, « curieux de » toutes les belles connoissances, » vice-chambellan de la princesse de Galles, vint passer quelques jours chez lui à Wesel. Le manuscrit de la dissertation lui tomba sous la main ; il le lut, et jugeant dès lors toute la valeur de l'œuvre, et quel succès lui était réservé, il s'en empara, et sans vouloir entendre à aucun retard, il le porta lui-même chez l'imprimeur de La Haye, malgré les dénégations et les prières de son ami, dont la modestie n'était pas l'un des moindres mérites. Imprimée en 1717,

(1) A. Sayous, *Le dix-huitième siècle à l'étranger*, t. I, p. 52.

pour la première fois (La Haye, chez Charles de Vier, in-12), traduite la même année en anglais (in-8°), publiée en flamand, en danois et deux fois en allemand, réimprimée dans l'édition de l'*Histoire d'Angleterre*, donnée à Trévoux en 1726-28, dans celle de Bâle en 1740, dans celle de Lefebvre de Saint-Marc en 1749, la *Dissertation sur l'origine du gouvernement d'Angleterre* fut réimprimée pour la dixième fois, à titre de morceau historique remarquable, dans le tome Ier du *Citateur politique* (Paris, 1820).

Cet opuscule de Rapin-Thoyras précéda de quelques années l'apparition de son grand ouvrage, à l'étude duquel sont consacrées les pages qui vont suivre.

Arrivés à ce point de notre travail, laissons l'auteur de l'*Histoire d'Angleterre* nous expliquer lui-même quels furent les motifs qui l'ont déterminé, les moyens qu'il a mis en œuvre pour mener à bien cette grande entreprise.

« Lorsque je commençai à écrire cette histoire, dit-il, je ne pensois rien moins qu'à la composer tout entière.

» Un séjour assés long que javois fait en Angleterre m'ayant fourni l'occasion d'apprendre la langue du païs, et un emploi que j'avois eu dans les troupes pendant la guerre d'Irlande, m'en ayant même imposé la nécessité, je m'étois occupé, autant qu'il m'avoit été possible, à lire des livres anglois et particulièrement ceux qui traitent du gouvernement et de l'histoire d'Angleterre, depuis la conquête des Normands. Dans la suite, m'étant trouvé dans un état de tranquillité qui me permettoit de disposer de mon tems comme je le trouvois à propos, je continuai ces mêmes lectures. Comme la curiosité va toujours en augmentant, je ne me contentai pas de m'être raisonnablement instruit de la nature du gouvernement d'Angleterre, je souhaitai aussi d'en connoître l'origine. Pour y réussir je crus qu'il falloit lire avec soin l'*Histoire des Anglo-Saxons* qui ont porté cette forme de gouvernement dans la Grande-Bretagne. Cette étude n'eut rien pour moi que de rebutant. L'histoire des Anglo-Saxons est chargée d'une infinité de faits, confus, s'il faut ainsi dire, les uns avec les autres, sans ordre et sans liaison, et de beaucoup de particularitez inutiles. C'est une vaste forêt où l'on ne peut qu'avec peine trouver quelque route, ou plutôt quelques petits sentiers, pour s'empêcher de s'égarer. Ce fut néanmoins ce qui me fit concevoir le dessein d'éclaircir cette partie de l'histoire d'Angleterre, autant qu'il me seroit possible... Je rétrogradai jusqu'au temps de Jules César, qui tenta le premier de se rendre maître de cette isle. Ce fut là que je fixai le commencement de mon histoire et je le continuai jusqu'à la conquête des Normans, sans dessein de la pousser plus avant. Il falloit être d'un aussi grand loisir que je l'étois pour s'occuper à un ouvrage de cette nature. Je l'achevai pourtant, et enfin, après quelque interruption, je me laissai engager à le continuer sur le même pied, c'est-à-dire d'une manière abrégée, qui, sans entrer dans de grands détails, pût donner une connaissance générale, mais distincte des principaux événemens de l'histoire d'Angleterre... J'étois accoutumé à m'occuper et je n'avais rien de mieux à faire. Je continuai donc cette histoire; mais quoique je l'eusse déjà poussée jusqu'au règne de *Henri II*, j'étois sur le point d'abandonner mon ouvrage dont le commencement n'avoit rien qui pût me prévenir en sa faveur, lorsqu'un secours inespéré m'engagea, non-seulement à le continuer, mais encore à former le projet d'une histoire plus détaillée que celle que je m'étois proposée auparavant. Ce secours fut le recueil de Monsieur Rymer, dont je parlerai plus amplement dans la suite...

» La différence qu'il y a entre le gouvernement d'Angleterre et celui des autres royaumes fait que, pour écrire l'histoire de celui-ci, il faut s'écarter un peu de la route ordinaire. Dans les autres histoires, c'est le Prince qui en fait, pour ainsi dire l'unique sujet et qui est le principal objet de l'historien. Dans celle d'Angleterre, le Prince et l'Etat ne peuvent être séparez. Par la constitution du gouvernement, ils sont tellement unis ensemble, qu'ils ne font qu'un même tout, un même corps qui a les mêmes intérêts et les mêmes vues et qui doit faire le grand sujet de l'histoire et le principal objet de l'historien. Je sais bien qu'il y a des occasions où il faut les séparer ; mais ce n'est qu'en de certains temps malheureux, où il est arrivé que le Prince ou le Peuple ont voulu tâcher de rompre cette heureuse Constitution, et dans ces occasions les efforts que l'un ou l'autre ont faits ont la principale matière de l'histoire. Je sais aussi que, dans les gouvernements les plus despotiques, le Prince prétend qu'il est uni de la même manière avec son Etat ; mais ce n'est qu'en supposant que c'est dans la gloire, dans les intérêts, dans les avantages du Prince, que se trouve le bien du royaume, ce qui n'est pas toujours vrai. Ainsi, le Prince et l'Etat se trouvent souvent réellement séparez, dans le temps qu'on affecte le plus de parler de leur union comme d'une union indissoluble. On a changé les choses et on a gardé les mêmes noms. Mais en Angleterre il n'y a rien de changé. C'est encore aujourd'hui le même gouvernement qui y fut établi dès la fondation de la monarchie, et le même, à peu près, que les Saxons avaient dans la Germanie, avant qu'ils passassent dans la Grande-Bretagne. Il est vrai qu'il a souffert quelques interruptions du temps de Guillaume-le-Conquérant et de quelques-uns de ses successeurs immédiats. Mais il a repris ensuite sa première forme, les Rois les plus sages, les plus prudents ayant compris que le bonheur qu'ils pourroient se procurer par un pouvoir despotique quand même ils pourroient y parvenir, n'étoit pas à comparer à celui dont ils jouissoient dans un gouvernement paisible, où ils pouvoient s'assurer de l'estime, de l'amour et des secours abondans de leurs sujets. Il n'y a point de règne dans l'histoire d'Angleterre, où cette vérité soit plus en son jour que celui d'Elisabeth ; comme il n'y en a point où le contraire paroisse mieux que dans ceux de Jacques Ier, de Charles Ier, de Charles II et de Jacques II..... Puis donc que le gouvernement d'Angleterre se trouve aujourd'hui différent de tous les autres, les lecteurs, non plus que l'historien, ne doivent jamais le perdre de vue, de peur que de fausses idées ne les conduisent dans de grandes erreurs. C'est pour cette raison que je me crois obligé d'en faire connaître ici la nature autant qu'il me sera possible.

» On trouvera sans doute étrange qu'un homme qui n'est pas anglois ait entrepris d'écrire une histoire d'Angleterre... Mais sans prétendre excuser les fautes que je peux avoir commises, ou par incapacité ou par défaut de discernement, et qui ne regardent point ma qualité d'étranger, je tâcherai de répondre directement à l'objection, en faisant voir que les secours ne m'ont pas manqué ; mais avant cela je prie les lecteurs de se souvenir de ce que j'ai dit ci-dessus, que mon intention n'a pas été d'écrire cette histoire pour les Anglois, mais uniquement pour les étrangers (1). Les

(1) Rapin insiste pour la troisième fois sur le but qu'il s'est proposé en écrivant l'*Histoire d'Angleterre;* il semble qu'il ait pressenti l'un des plus violents reproches de ses adversaires anglais, qui l'ont accusé d'avoir tronqué en bien des points l'histoire de leur pays. Il l'a écrite, il est vrai, à un point de vue spécial, mais il était assurément libre de le choisir comme de le restreindre.

Anglois n'ont pas besoin de mon secours pour s'instruire de leur propre histoire, de leurs loix, de leur gouvernement ; et rien ne seroit plus ridicule et plus extravagant pour un Etranger qu'un pareil dessein. Il faut donc considérer qu'il y a une infinité de faits, de particularitez, de circonstances qui peuvent être désagréables, ou, si l'on veut même, nécessaires aux Anglois. A quoi les Etrangers ne prennent aucun intérêt et qu'ils regardent comme inutile pour eux. A cet égard, j'avoue que je puis avoir manqué de secours et que je n'ai pas fouillé dans les bibliothèques publiques ou particulières d'Angleterre, ou feuilleté des manuscrits pour en tirer des particularitez que la plupart des historiens ont ignorées ou négligées. Mais pour ce qui regarde le corps de l'histoire, j'ose assurer qu'il n'y a presque point de bonne histoire d'Angleterre, générale ou particulière, que je n'aye eu en mon pouvoir, et que je n'aye diligemment examinée sans m'en rapporter à autrui. Je les ai même confrontées avec celles des Etats voisins lorsque les matières l'ont demandé. Comme, en Angleterre, il y a des gens qui se font un plaisir d'assembler, dans leurs cabinets, tout ce qui regarde l'histoire de France, ou d'Espagne, ou d'Italie, ou des Païs-Bas, il se trouve aussi en Hollande et en Allemagne des curieux qui ont pris soin de ramasser tous les meilleurs livres sur l'histoire d'Angleterre. Aussi, outre ceux que j'ai moi-même assemblez, j'ai eu recours à ceux de ces bibliothèques particulières où j'ai trouvé presque autant de secours que si j'avois été dans Londres » (Préface de l'*Histoire d'Angleterre*).

Comme on l'a vu par les extraits qui précèdent, Rapin avait été conduit à écrire son *Histoire d'Angleterre* par le fait d'un long séjour dans ce pays, séjour qui l'avait mis à même, dans les loisirs de la vie de garnison, de recueillir nombre de matériaux épars, nombre de faits isolés, et de se créer ainsi un large fonds d'observations personnelles. C'est ainsi qu'il avait entrepris et conduit peu à peu à bonne fin cette étude ingrate et difficile des origines confuses de la monarchie anglaise, « dont l'étude n'avoit, dit-il, rien que de rebutant. » Aussi, personne avant lui n'avait pu en présenter un tableau aussi complet et aussi clair que celui que renferment les deux premiers volumes de son histoire.

On a vu que le but de Rapin-Thoyras avait été d'écrire cette histoire, non pour les Anglais, mais pour les étrangers : il avait donc consulté les travaux historiques faits avant lui dans un but analogue, tant pour y trouver des secours que pour s'assurer si ces travaux étaient suffisants.

« Mon histoire comprend dix-sept cents ans, écrit Rapin » à l'un des rédacteurs de la *Bibliothèque germanique.* » J'ai consulté plusieurs centaines d'auteurs, et je ne » peux accéder au désir que l'on m'a témoigné de donner une connoissance plus détaillée des auteurs que » j'ai mis en œuvre. Il est vrai qu'en général il seroit » à souhaiter que tous les historiens voulussent se donner cette peine ; mais c'est un énorme travail, semé » de difficultés. » Il le fera cependant pour « les faits » controversés et importants, au fond en petit nombre, » si on en excepte la Religion et l'histoire de l'Eglise, » dont il n'a prétendu donner qu'un très-petit abrégé. »

La raison de cette réserve est facile à comprendre. Il cite, comme exemple de faits bien appuyés par la critique historique, sa dissertation sur la Pucelle d'Orléans et le règne de Charles Ier. Nous aurons à revenir sur le second de ces exemples; quand au premier, il n'est pas heureusement choisi : avec beaucoup de science et de discernement, Rapin se fait néanmoins l'écho, contre Jeanne d'Arc, d'erreurs accréditées par le témoignage de savants historiens, erreurs dont le beau et consciencieux travail de M. Quicherat a fait une tardive, mais complète justice (1).

(1) Rapin-Thoyras s'appuie sur le témoignage ambigu de Monstrelet, contemporain de la Pucelle, qui Bourguignon et allié des Anglais, au temps des hauts faits de Jeanne, ne la croyait rien moins qu'inspirée. Ecrivant plus tard sa *Chronique*, quand son maître était allié des Français, il ne voulut pas heurter le sentiment général de ces derniers, qui attribuaient à la Pucelle une mission divine et surnaturelle, en affirmant le contraire. Une lettre, très-intéressante du reste, écrite au nom de Henri VI au duc de Bourgogne, insérée dans la chronique de Monstrelet et reproduite par Rapin, et les diverses pièces du procès de la Pucelle données par Et. Pasquier, partisan déclaré de l'inspiration de l'héroïne, servent de texte à la critique de Rapin pour battre en brèche cette dernière opinion. Il se range à celle de Du Bellay-Langey, de Du Haillau et d'autres écrivains de cette époque, qui expliquent les résultats extraordinaires de la mission de Jeanne en attribuant sa venue à la cour de France, à l'intervention occulte de quelques hauts personnages qui l'auraient induite à jouer de bonne foi le rôle de prophétesse, en mettant à profit son intelligence et son courage naturels, et en exploitant habilement l'enthousiasme qu'elle excita et les succès qu'elle remporta. Restent les prédictions de la Pucelle, prédictions historiquement vérifiées, qui ne laissent pas que d'embarrasser l'adversaire de son inspiration ; aussi en réfute-t-il la portée en trois points, tout en convenant que, si cette opinion est la plus logique et la plus satisfaisante, elle ne rend pas encore un compte exact de cet épisode extraordinaire de notre histoire nationale. Aussi, selon la méthode vers laquelle il penche volontiers, Rapin met en regard les faits les plus avérés, les discute avec sagacité, énonce les opinions des historiens ci-dessus nommés et de quelques autres, y compris ceux qui ont admis contre la Pucelle d'infâmes et absurdes calomnies, puis il laisse le lecteur libre de choisir entre ces diverses opinions, non sans motiver fortement la sienne, mais aussi sans l'imposer. La pu-

« Une liste des auteurs où l'on a puisé est fort inu-
» tile, ajoute Rapin-Thoyras ; une bonne critique en
» seroit fort précieuse, mais combien y auroit-il de gens
» qui ne la liroient pas, parce qu'il ne s'agiroient que
» d'auteurs dont la plupart on écrit en anglois. » Il s'est fait « une loi particulière de ne rien dire d'important
» sans citer ses garants. »

La liste des centaines d'auteurs qu'il a mis à contribution serait longue ; nous noterons seulement, parmi les principaux, Roger de Hoveden, Bède, Guillaume de Malmesbury, H. de Huntingdon, Florent de Worcester, pour les temps antérieurs à la conquête normande ; plus tard, quelques-uns de ces derniers, et Mathieu Paris, Herbert, Cambden, Melvil, Burnet, Rushworth, Clarendon, Baker, Buchanan, puis, en dehors des auteurs anglais, Monstrelet, Commines, Guichardin, Machiavel, Biondi, d'Argentré, Mézerai, et depuis Henri Ier jusqu'au règne de Jacques Ier, toujours et surtout le célèbre *Recueil des actes publics* de Rymer.

La tombe s'ouvrit pour Rapin-Thoyras avant que son œuvre ne fût complète. Les huit premiers volumes de son *Histoire*, jusqu'à la mort de Charles Ier, furent publiés de son vivant, chez Alexandre De Rogissart, libraire

blication du *Procès de condamnation et de réhabilitation de Jeanne d'Arc*, par M. Jules Quicherat *Collection de la Société de l'Histoire de France*, Paris, 1841 et 1849, 5 vol. gr. in-8°) a victorieusement répondu aux calomnies, en faisant éclater l'innocence de Jeanne, en même temps que réfuté l'erreur de Rapin et de ses prédécesseurs, en établissant jusqu'à l'évidence la spontanéité de la mission de la Pucelle et la vérité des étranges circonstances au milieu desquelles cette mission providentielle s'est accomplie.

à La Haye, en 1724. Les deux premiers volumes avaient paru en novembre 1723. Les manuscrits des tomes IX et X, qu'il avait en entier écrits de sa main, conservés longtemps dans sa famille, furent édités par Rogissart, quelque temps après la mort de leur auteur. Les vingt-quatre livres dus à Rapin-Thoyras vont jusqu'au 23 février 1689, date du couronnement de Guillaume et de Marie comme souverains élus de l'Angleterre.

En 1727, le libraire De Rogissart termina à La Haye la première édition complète des œuvres de Rapin-Thoyras (10 vol. in-4°, 1724-27), à la réimpression de laquelle, dès 1724, avait travaillé David Durand, auteur des tomes XI et XII de l'*Histoire d'Angleterre* (La Haye, 1734-35).

La dernière édition de l'*Histoire d'Angleterre* fut donnée à Paris, en 1749, par Lefebvre de Saint-Marc, sous la rubrique de La Haye et la marque du libraire De Rogissart, mort depuis longtemps.

Charles-Hugues Lefebvre de Saint-Marc, né à Paris en 1678, mort en 1769, commença par les armes une carrière que devait illustrer l'étude des lettres. Sous-lieutenant dans un régiment d'infanterie, la vie de garnison fut bientôt à charge à son esprit déjà cultivé, et sa position de fortune ne lui permettant pas de se livrer exclusivement à ses goûts littéraires, après un court essai de la vie ecclésiastique, il finit par consacrer ses talents à quelques éducations particulières. Les diverses places dans lesquelles il passa les plus fécondes années de sa vie lui laissaient de larges loisirs dont il profita pour publier successivement, de 1736 à 1759, plusieurs éditions estimées pour leur correction et les notes critiques dont son érudition les avait enrichies.

Voici le titre de l'édition monumentale de Lefebvre de Saint-Marc :

Histoire d'Angleterre, par M. Rapin de Thoyras, nouvelle édition, augmentée des notes de M. Tindal et de quelques autres Remarques mises au bas des pages ; de l'Abrégé Historique fait par Rapin Thoyras ; du Recueil des Actes Publics d'Angleterre, de Thomas Rymer, dispersé dans cette édition à la fin des Volumes auxquels chaque partie en peut appartenir ; et de Mémoires pour les vingt premières années du règne de Georges II.

Par les soins de M. de S. M.

Marque de librairie semblable, quoique réduite, à celle des éditions de Rogissart et de Brandmuller, et la devise : SIC VOS NON VOBIS...

Au-dessous : *A La Haye*, M DCC XLIX.

Des seize volumes in-4° dont se compose cette édition, le dernier, distinct des autres et publié postérieurement, renferme les *Fastes d'Angleterre*, abrégé chronologique des faits les plus saillants de l'histoire de ce pays, et les tables des treize premiers tomes ; les deux derniers contiennent les *Mémoires* pour les vingt premières années du règne de Georges II (1727-1750), dus au savant éditeur ; c'est une série chronologique des faits les plus intéressants de ce règne, en forme d'*Ephémérides*. Il y a joint un *Abrégé* de la vie de Guillaume III, tiré des historiens Samson et La Neuville, et l'Extrait d'un *Abrégé de la vie du roi Jacques II*, du père Sanders, par le P. Bretonneau.

L'éditeur n'a rien négligé pour rendre cette sixième édition supérieure aux précédentes ; le papier en est beau et fort, l'exécution typographique soignée et correcte ; elle est enrichie de quelques portraits hors texte, et le frontispice, non signé, est le même que celui gravé par F.-M. La Cave pour les éditions antérieures. En regard du frontispice se trouve le portrait de l'auteur, reproduit avec talent d'après la belle gravure de Jacques Houbraken, qui décora la première édition. Dans le cartouche on lit : *Histoire d'Angleterre. A La Haye, chez A. D. Rogissars*, 1726. Ce cartouche est vide dans la gravure de Houbraken (réduite exactement et d'une pointe très-fine en tête de ce volume, aux deux tiers de sa grandeur), exécutée par ce maître en 1726, avec une admirable finesse de burin, d'après le portrait de Rapin-Thoyras, peint en 1699, à La Haye, par Jean Brandon, en même temps que celui de sa femme, Marie-Anne Testart.

Enfin, de fines vignettes placées en tête des principales divisions de l'ouvrage, dues au crayon élégant et facile de Charles Eisen, de De La Fosse, interprétées en taille-douce par les burins de J.-S. Rigaud, de Benoît Audran, petit-neveu du célèbre Gérard, de A.-C. Boucher, de Tardieu, vignettes reproduisant pour la plupart des compositions de La Cave, reproductions très-supérieures aux originaux, complètent la partie artistique de cette belle édition.

Comme l'on a pu en juger par les détails dans lesquels nous sommes entrés, cette dernière édition de l'*Histoire d'Angleterre* est de beaucoup la plus importante, la plus complète et la plus correcte. Le savoir et les talents critiques de l'éditeur lui ont donné une juste supériorité sur celles qui l'ont précédée. Elle a certainement contribué à faire connaître et apprécier dans leur ensemble et leur valeur les travaux de Rapin-Thoyras, et, à ce titre, elle nous a paru mériter une mention plus spéciale et plus étendue.

Au début d'une longue préface qui ne tient pas moins de cent cinquante pages, Lefebvre de Saint-Marc expose les motifs qui l'ont déterminé à donner au public une nouvelle édition des œuvres de Rapin-Thoyras, motifs qu'il tire non-seulement de la valeur de l'écrivain et du livre, qui, selon lui, passeront « nécessairement à la postérité, » mais encore de l'impossibilité où se trouvent presque fatalement les Anglais d'écrire des histoires impartiales de leur pays et d'eux-mêmes.

« Il n'en est pas de l'histoire d'une nation, écrite pour » elle et dans sa propre langue, dit-il, comme de cette » même histoire écrite dans une autre langue et pour les » étrangers. Mille détails concernant le gouvernement, les » lois, les coutumes, les mœurs, les priviléges, quantités » de faits particuliers, ne peuvent intéresser que les gens » du pays. Le reste du public, celui pour lequel notre » historien a travaillé, veut connoître la nation qu'on lui » met sous les yeux, et il ne cherche dans le récit détaillé » de ses guerres, ou de ses affaires religieuses ou poli- » tiques, que la cause de ses différentes révolutions et » les sources de ses alternatives d'agrandissement ou de » décadence. C'est sur ce plan que Rapin-Thoyras a » composé son *Histoire d'Angleterre;* il la destinoît aux » Etrangers plus qu'aux Anglois eux-mêmes ; jamais il » n'eut pour but de former un député des Communes, » et son plan bien rempli lui promettoit la réputation » dont il jouit. » Depuis le règne de Jacques Ier, les factions qui se partageaient l'opinion publique en Angleterre, exerçaient une influence décisive et marquée sur les jugements, les travaux des historiens anglais de cette époque, fatalement liés aux intérêts de leur parti. Les intérêts du parti contraire étaient sacrifiés d'avance aux rancunes politiques de l'écrivain, qui, ne voyant dans le récit des faits historiques qu'un moyen de servir son parti aux dépens de ses adversaires, dénaturait, selon les besoins de la cause, les faits les plus avérés et les plus certains (1). De là le peu de valeur des histoires d'Angleterre, composées dans ces temps de désordres et de fanatisme, quels que fussent d'ailleurs leur mérite littéraire, l'érudition et les recherches savantes de leurs auteurs ; de là aussi les reproches violents et souvent injustes dont l'*Histoire* de Rapin-Thoyras a été l'objet en Angleterre. Attaques directes, critiques acerbes, brochures satiriques, telles furent les armes dont se servirent ses adversaires, irrités d'une impartialité qui condamnait les menées de leur parti ; mais leurs efforts et leurs ressentiments, sur lesquels nous aurons à revenir avec plus de détails dans le chapitre suivant, ne purent paralyser les effets de l'estime et de la faveur avec lesquelles la partie intelligente de la nation anglaise accueillit cette histoire consciencieuse et savante de son

(1) Pour n'en citer qu'un exemple, la célèbre *Histoire de la Rébellion*, de Clarendon, écrite avec tant de fougue et de passion, malgré les brillantes qualités de son style et l'autorité qui s'attache au nom de son auteur, offre, dans des cas analogues, la plus audacieuse partialité. Rapin-Thoyras cite fort souvent « cet illustre auteur, » mais presque toujours pour redresser, dans le sens de la vérité et de la justice, les jugements et même les assertions du noble comte (Voy. *l'Histoire d'Angleterre*, édit. de 1749, t. VIII, p. 360).

pays. Deux traductions anglaises, publiées simultanément à Londres, et une troisième, que la faveur du public accueillit encore soixante années plus tard, sont des preuves suffisantes de cette assertion.

CHAPITRE VIII.

Essai d'une étude générale sur l'*Histoire d'Angleterre*, au point de vue des critiques et des éloges dont elle a été l'objet. — Impartialité de Rapin. — Conscience de ses recherches. — Rapin et la Papauté. — Caractères de son style. — Passages remarquables de l'*Histoire d'Angleterre*. — Appréciation de divers auteurs sur les œuvres de Rapin. — Son propre sentiment sur la valeur de son *Histoire*. — Résumé de ces diverses opinions.

On ne s'attendra point à trouver ici une analyse complète et détaillée de l'*Histoire d'Angleterre :* ce serait en faire en quelque manière un nouvel *Abrégé* ; notre but, plus modeste, après avoir constaté la réputation de cet ouvrage, sera de rechercher les causes de son succès parmi ses contemporains, de montrer que l'auteur a mérité ce succès et cette réputation, et en même temps d'apprécier la valeur des éloges qui lui ont été prodigués, comme aussi le fondement des critiques qu'on ne lui a pas épargnées, aux points de vue de l'impartialité, de l'exactitude historique, de la tolérance religieuse, du style.

Nous voudrions pouvoir donner au lecteur une connaissance plus approfondie de la manière dont Rapin méditait, composait, écrivait l'histoire; car cette connaissance serait, à proprement parler, celle de son intelligence et de son cœur, dans leurs rapports avec ce qui fut le but de la plus importante part de sa vie et comme sa vie même. Lire les ouvrages d'un historien consciencieux, est, sans contredit, le moyen le meilleur de se rendre compte de sa valeur morale comme homme et comme écrivain, car il est difficile, en supposant qu'il ait eu quelque intérêt à les cacher, que ses sentiments personnels ne se trahissent pas dans le cours d'une œuvre de longue haleine.

Considérée au point de vue de sa physionomie générale, l'œuvre de Rapin-Thoyras a des caractères qui lui sont communs avec nombre d'autres productions historiques du dix-huitième siècle. La longueur même du travail, le luxe des détails qui, plus d'une fois, surchargent le récit, les réflexions méthodiquement classées qui le refroidissent tout en l'éclairant, les développements donnés à certains faits, souvent sans grande importance, qui nuisent à la perception nette des événements caractéristiques de tel ou tel règne, sont des traits en quelque sorte inséparables du temps où écrivait Rapin. Aussi a-t-on peine à comprendre, en le lisant, que les Anglais aient pu lui faire un reproche de n'avoir pas mis « plus de faits » dans son travail.

« ..... On ne peut pas tout dire dans une Histoire, » écrit Rapin en 1723. Ma plus grande peine a été à » rejeter ce que je n'ay pas cru absolument nécessaire. » Le plan que je me suis fait a été d'éclaircir autant qu'il » m'a été possible les idées générales et de n'insister » sur les détails que quand ils m'ont paru nécessaires. » Sans cela il auroit fallu au moins doubler les volumes » de mon Histoire. » Nous avons relevé plus d'une fois sa principale excuse : que serait-ce donc s'il l'eût écrite pour les Anglais et non pour les étrangers? Du reste, la mode était alors aux grands et volumineux corps d'histoire qui sortaient des presses de Hollande pour se répandre et se fixer dans les bibliothèques de l'Europe littéraire. On demandait à l'historien de l'érudition, c'est-à-dire l'exposition de beaucoup de faits nouveaux, peu connus ou même contestés, plutôt que des vues d'ensemble. Plus courtes et plus substantielles, moins digressives et moins alanguies de détails, plus alertes, plus dramatisées, plus intéressantes, sont les histoires d'aujourd'hui ; nous parlons des bonnes, et il n'en manque pas.

Si nous avions à juger de l'œuvre de Rapin au point de vue de sa valeur actuelle, il nous faudrait la comparer aux travaux historiques entrepris et publiés en Angleterre et ailleurs sur le même sujet, et montrer en quoi elle est préférable ou inférieure aux œuvres qui l'ont suivie. Mais alors les défauts inhérents au temps où elle fut composée prendraient une trop grande importance et ne permettraient guère de porter sur elle un jugement équitable. Mieux vaut nous reporter par la pensée au dix-huitième siècle et apprécier l'œuvre en elle-même, constater sa valeur intrinsèque au point de vue de la science historique, de l'impartialité de l'auteur, des idées générales qui inspirent ses jugements, de celles qu'il s'applique à éclaircir, de ses tendances religieuses et morales, des qualités et des défauts de son style.

Les habitudes laborieuses de Rapin-Thoyras, les années qu'il consacra à l'éducation de lord Woodstock, ses liaisons avec un grand nombre de savants et de littérateurs, furent, à des titres divers, les ressources dont il disposa pour acquérir une érudition solide et variée. En plusieurs occasions, il relève des erreurs commises par les historiens qui l'ont précédé, et il le fait avec une netteté de jugement qui éloigne le doute de l'esprit de ses lecteurs. « Le devoir d'un historien, dit-il dans sa préface, est de corriger ces sortes d'erreurs que le temps, la négligence et les préjugez de ceux qui l'ont précédé ont fortifiées. » Il était naturel qu'après avoir signalé les erreurs des autres, on cherchât à le prendre en faute, et en fouillant les *Journaux* et les *Bibliothèques* littéraires de l'époque, il serait facile de retrouver la trace de celles qu'il a pu commettre dans le sens purement historique, pour la plupart, du reste, signalées et corrigées par les notes savantes de Tindal et de Whatley.

Ajoutons aussi qu'à l'égard de la science historique, Rapin est resté en grande et sérieuse estime auprès des historiens qui ont travaillé après lui sur l'histoire d'Angleterre. Dans ses *Etudes sur la Révolution d'Angleterre*, M. Guizot le cite plus d'une fois; le savant Hallam ne dédaigne pas de recourir à lui, et nombre d'auteurs moins connus lui ont emprunté quelque portion, grande ou petite, des trésors d'érudition et de recherches qu'il a accumulés dans son ouvrage. Servir d'autorité et de « garant » à des historiens de la valeur de ceux que nous venons de citer, est un honneur auquel ne sauraient prétendre bon nombre des successeurs de Rapin, qui ont eu, comme lui, leur heure de gloire et de réputation, mais sur l'œuvre desquels le silence et l'oubli ont à jamais passé.

Parmi les critiques et les reproches dont l'impartialité de Rapin-Thoyras a été l'objet, il en est un dont la nature particulière a fixé notre attention. Il s'agit de la prévention haineuse que l'historien réfugié aurait montrée contre la France, dans l'exposition des événements qui ont lié l'histoire de ce pays à celle de l'Angleterre. Point n'est besoin d'insister sur l'attention que nous avons mise à compulser certaines parties de l'*Histoire d'Angleterre* à ce point de vue, dans la persuasion que nous y trouverions de quoi laver Rapin de cette injuste accusation, tant le fondement nous en paraissait peu conforme à son caractère. Lorsqu'un écrivain choisit de préférence, pour objet de ses veilles, l'histoire de son pays, on ne saurait s'étonner qu'il se fasse l'apologiste parfois trop convaincu de la supériorité des souverains et des généraux, de la politique, des armées de sa nation sur ceux et celles des peuples voisins. Une histoire de France écrite par un Français a bien des chances pour n'être pas plus impartiale, au point de vue international, qu'une histoire d'Angleterre écrite par un Anglais. Plus on remonte dans la série des historiens et des histoires, plus la partialité nationale s'accuse, entretenue à ces époques reculées par le rude et sauvage esprit de parti, qui séparait les Armagnacs des Bourguignons, les York des Lancastre, et qui plus tard animait encore les Cavaliers et les Têtes-Rondes, les torys et les whigs. La civilisation a atténué ces luttes ; des sources historiques jusqu'alors inexplorées se sont ouvertes, et les communications matérielles et intellectuelles, dont le peu de fréquence, aux temps passés, rétrécissait les idées et les vues, se sont établies entre les divers peuples de l'Europe. Malgré ces progrès, ce n'est pas à dire que de nos jours l'impartialité soit une vertu commune, mais comme elle est devenue plus facile, toujours justement estimée et, appréciée, elle est plus exigée par le public, et, plus volontiers qu'autrefois, pratiquée par les auteurs

Ecrivant, dans des temps relativement plus raprochés, l'histoire d'un pays qui n'était pas le sien, Rapin-Thoyras avait, par ces deux motifs, plus de facilité et moins de mérite que ses devanciers anglais et français à tenir la balance égale entre les intérêts de son pays natal et ceux de sa patrie d'adoption. Il suffit, en effet, de lire son *Histoire* pour se convaincre que son hostilité systématique prétendue contre la France a été tout au moins fort exagérée, si ce n'est en bien des cas supposée, par ses adversaires politiques et religieux.

Adresserait-on un tel reproche à Rapin-Thoyras, parce qu'à propos des guerres entre les deux couronnes de France et d'Angleterre, qui ont marqué la fin du douzième siècle, il s'avise de chercher la vérité en comparant les historiens de l'une et de l'autre nation, en ne donnant pas toute créance aux chroniqueurs français qui ont les premiers raconté ces sanglants démêlés, et qui, au sujet de quelque trêve entre Jean et Philippe, affirment les mêmes faits contradictoirement? Il accuse, il est vrai, Philippe-Auguste d'avoir fait presque toujours preuve de ruse et de déloyauté dans ses rapports avec le Pape et avec le roi d'Angleterre, au sujet de leur querelle. Mais l'heureux vainqueur de Bouvines n'est pas, que nous sachions, regardé comme un saint; d'ailleurs on peut justement blâmer le roi, et aimer la France, lorsque, dans un combat contre les Anglais, les troupes de Philippe-Auguste se retirent en désordre, et que les archives du royaume, que le roi portait dans ses bagages, pillées et brûlées, disparaissent à jamais, nous voyons Rapin s'associer, comme Français et comme historien, à la douleur que ressent le roi de « cette perte irréparable. »

Plus loin s'il juge sévèrement Charles V pour avoir rompu sans scrupule le traité de Brétigny, Rapin déplorera pour sa patrie la conclusion ruineuse et honteuse de ce traité, « si dommageable à la France, » il disculpera Philippe de Valois de s'être retiré trop prudemment devant l'invasion d'Edouard III et d'avoir fait mettre à mort Olivier de Clisson.

L'incurie, la lâche faiblesse de Charles VII ont, il est vrai, irrité Rapin-Thoyras; il s'exprime durement sur le compte de ce roi, il insiste à diverses reprises sur son méprisable caractère, il dévoile, à côté du trône, la mauvaise foi du duc d'Orléans, « qu'on a pourtant voulu faire passer pour un saint, » et fait par contre un pompeux éloge du duc de Bedford. Mais quoi! le perspicace Louis XI se rencontrera avec Rapin dans l'appréciation flatteuse du caractère et des talents du général anglais (*Histoire d'Angleterre*, éd. de 1749, IV, p. 267), et quel est l'historien consciencieux qui jugera autrement que le nôtre des sanglantes ou coupables intrigues et du lâche engourdissement dont était le théâtre la petite cour du *roi de Bourges?* Quel autre intérêt que celui de la vérité peut conduire Rapin à accuser nettement de partialité les historiens français à propos de la rupture du traité d'Arras, et à rabattre les éloges « excessifs » que les mêmes historiens donnent à Marguerite d'Anjou, qui trahit son époux et son roi, et qui fut l'instigatrice de la mort ignominieuse du loyal et habile duc de Glocester? Au reste, si Rapin est sévère pour ceux qui le méritent, il l'est pour ceux-là dans les deux camps, et il met aussi bien à nu l'incapacité d'Henri VI, que les Anglais ont voulu décorer du nom de sainteté, que la coupable insouciance de Charles VII. S'il vante le courage et célèbre le bonheur d'Edouard IV, il montre la partialité dont les écrivains anglais du parti de la Rose rouge ont usé à son égard; s'il excuse et loue sa politique, il flétrit énergiquement sa cruauté et son incontinence.

Pourrait-on encore appeler du nom de partialité hostile l'appréciation que fait quelque part Rapin-Thoyras de « l'inconstance naturelle des François, que les diffi- » cultez rebutent aisément, » quand on trouve, à propos d'un subside qu'Henri VIII n'ose demander à son Parlement, cette appréciation aussi vraie, mais à coup sûr aussi impartiale de l'un des traits distinctifs du caractère anglais : « Les cœurs des sujets anglois sont bien plus sensibles aux affaires d'intérêt qu'aux autres »? — (Voyez *Histoire d'Angleterre*, t. V, p. 246, et t. V, p. 456.)

Nous avons parlé plus haut de l'influence de l'époque à laquelle écrivait Rapin. C'est à ce point de vue qu'il faut se placer pour apprécier certains jugements de cet auteur, sur lesquels la science moderne a prononcé tout autrement que lui. Par exemple, lorsque, appréciant le but de toute la politique de Louis XI qui était de se rendre absolu, il résume son opinion, il condamnera d'une manière absolue les démarches de ce prince qui, dit-il, « se mettoit hors de sens et de raison. » Nous avons hâte d'ajouter que ce jugement arbitraire est aussi porté sur ce prince par Mézeray, ce qui couvre en partie Rapin du reproche d'avoir méconnu l'œuvre de Louis XI, œuvre violente, mais habile, qui fut, à proprement parler, le fondement de la grandeur de la monarchie française.

On a dit que Rapin ne s'est jamais montré préoccupé des vrais intérêts de la France : comment donc concilier ce reproche avec ses paroles lorsqu'on le voit, tout en rendant justice à la bonne foi et au désintéressement de Louis XII, déplorer le choix imprudent que fait ce prince du seigneur de Chièvres pour gouverneur de l'archiduc Charles ? « Choix funeste à la France, dit-il, » en ce que ce sage et consciencieux gouverneur rendit » l'archiduc trop habile pour la prospérité de ce dernier » pays. »

Rapin admire le génie politique et la modération prudente d'Elisabeth, mais il blâme sa dissimulation, dont « il peut à peine concevoir l'excès. » Comment donc s'étonner s'il est sévère pour la mauvaise foi de notre Henri IV envers cette reine, et pour le caractère peu honorable de ce prince trop vanté, qui ne craignit jamais « de sacrifier ses anciens amis qui étoient hors d'état » de lui nuire, à ses plus mortels ennemis qui auroient » pu encore lui causer des embarras » — (*Hist. d'Angl.*, t. VIII, p. 496).

En poursuivant ce relevé des traits hostiles à la France, nous trouvons que Rapin enveloppe ce gouvernement et celui de l'Espagne dans une pareille accusation de bassesse, lorsqu'il voit ces deux grandes nations solliciter tour à tour l'alliance de Cromwell, avec un empressement basé sur la crainte qu'il avait su leur inspirer. Ce reproche paraît dur; mais il faut remarquer qu'il s'appuie ici sur le témoignage de Burnet (voy. t. X, p. 96), et, du reste, quelques pages plus haut, il explique les motifs politiques qui firent abandonner la cause de Charles Ier par la France, motifs qui font comprendre, sans les faire approuver, les avances faites par ce gouvernement au Protecteur d'Angleterre.

Les rapports des deux cours devinrent plus fréquents et plus harmoniques sous Charles II, mais cet insouciant souverain se laissa abuser par Louis XIV, qui sut adroitement profiter de la passion de Charles et de son successeur pour le pouvoir absolu, pour les engager dans des démarches contraires aux intérêts de leur royaume. Tel est le résumé de l'opinion de Rapin sur la nature peu loyale de l'appui que Charles trouva en France. Mais les exigences de la politique ne vont pas au même but que celles de la morale, et la raison d'Etat a un code spécial. On ne saurait donc faire un grief à Rapin de cette accusation de duplicité qu'il porte contre Louis XIV; elle ressort des événements mêmes, des pensions plus ou moins secrètes données par lui à son beau-frère Charles, qui ne manqua pas, en retour, de servir efficacement son allié dans la médiation que les Etats de Hollande eurent l'imprudence de confier au roi vénal de l'Angleterre, médiation qui aboutit, en 1668, au traité d'Aix-la-Chapelle, lequel confirma, au préjudice des Etats, presque toutes les conquêtes de Louis.

Les intérêts politiques de la France commandaient, du reste, l'abaissement des Pays-Bas, et son gouvernement eut l'adresse de persuader au ministère de la

Cabale, qu'après que la puissance des Etats serait anéantie, les deux souverains travailleraient de concert, l'un aidant l'autre, à établir dans le royaume d'Angleterre le catholicisme, et sur le trône d'Angleterre le pouvoir absolu, ces deux rêves caressés des Stuarts, qui, trop bien servis par leurs ministres, ne saisirent de ces rêves que les réalités du supplice ou de l'exil.

Mais, si la France profita des fautes de l'Angleterre, Rapin lui rend cette justice qu'elle ne la poussa pas dans le précipice; tout au plus l'y retint-elle. Il publie une lettre de Louis XIV au comte d'Estrades, son ambassadeur en Angleterre, écrite à la fin de 1664, peu avant le début de la guerre, qui établit nettement, contrairement à ce qu'affirment la plupart des historiens anglais, que ce ne fut pas le roi de France qui excita la guerre entre l'Angleterre et les Etats (t. X, p. 223). Si Rapin n'avait pas cherché la vérité, n'eût-il pas laissé peser ce reproche sur Louis au lieu de le reporter sur le roi d'Angleterre, et d'en développer, à la charge de ce dernier, les funestes conséquences ?

Nous n'insisterons pas davantage sur ce sujet; en parcourant les points que nous avons effleurés, on verra que les lignes suivantes, qui sont le résumé des attaques que l'on a dirigées contre Rapin, présentent, avec ce que nous avons loyalement extrait de son œuvre, un contraste si forcé qu'il touche au ridicule. « Rapin.... décrit les causes des événements, a soin de » citer ses auteurs, mais il montre partout *la partialité* » *la plus révoltante. Aigri par les persécutions* qu'il avait » éprouvées comme protestant, il semble n'avoir pris » la plume que pour *venger ses injures personnelles et*

» *décrier la France et son gouvernement* » (Quérard, *France littéraire*, art. Rapin-Thoyras).

Nous n'avons pas entendu diminuer la responsabilité des continuateurs de Rapin-Thoyras, qui ne l'ont pas toujours imité dans sa modération; mais si l'on trouve dans leur travail quelques dispositions peu favorables à la France, quelques accusations violentes ou inexactes, ce n'est pas à leur prédécesseur qu'elles doivent être imputées. Disons encore que, dans tout le règne de Jacques II, Rapin passe sous silence les persécutions que ses coreligionnaires souffraient en France à cette époque. Il se contente de dire que ce prince « reçut » favorablement les François protestants qui venoient » se réfugier en Angleterre, pour se mettre à couvert » des rigueurs qu'on exerçoit contre eux en France (1). » Voilà tout. Une mention si discrète n'est pas la marque d'un cœur « aigri, » et ne saurait passer pour le langage d'un renégat de patriotisme, qui ne cherche « qu'à venger ses injures personnelles. »

(1). T. X, p. 630. Voy. aussi ci-dessus, p. 152. — « Comme la Vérité et l'Impartialité sont les premières et les principales choses qu'on demande d'un historien, il suffit de dire en deux mots qu'il n'y a aucune raison, ni aucun motif, qui ait pu engager l'auteur dans aucune partialité pour ou contre l'Angleterre, ou pour ou contre quelqu'un des Etats voisins. Sa vie a été presque également partagée par le séjour qu'il a fait en France, en Angleterre et en Allemagne. Depuis qu'il a commencé à écrire cette Histoire, il n'a eu ni charge, ni emploi, ni pension, et n'a exercé aucune profession qui puisse l'engager à être partial pour une nation plutôt que pour l'autre : et comme il n'a jamais reçu aucun bienfait particulier d'aucun des Etats qu'on vient de nommer, il n'a aussi jamais eu aucun sujet de se plaindre qu'on lui ait fait la moindre injustice » (*Préface* de Saint-Marc, p. viij, début du *Plan de l'Histoire d'Angleterre*, composé par Rapin lui-même).

Enfin nous citerons, à la justification de Rapin-Thoyras, quelques appréciations de Lefebvre de Saint-Marc (*Préface* de son édition, p. xxiij et xxiv), qui a porté sur cet historien un jugement équitable et vrai. Il l'absout des reproches que l'on a adressés à son impartialité dans l'exposition des affaires politiques, mais il ne fait pas difficulté de convenir que cet auteur n'a pas toujours fait resplendir le rôle de la France dans ses conflits avec son orgueilleuse rivale, et qu'il serait imprudent de ne juger que d'après lui de certains événements dans lesquels sa patrie se vit engagée. Toutefois, et nous l'avons montré, il n'a pas cherché par une mesquine vengeance à atténuer volontairement les triomphes et les gloires de la France, et d'ailleurs ces endroits où l'homme et l'exilé se souviennent de ce que l'historien devrait oublier, sont en petit nombre, et dans beaucoup d'autres « il laisse entrevoir un cœur vraiment françois. » Si la narration laisse parfois « apercevoir de quel côté » l'entraînoit le penchant de son cœur....., » il raconte cependant les faits en spectateur qui sait cacher l'intérêt qu'il y prend ; et, suivant sa méthode ordinaire, il appuie ou réfute, dans ses réflexions, les sentiments des différents partis.

C'est cette « méthode ordinaire » qui est, à proprement parler, le vrai et solide fondement de l'impartialité de Rapin, considérée d'une manière plus générale que nous venons de le faire. Combien d'auteurs, inspirés par le fanatisme politique ou religieux, ou volontairement astreints à un système historique arbitraire, ne se font aucun scrupule de suivre de préférence tel ou tel historien, guidés dans leur choix et dans leur critique, moins par l'intérêt de la vérité que par celui de leurs passions ou de leur système ! C'est à ceux-là que le lecteur peut dire : *Timeo hominem unius libri*, et il aura raison. Tel n'est point Rapin-Thoyras, et il suffit, pour se convaincre de l'équité fermement voulue qu'il a mise dans ses jugements, de lire entre autres les pages intéressantes qu'il a consacrées à la consciencieuse critique et à la comparaison des historiens Cambden, Buchanan et Melvil, dans la délicate appréciation de la rivalité d'Elisabeth et de Marie Stuart. (t. VII, pp. 250 et seq.) Encore que ses préférences soient pour Elisabeth, il ne laisse pas de la juger avec sévérité, et montre tout l'arbitraire de la procédure inique et violente qui consomma la ruine de la reine d'Ecosse. Il convient qu'il est difficile de juger équitablement la reine Elisabeth, « parmi » les contrariétés qu'on trouve dans les historiens » qui ont parlé d'elle. » Ses panégyristes ne donnent d'autres motifs de ses actions « que la gloire de Dieu et le bien de ses sujets. » Sous le voile de son zèle pour la religion protestante, ils ont pallié plusieurs de ses actes véritablement dignes de blâme ; d'autres ont appelé sa prudence hypocrisie, sa politique fourberie, et flétri sa vie privée des plus atroces calomnies. Ramenant à leur juste valeur ces appréciations également erronées, Rapin nous montre que la conduite de cette grande princesse fut constamment dirigée par ces deux maximes : s'attirer l'affection de ses sujets et fomenter des divisions parmi ses adversaires ; affermir sa puissance au-dedans et défendre sa couronne contre les puissants ennemis qui, malheureusement pour Marie Stuart, firent de cette reine infortunée le drapeau de leurs agressions ouvertes ou cachées.

Ayant pris à tâche de ne puiser qu'aux sources les plus pures et les plus dignes de foi, Rapin-Thoyras résolut de ne tenir compte d'aucun historien moderne pour toute la partie de son histoire qui précède le règne de Henri VIII. Il suivit les vieux chroniqueurs que nous avons nommés ailleurs, les comparant les uns avec les autres lorsqu'ils traitent les mêmes sujets et en dégageant la vérité probable lorsqu'elle n'était pas certaine, avec une judicieuse patience. S'il y a contradiction entre les divers historiens qui rapportent un même fait, nous le verrons examiner scrupuleusement la valeur des preuves de chacun d'eux ; mais pour peu que le doute ne soit pas absolument écarté, il laissera au lecteur le soin de se décider, plutôt que de risquer, par une conclusion trop hâtée, de fausser la vérité. Ainsi, lors de la guerre entre Edouard III et Philippe de Valois, nous le voyons suspendre un jugement faute de certitude de date ; il s'abstient de condamner l'un ou l'autre des belligérants, « y ayant des deux cotez des raisons assez fortes pour l'attaque et la défense. » C'est particulièrement sur le gain ou la perte des batailles qu'il est le plus sobre de jugements. Tantôt c'est parce que « ceux qui ont parlé n'ont pas beaucoup de connois- » sance dans l'art militaire » (bataille de Townton, guerre des deux Roses, 1461), tantôt parce que « les historiens » des deux partis ne se font pas grand scrupule de dé- » cider en leur faveur une action dont l'issue a été dou- » teuse. » S'il s'abstient de rappeler, d'après d'autres auteurs, les harangues de Richard III et de Henri de Richemont avant la célèbre bataille de Bosworth, qui termina la guerre civile en 1485, « c'est qu'il n'est pas » trop certain qu'elles aient été prononcées. »

Nous ne citons ces faits de détail que pour montrer la conscience de Rapin en fait d'exactitude et de véracité. Voyons maintenant comment il en use avec les grands faits historiques dont les causes et les résultats sont inégalement et diversement appréciés par les auteurs qui les ont rapportés.

S'il est une matière contestée et jugée contradictoirement, c'est assurément les événements et les circonstances de la guerre d'Ecosse sous Edouard Ier. La passion a toujours égaré les historiens des deux nations : les uns ont accusé le roi d'Angleterre d'une fourberie insigne, d'une criminelle et insatiable ambition, les autres ont vanté sa modération, son heureux courage et sa gloire. Que fait Rapin ? Il rapporte, pour le discuter ensuite, le long mémoire dressé par ordre d'Edouard à l'appui de ses prétentions; il fait la part de l'animosité des deux partis; il résume équitablement les dires des Anglais et des Ecossais sur cette question délicate, et arrive à cette conclusion, que la vérité est dans ce moyen terme, savoir : qu'Edouard Ier a voulu s'emparer, non de l'Ecosse elle-même, mais de la suzeraineté définitive de l'Angleterre sur ce royaume; et tout en justifiant ce monarque des accusations outrées de ses adversaires, il n'en condamne pas moins son ambition, point de départ de cette guerre funeste, qui, reprise sous ses successeurs, a fait couler des flots de sang. Si Rapin est favorable aux barons irrités de la lâche condescendance d'Edouard II pour ses favoris, qui abusent indignement du pouvoir que le roi leur abandonne, et s'il justifie les seigneurs anglais d'avoir cherché à reconquérir par la force leurs privilèges amoindris et bafoués, il condamnera la violence de ceux d'entre eux qui, au mépris des lois, mettent à mort Gaveston sans forme de procès.

« Les historiens partiaux, dit Rapin-Thoyras dans le » *Plan* que son dernier éditeur a reproduit et continué » en le complétant, ne se font pas toujours un scrupule » de passer sous silence certains faits, quelque vrais » qu'ils soient. Mais comme une même action est bonne » ou mauvaise, selon que le principe auquel elle se » rapporte est bon ou mauvais, l'auteur a pris soin » d'expliquer les principes des deux partis et de les » appuyer des preuves les plus fortes qui se puissent » trouver. »

Laissant libre d'ordinaire le jugement de ceux auxquels il s'adresse, Rapin, qui semble souvent s'inspirer de l'axiome célèbre de Quintilien, ne s'écarte de cette règle classique que dans le cas où l'un des deux principes en présence paraît manifestement faux, et il se contente rarement alors d'une affirmation sans preuves.

Plus d'une fois Rapin met en garde ses lecteurs contre les assertions des auteurs qui, écrivant sous les règnes de la maison de Lancastre, ont jeté à trop pleines mains l'injure et la calomnie sur les princes et les partisans de la Rose blanche. Certes, il flétrit énergiquement l'infâmie, la duplicité et la cruauté de Richard III, mais il ne craint pas de relever, dans l'intérêt de la vérité, plus d'une accusation dont ce prince fut l'objet contre toute vraisemblance. On ne tarde pas à s'apercevoir, en lisant l'*Histoire d'Angleterre*, — et il nous serait facile d'en multiplier les exemples, — que la justice et la vérité sont les grandes préoccupations de l'auteur, et, pour ainsi dire, les seules passions avec lesquelles il écrit les annales d'un grand peuple.

Il est quelques-uns des souverains de l'Angleterre dont Rapin a traité les règnes avec une prédilection singulière : tels sont les règnes de Jean sans Terre, à cause de l'émancipation due à la Grande Charte d'Edouard III, où Rapin consacre à la vie du prince Noir et aux affaires d'Ecosse deux fragments remarquables, l'un par le style, l'autre par l'érudition et la dextérité avec laquelle il débrouille l'écheveau compliqué des prétentions des rois d'Angleterre sur l'Ecosse; celui d'Henri V, auquel, avec l'appui des *Actes* de Rymer, il rend une éclatante justice, faisant voir que ce prince a été l'un des plus glorieux et des plus sages souverains qui aient gouverné l'Angleterre. L'établissement de la Réforme en Angleterre, et ses immenses conséquences, le long règne d'Henri VIII, l'état si compliqué de l'Europe et de l'Italie en particulier, théâtre des rivalités et des intrigues des Jules II et des Léon X, des Ferdinand d'Aragon et des Charles-Quint, des Henri VIII et des François Ier, sont l'objet d'une minutieuse étude, où la sagacité, l'habileté de Rapin parviennent à rendre claire et lumineuse une période historique des plus compliquées. C'est un morceau à lire, et à lire avec fruit, que l'exposition des affaires d'Italie au commencement du seizième siècle (Voyez *Histoire d'Angleterre*, t. VI, pp. II, 36 et 82). L'auteur y met en présence de grands acteurs et de grands intérêts ; il y montre le loyal et trop scrupuleux Louis XII aux prises avec la fourberie de Ferdinand d'Aragon, avec les variations trop habiles de la cour de Rome, avec les hésitations calculées de l'empereur Maximilien. Au milieu d'eux, le crédule et présomptueux Henri VIII donne tête baissée dans tous les piéges que ses prétendus alliés tendent à sa vanité et à son incapacité politique, jusqu'à ce que le génie d'un Wolsey le rende, par procuration, l'arbitre de l'Europe. Il faut joindre à ce passage remarquable de l'*Histoire d'Angleterre*, les quatre portraits politiques du Pape et de l'Empereur, de François Ier et d'Henri VIII, tracés de main de maître par Rapin, esquisses vigoureuses et franches, qui, faisant connaître les caractères, les ambitions secrètes ou avouées de ces potentats et servant d'introduction au récit de leurs démêlés, justifient cette réflexion de l'auteur : « Les intérêts des princes donnent à l'histoire une clarté que l'on y cherche vainement sans ce secours » (Voy. t. VI, pp. 136 et 147). Après avoir déterminé avec un soin particulier, à travers les contradictions des historiens, la part presque égale qu'eurent François Ier et Charles-Quint dans la rupture éclatante et sanglante de leur alliance éphémère, et déduit avec un rare talent les raisons politiques qui détachèrent Henri VIII de l'alliance impériale et le liguèrent avec la France, Rapin abandonne l'histoire des rapports internationaux de l'Angleterre, pour ne plus s'occuper que de ceux du roi et du Parlement. Après nous avoir fait assister à la grande affaire du divorce (à laquelle il assigne des causes moins romanesques que la passion du roi pour Anne de Boleyn), affaire qui était, dit-il, « tellement liée avec les affaires étrangères qu'on ne peut guère juger nettement de celles-là sans bien entendre celle-ci, et aidé des *Actes* de Rymer, l'historien expose la suite du long règne d'Henri VIII et le développement de son pouvoir arbitraire ; il flétrit la honteuse conduite du Parlement, dont la complaisance pour le maître, atteignant les dernières limites, permit au souverain de porter légalement les plus graves atteintes à la liberté et aux priviléges de ses sujets (Voy. t. VI, p. 427).

Dans toutes ces questions controversées ou délicates, et dans nombre d'autres, Rapin ne nous paraît guidé que par l'amour de la vérité, et la modération avec laquelle il s'exprime sur l'établissement de la Réforme en Angleterre, la bonne foi avec laquelle il montre le peu de part que l'excellence des doctrines nouvelles eut à ce grand événement, amené presque entièrement par des causes personnelles et politiques, est une preuve assez importante de son impartialité. Il prévient toute illusion sur les motifs qui ont poussé Henri VIII à se séparer de Rome. « Ses lumières, dit-il en parlant de ce prince, se réglèrent toujours à la mesure de ses intérêts, » et tous les changements qui se sont faits sous son règne concouraient à établir son pouvoir absolu sur ses sujets. L'intérêt particulier de ce prince à secouer le joug de Rome est si visible que ses ennemis ont pu dire que la Réformation ne fut établie en Angleterre que dans des vues politiques. Cette imputation trop absolue est vraie par rapport à Henri VIII ; elle est fausse par rapport à ceux qui ont désiré, sollicité, affermi la Réformation dans leur pays, aux Cranmer, aux Cromwell, aux Latimer. Rapin s'est principalement servi, pour cette matière, mais en la contrôlant par d'autres auteurs et par les *Actes* de Rymer, de l'*Histoire de la Réformation* de l'évêque Burnet, ouvrage capital comme recherches et érudition, quoique écrit souvent avec une passion qui se retrouve dans les autres ouvrages de l'évêque de Salisbury.

Mais dans aucune partie de son *Histoire*, Rapin ne prend plus de précautions pour éviter toute erreur, ne cherche plus à s'entourer de garanties incontestables, ne multiplie avec plus de profusion les citations originales que dans l'exposé des règnes des Stuarts et surtout dans celui de Charles Ier. Il avait longtemps hésité à continuer au delà de 1640 l'histoire de ce règne si tragiquement célèbre, sentant toutes les difficultés qui l'attendaient, mais une fois son parti pris, son système arrêté dans sa tête, il marche jusqu'au bout, et d'une ferme logique il déduit les conséquences des principes qu'il a posés. Cette franchise, cette recherche opiniâtre et presque impitoyable de la vérité, ne fut pas du goût de tout le monde en Angleterre et souleva contre lui des animosités et des récriminations dont nous avons déjà parlé. Sans nous y arrêter davantage, nous avons à examiner quel était le système de Rapin-Thoyras, à apprécier sa valeur, à justifier son application.

On est tout d'abord frappé du développement considérable que l'auteur a donné aux règnes des Stuarts par rapport au reste de l'*Histoire d'Angleterre*. Plus du tiers de la matière de cet ouvrage est consacré au dix-septième siècle, pendant lequel leur maison régna sur la Grande-Bretagne.

L'importance des faits rapportés par l'historien, celle qu'il attachait à la démonstration de son système, et l'usage des documents de plus en plus nombreux qu'il mettait en œuvre sont les causes de ce développement anormal donné à cette partie de son histoire.

Afin de faire bien comprendre le but que Rapin s'était proposé d'atteindre en écrivant les règnes des Stuarts, il est nécessaire de donner une idée sommaire de ses tendances au point de vue politique.

Rapin connaissait trop bien l'histoire pour que les républiques des anciens âges lui parussent d'enviables formes de gouvernement; il savait tout ce que ce nom de république, symbole de la démocratie d'aujourd'hui, cachait d'oppression et d'arbitraire; il rendait grâce à Dieu de ce que l'esclavage, élément nécessaire des libertés grecques et romaines, ne pouvait plus faire partie des institutions modernes; il n'était donc pas partisan de la liberté absolue, et la manière dont il juge les doctrines et les actes des Puritains et des Indépendants de 1640 le fait aisément comprendre. Mais, s'il était monarchique par tradition, par conviction personnelle, par toute l'admiration qu'il professait pour la constitution d'Angleterre, il n'était pas non plus partisan de la monarchie absolue, il aimait la liberté, et le développement de son système n'est qu'une éloquente protestation contre le despotisme, les abus du pouvoir, le mépris des lois et des droits consacrés.

Dès lors, si l'on met en présence un historien pénétré de l'excellence des principes dont de telles idées sont les conséquences, qui croit que l'exercice du pouvoir royal est compatible avec une sage liberté contenue par le frein légal, et des souverains imbus de principes tout opposés, qui n'ont d'autre désir que se mettre au-dessus des lois, qui voudront restreindre ou annuler, selon leur bon plaisir, toutes les garanties autrefois obtenues par leurs sujets contre l'excès du pouvoir royal et consacrées par plusieurs siècles, qui lèveront des taxes arbitraires et multipliées, qui se feront un jeu de manquer à leurs engagements, on ne s'étonnera pas de voir l'historien condamner ces rois et leurs ministres, et montrer que leurs fautes ont été l'instrument de leurs malheurs. C'est là tout le système que Rapin-Thoyras a suivi dans les règnes des quatre Stuarts. Les historiens royalistes ont voulu faire regarder Charles Ier comme le martyr de la royauté méconnue et insultée; ils ont paré leur héros de toutes les vertus et ils ont glissé sur les imprudences, les erreurs, les fautes, les faiblesses de ce malheureux prince dont le père prépara la ruine, et dont les fils perdirent le trône qu'un coup de fortune leur avait rendu.

Imbu dès l'enfance des maximes du pouvoir absolu et du droit divin des rois, Charles monta sur le trône avec des qualités éminentes, dont plusieurs étaient des vertus, mais il y monta avec la ferme et désastreuse conviction que le pouvoir absolu était sa prérogative héréditaire, que les libertés et les priviléges accordés par ses prédécesseurs à leurs sujets étaient de simples concessions de la volonté du prince, et que le pouvoir royal qui les leur avait accordées était également libre de les révoquer ou de les restreindre. Charles Ier affecta de mépriser les Parlements, de ne les considérer que comme des fournisseurs de subsides; il usa de violence envers plusieurs membres de ces assemblées, et de duplicité dans la plupart des messages qu'il leur adressa. C'est là du moins ce qui arriva durant les quinze premières années de son règne, et sur quoi ses partisans ont volontairement fermé les yeux. « Je me propose de » faire voir toutes ces choses d'une manière claire et » précise, » dit Rapin', dont nous voudrions pouvoir citer tout ce remarquable passage où l'historien analyse les maximes qui dirigèrent la conduite de Jacques Ier et de son successeur : « Ce ne sera pas par des raisonne- » ments et des conséquences, mais par des faits qui ne » sont point contestés, par des pièces justificatives de » tout ce que j'avancerai, et enfin par la conduite » du roi, laquelle ses partisans les plus zélez n'ont pas » même entrepris de justifier, autrement que par un » silence affecté, ou du moins en passant fort légère- » ment sur les quinze premières années de son règne » (*Hist. d'Angl.*, t. VIII, p. 372).

Pour l'intelligence du système dont Rapin s'est servi, il n'est pas superflu de lire les *Considérations sur les auteurs qui ont écrit l'histoire du règne de Charles Ier* (Voy. *Histoire d'Angleterre*, t. VIII, p. 358). Dans ce travail préliminaire, l'auteur met en présence quatre ouvrages, dont les quatre auteurs, Rushworth, Francklin, Nalson, Clarendon, ont écrit à un point de vue fort différent; le premier n'ayant publié ses *Collections* que dans le but évident de décrier la conduite du roi et de favoriser la cause du Parlement, les autres ayant écrit dans le but avoué de soutenir la cause royale. Rapin-Thoyras discute les griefs qui ont été reprochés à Rushworth par ses antagonistes politiques, et montre qu'ils ne sont pas suffisants pour ôter toute créance et toute valeur à un ouvrage qui est presque l'unique dépôt des matériaux nécessaires à ceux qui écrivent l'histoire de ce règne, et dans lequel ses adversaires eux-mêmes ont été forcés de puiser la majeure partie de ceux dont ils se sont servis. Nous n'entrerons pas dans le détail des trois systèmes qu'examine Rapin, celui des partisans du Parlement, celui des royalistes absolus, celui des royalistes antipresbytériens. Il nous suffira de rapporter ici sa conclusion : « Pour moi, qui ne me suis » engagé dans aucun des deux partis, et qui n'ai eu pour » but que de chercher la vérité, je ne me suis pas cru » obligé de suivre aveuglément l'un ou l'autre des deux » systèmes ; mais j'en ai établi un qui est un composé de » tous les deux, en y ajoutant ce qui leur manque. C'est » aux lecteurs à juger s'il est assez bien lié pour leur » donner une connoissance distincte des affaires de ce » règne. S'il semble quelquefois que je panche d'un des » cotez, c'est parce que je n'ai aucune raison de m'éloi» gner de la vérité, et que je suis persuadé que le Roi » et le Parlement avoient beaucoup de tort l'un et l'au» tre, quoique non pas toujours et dans les mêmes » occasions » (Cf. *Plan de l'Histoire d'Angleterre*, p. xviij).

Ainsi donc, lorsque Rapin cite le règne de Charles Ier comme étant bien appuyé par la critique historique, il a raison, car en aucun autre endroit il n'accumule plus de preuves, plus de pièces, plus de discours officiels, plus de documents, que dans l'histoire des quinze premières années du règne de Charles Ier, pour en tirer, avec autant de sagacité que de logique, les conclusions les plus équitables et les plus satisfaisantes pour des esprits non prévenus.

Aussi a-t-on fait remarquer avec justesse, combien, dans l'exposition des règnes de Charles Ier et de Jac-

ques II, où il a pour but de montrer que ces deux princes furent les premiers artisans de leurs malheurs, et que la nation anglaise réclama justement, quoique avec une violence condamnable, le rétablissement de ses libertés violées, « combien Rapin-Thoyras est maître de lui-
» même, combien il lutte contre ses affections particu-
» lières ; il est quelquefois comme prêt à céder à leurs
» conseils, mais la raison le rappelle et l'attache, si ce
» n'est à la vérité, au moins à ce qu'un examen attentif
» lui a fait prendre pour elle. Que peut-on demander
» de plus à la raison humaine? » On s'étonnerait à plus juste titre de ne trouver dans une œuvre humaine aucun effet des blessures de l'âme, aucun regret pour la patrie absente. A l'égard de la Révolution de 1688, en a-t-il approuvé les causes, les actes, les résultats ? Certes, il pouvait, dans ces grands événements politiques, où il avait été acteur et dont il devenait l'historien, il pouvait laisser parler ses préférences ; là moins qu'ailleurs on eût pu l'en blâmer. Il fait taire ses sympathies, il raconte les faits, il les apprécie, mais son impartialité n'éclate jamais plus grande que dans ces deux derniers volumes de son *Histoire*, œuvre posthume, en quelque sorte, dont il laissa les manuscrits à sa famille et qui ne furent publiés que quelques années après sa mort.

Restent les reproches qui s'adressent au protestant réfugié, au calviniste presbytérien. Alors même qu'elles se voilent d'impartialité, lorsqu'il apprécie les faits politiques de l'histoire qu'il écrit, les sympathies de l'historien protestant ne doivent-elles pas être pour le parti de la liberté de conscience et d'action, contre celui du despotisme politique et religieux, pour les whigs contre les torys, pour le roi d'adoption de l'Angleterre protestante contre les Stuarts catholiques? On ne pouvait s'attendre à ce qu'un sectateur de Calvin jugeât les événements religieux de l'histoire avec un esprit entièrement dégagé de ses croyances, et cependant c'est un catholique qui en fait l'aveu, « si l'on peut à cet » égard accuser Rapin d'être partial, il l'est beaucoup » moins que ses pareils n'ont coutume de l'être. Quiconque a dit le premier, ajoute Saint-Marc, qu'un » historien ne devoit être d'aucune religion, comme » d'aucun pays, ou connoissoit mal la nature de » l'homme, ou n'avoit aucune idée de l'empire que » la Religion prend sur les esprits qu'elle a persuadés. » Il est plus sensé de prendre les historiens pour des » hommes. Passons-leur l'amour qu'ils ont pour leur » pays, estimons l'attachement qu'ils témoignent à leur » religion, et quand nous rencontrerons des écrivains » qui, dans l'art de présenter et de dire la vérité, ne se » laisseront conduire que par l'amour de la patrie et le » zèle de la religion, renfermés l'un et l'autre dans de » justes bornes, comptons-les hardiment au rang des » historiens les plus sincères. »

Quelle que soit la modération dont sont généralement empreints les jugements de Rapin-Thoyras, on ne saurait disconvenir qu'il s'en départ plus d'une fois dans ceux qu'il porte sur l'Eglise catholique romaine ; quelques-uns d'entre eux sont frappés à l'empreinte d'une indignation que son âme honnête ne peut maîtriser. Il est l'ennemi déclaré des abus, de la fraude, de l'oppression morale et matérielle, et c'est là son honneur de n'avoir jamais pactisé avec l'injustice et constamment haï l'iniquité; s'il est l'adversaire irréconciliable de la papauté, c'est que cette formidable puissance n'a que trop souvent mis de pareils moyens au service de sa domination temporelle et spirituelle.

L'étude attentive des rapports si variés de l'Angleterre avec Rome, la connaissance approfondie qu'il avait acquise du génie de la nation anglaise, « dont les dispo» sitions envers les papes furent longtemps contraires » aux intérêts de ses rois (voy. t. VI, p. 299), » lui ont permis de toucher du doigt les causes de l'agrandissement, du déclin et de la ruine de la puissance pontificale en Angleterre.

Croissante depuis les premiers temps de la conquête, envahissante sous saint Anselme de Cantorbéry, et lors des démêlés célèbres de Henri II et de Thomas Becket, parce que « les intérêts du clergé étaient alors volontairement confondus avec ceux de Dieu même, » l'humiliation de Henri est le signal d'une réaction sourdement grandissante, contre ce clergé avec lequel « il n'y a aucun amendement à faire, à moins qu'on ne lui cède tout (1). » L'empire de Rome sur l'Angleterre fut à son apogée sous Innocent III, qui, à la faveur du pouvoir qu'il s'était arrogé, jetant l'interdit sur la nation entière, traitait ce royaume comme un pays conquis. « En ce » malheureux siècle, dit Rapin, la cour de Rome avoit » perdu toute pudeur, » sa vénalité, sa rapacité, son orgueil, avaient comblé la mesure. On la voit publier une croisade; et les princes qui se croisent à sa voix se soustraient publiquement, moyennant une somme

(1) *Histoire d'Angleterre*, t. II, p. 210.

d'argent fixée sans pudeur et acceptée sans honte, à l'obligation qu'ils ont contractée d'aller combattre les infidèles. Le mauvais succès des affaires de Sicile, sous Henri III, fut un bonheur pour l'Angleterre, en ce que cet échec, qui humilia l'ambition royale, diminua, du même coup, le crédit de la papauté en ce pays.

Il nous suffira de recueillir quelques-unes des appréciations de Rapin pour montrer quel était son sentiment sur les papes et sur le clergé ; on peut trouver ces jugements sévères, mais l'on ne peut les trouver injustes, quand, avec cet historien, on passe en revue toutes les occasions où l'ambition, la duplicité et la vénalité de Rome se montrèrent à découvert, principalement avant la Réforme.

C'est ainsi qu'il peindra la lâcheté du clergé en présence des princes puissants et qu'il le montrera pliant devant les forts et insolent devant les faibles (t. III, p. 67) ; que dans le chapitre intitulé *Etat de l'Eglise*, qui suit le règne de Richard II, Rapin ne développera pas moins de treize griefs principaux des Anglais contre le pape. Au quinzième siècle, l'Etat de l'Eglise est plus déplorable encore : « La foi des chétiens, dit-il, n'a plus » pour objet la justice de Dieu, la miséricorde, le mérite » de la mort de Jésus-Christ : la religion consiste uni- » quement dans le culte de la Vierge et dans l'adora- » tion des reliques. » Les conciles généraux sont tombés dans une désuétude systématique, les papes se sont faits le centre de la religion, et quels papes ! La plupart d'entre ceux qui ne sont pas criminels, ne sont ni pieux, ni savants, et parmi ceux-là, il en est un seul à peine, que, selon les maximes ordinaire du monde, l'on puisse regarder comme un honnête homme (1). Rapin établit que la politique constante des papes est de rendre leur pouvoir « illimitable, » et de régner sur les princes en fomentant entre eux des divisions, sans se mettre en peine de la justice, de la loyauté, de la religion. C'est ainsi, dit-il, que « les papes font des ligues et entre- » prennent des guerres comme princes temporels, et » quand leurs affaires tournent mal, ils se tirent d'in- » trigue comme chefs de l'Eglise et vicaires de Jésus- » Christ » (t. VI, p. 103). Il nous serait facile de multiplier ces exemples : ils montreraient tous que si Rapin juge sévèrement l'Eglise romaine, il donne du moins de fortes raisons de ses appréciations.

Des reproches d'un ordre moins grave que ceux que nous venons de réduire à leur juste valeur ont été adressés à Rapin-Thoyras. On a critiqué son style : personne ne l'a fait de meilleure foi que lui-même, lorsqu'il convient, dans sa préface, qu'il n'avait pas assez bien étudié sa propre langue. Il s'était proposé d'écrire d'une manière simple et solide : sa simplicité, il en convient lui-même, est trop dénuée de correction et d'élégance, sa solidité dégénère parfois en sécheresse, et son style a quelquefois des négligences regrettables.

On ne saurait s'étonner, s'il est vrai que le style soit l'homme même, que la façon d'écrire de Rapin soit telle

(1) Il s'agit d'Adrien VI, qui occupa quelque temps la chaire de saint Pierre sous le règne d'Henri VIII, « bon homme, dit Rapin, d'un caractère bien différent de ses prédécesseurs, qui auroit poussé plus loin ses honorables démarches, sans les clameurs de son conseil, qui ne pouvoit comprendre que la justice dût être le fondement de la politique » (T. VI, p. 189).

que celle de nombre d'autres réfugiés qui, ayant emporté dans l'exil leur langue toute faite, demeuraient à cet égard d'un demi-siècle en arrière, tant par souvenir, que parce que le milieu où ils vivaient était trop éloigné pour recevoir l'impulsion nouvelle de chaque progrès de la langue française. Plus encore que Durand, son continuateur, Rapin écrivait dans le *style réfugié*, et cette façon d'écrire était fertile en longueurs, en expressions vieillies, en tours usés. Comme le fit de son côté son oncle Pélisson dans ses ouvrages historiques, Rapin ne néglige pas les détails, il ne croit pas, comme l'écrira plus tard Voltaire, que les détails soient *la vermine de l'histoire*, il en connaît l'importance, mais il l'exagère parfois, tout en se défendant d'y insister (Voy. ci-dessus, p. 208). Ses réflexions sont d'ordinaire, au moins les plus longues et les plus importantes, divisées en plusieurs articles numérotés, ce qui ajoute peut-être à la clarté, mais alourdit singulièrement l'intérêt et la suite du récit. Il écrit presque toujours simplement, et c'est avec une surprise qui n'a pas occasion de se renouveler que l'on trouve, sous la forme inusitée du dialogue, l'exposé d'une discussion au sujet de Wiclef, entre l'évêque de Londres, le lord Percy, et le duc de Lancastre.

Comme tous les écrivains, Rapin a des expressions favorites, qui reviennent fréquemment sous sa plume, telles que « pousser sa pointe, rompre ses mesures. » Il en a de vieillies comme celles-ci : « Les Anglais, réduits en servitude (sous le Conquérant), étaient punis *sans retardement* pour des fautes légères. » Plus loin, parlant d'une rébellion étouffée par ce prince, il dira :

« Le coup *ayant manqué* aux révoltés, ils firent leur soumission. » A telle période de la composition de son œuvre, correspond quelque locution favorite; dans les derniers volumes, et non auparavant, on rencontre très-fréquemment le terme d'*assévération*, qu'il emploie dans le sens d'affirmation, d'assurance. Sous Henri VI, il parlera du Conseil d'Angleterre où l'on avait *fourré* des créatures de la reine Marguerite, qui, plus tard, apprenant la défaite de Warwick et la ruine de ses dernières espérances, se laisse *vaincre à la douleur*. Pendant tout le règne de Henri VIII, il désignera sous le nom de *papat* la dignité pontificale. Parle-t-il des propositions captieuses et inacceptables faites à Marie Stuart par Elisabeth, il dira que cette reine n'avait d'autre intention que d'*amuser le tapis*. Mais, par contre, quelques-unes des formes de langage ou des expressions dont se sert Rapin Thoyras auraient mérité de rester en usage, car elles sont vives, fortes et pittoresques. C'est ainsi qu'en faisant l'intéressant récit du complot des ducs d'Exeter et d'Albemarle contre Henri IV, il montre les conjurés prenant la résolution *furieuse* d'assassiner le roi. Plus loin, le comte de Warwick, « voyant que la fuite étoit *déshonorable*, » livre bataille à Edouard IV, il est vaincu, et le « Faiseur de rois » périt les armes à la main, flétri par l'historien de cette juste sentence : « que la véritable gloire ne consiste pas dans l'excès du pouvoir. »

Après avoir retracé toutes les intrigues dans lesquelles fut mêlé l'empereur Maximilien, Rapin fait ressortir la mauvaise foi et la rapacité de ce prince, « toujours » *disetteux*. » Aux débuts du règne d'Edouard IV, « la » noblesse d'Angleterre *aboyoit*, pour ainsi dire, après

» les biens de l'Eglise, qu'elle obtenoit assez aisément » de la cour. » Notons encore ce passage où l'Electeur de Saxe congédiant son armée, celle-ci se sépare en divers corps, et va « *brouter* les Etats de plusieurs princes » catholiques, les mettant à de grosses contributions, » et celui-ci où, à propos des pourparlers du mariage de Marie Tudor et de Philippe d'Espagne, Rapin dit que vraisemblablement ce dernier ne se laisserait pas « lier » par des *chaînes de parchemin.* »

Quant au style proprement dit, la narration est simple, sobre et mesurée, la phrase est plutôt courte que longue : bien que parfois on en rencontre d'assez embrouillées, que l'abus fréquent des virgules ne parvient pas à éclaircir, elles sont généralement correctes, et l'idée en ressort nette et claire. La digression est bien amenée, l'ordre des faits naturel, leur discussion est approfondie et scrupuleuse. Des maximes solides et élevées, des réflexions sérieuses et sagaces, qui témoignent d'une profonde et philosophique connaissance du cœur humain et des passions qui le dominent, une recherche fervente de la vérité, telles sont les qualités qui, en dehors de sa valeur historique, recommandent l'œuvre de Rapin aux moralistes et aux littérateurs. Malgré les longueurs que nous avons plus d'une fois signalées, malgré quelques passages ardus, hérissés de trop de pièces originales, malgré la trop grande abondance des détails, plusieurs pages de l'*Histoire d'Angleterre* pourraient passer à bon droit et à divers titres pour des modèles de narration historique. Nulle discussion n'est plus claire, plus savante à la fois, que celle des clauses et des difficultés du traité de Brétigny (1360) ; et c'est dans ces délicates appréciations des grands actes politiques de l'Angleterre que le tact historique et la justesse d'appréciation de Rapin se révèlent avec le plus d'éclat. Il a tracé parfois avec bonheur quelques portraits, tels que celui du prince Noir, un de ses héros de prédilection, ceux d'Edouard III, de Henri V, de Richard III, dont l'injuste accession au trône et le règne dramatique et sanglant forment un des meilleurs morceaux de son *Histoire* ; de Henri VIII et de ses alliés ou adversaires politiques (voy. ci-dessus, p. 225), d'Elisabeth, de Jacques Ier. Toutefois, dans ce dernier règne il abuse un peu des ressources de textes que lui fournissent les *Actes* de Rymer, comme il le fera dans une mesure plus large encore dans ceux de ses successeurs, trop fidèle peut-être, pour la facile lecture de son livre, à son principe d'étayer ses jugements sur des preuves incontestables.

Les considérations politiques et morales que lui inspire la mort tragique de Marie Stuart sont très-remarquables, et ce n'est pas le seul endroit que nous aurions voulu pouvoir citer intégralement pour donner une idée avantageuse de sa manière d'écrire, qui s'élève parfois à la hauteur des écrivains du grand siècle (Voy. t. VII, p. 430).

Composées à des époques différentes, les diverses parties de l'*Histoire d'Angleterre* présentent une harmonie qui témoigne du soin avec lequel elle fut rédigée ; il est même à remarquer que la langue de Rapin s'épure à mesure qu'il avance, et les derniers volumes, au point de vue purement littéraire, sont supérieurs aux premiers.

Enfin, pour clore ce que nous avons à dire en particulier du style de Rapin-Thoyras, disons que cet historien figure dans la liste des auteurs sur l'autorité desquels s'appuie le savant lexicographe Pierre-Victor Boiste, le consciencieux et populaire auteur du *Dictionnaire de la langue française.*

Ainsi donc, ignorance volontaire ou négligence, partialité, intolérance calviniste, inexactitude, imperfection de style, telles sont à peu près toutes les critiques qui ont été adressées à notre auteur. La violence des passions politiques, la jalousie et l'envie de rivaux moins heureux peuvent en assumer la plus grande part, et si ses défauts ne tenaient pas au temps où il écrivait, à l'impossibilité où il s'est trouvé de puiser à toutes les sources nouvelles qui se sont ouvertes à l'investigation historique depuis son époque, il n'aurait peut-être pas été surpassé dans le siècle où il a vécu.

Si Rapin-Thoyras a rencontré dans sa patrie et jusque dans sa ville natale « des détracteurs de l'espèce de » ceux qui semblent prendre à tâche de rabaisser les » œuvres les plus élevées et d'ébranler les réputations » les mieux établies, » d'autres ont relevé le gant jeté à un auteur qui ne pouvait plus se défendre et ont fait une juste part à la critique, tout en donnant libéralement l'éloge.

« Il ne faut pas troubler le repos des morts, disait » son ami Jean Rou, et le même tombeau qui conserve » leurs cendres doit servir d'asile à leur réputation (1). »

(1) *Mémoires de Rou*, II, 63. On peut rapprocher de cette belle idée une pensée presque semblable de M. Guizot, qui l'a formulée quelque

Cette pensée est belle et juste, elle n'exclut pas le jugement équitable de la postérité, l'historien ne meurt pas tout entier, ses œuvres l'accusent ou le défendent; mais au bord de sa tombe doivent s'arrêter la haine, la calomnie et l'envie. Parmi les littérateurs qui ont défendu Rapin-Thoyras contre les attaques dont il a été l'objet, on peut citer Saint-Foix qui, dans ses *Essais sur Paris*, a cherché à atténuer quelques-uns des reproches que Rapin adresse à nos rois, et qui, tout en réfutant plusieurs de ses assertions, a cependant rendu justice au talent de l'auteur, et le P. Nicéron. Ce dernier, dans ses *Mémoires pour servir à l'histoire des Hommes illustres*, mémoires pleins d'autorité et de science, rectifie le jugement passionné et injuste de Sabatier, dans quelques lignes qui honorent autant l'écrivain que le prêtre catholique, rendant hommage au mérite de l'auteur protestant de l'*Histoire d'Angleterre*.

Nos pères tenaient en juste estime cette histoire, la plus complète, la plus savante et la plus impartiale de celles qui, jusqu'alors, avaient été publiées sur le même pays, soit en Angleterre, soit même en Europe (1).

Telle était l'opinion de Voltaire, dont le témoignage a quelque valeur quand il s'agit d'apprécier les productions de l'esprit humain. « L'Angleterre, dit-il, lui

part en ces termes : « Le monde est sévère pour les fautes des gens de bien. Ils n'ont nul droit de s'en plaindre, c'est leur honneur. » La sévérité dont on a usé pour Rapin a eu pour première cause la valeur de son œuvre et l'estime qu'elle obtint.

(1) « Thoyras-Rapin, » dit lord Macaulay (*Histoire d'Angleterre*, t. VII, p. 88, édit. Perrotin), « dont l'*Histoire d'Angleterre* se trouva, il y a un siècle, dans toutes les bibliothèques. »

» fut longtemps redevable de la seule bonne histoire
» complète que l'on eût faite de ce royaume, et la seule
» impartiale qu'on eût d'un pays où l'on n'écrivoit que
» par esprit de parti : c'étoit même la seule histoire
» qu'on pût citer en Europe comme approchant de la
» perfection qu'on exige de ces ouvrages (1). »

Dans les *Mémoires du duc de Richelieu*, publiés en 1790, à Paris, par Giraud-Soulavie, en 9 vol. in-8, se trouve une appréciation intéressante sur Rapin-Thoyras, donnée par le savant compilateur, caché sous le nom du fameux maréchal, qui n'avait peut-être jamais ouvert l'*Histoire d'Angleterre*. Il s'agit de faire un choix parmi les histoires et les historiens. Parmi le petit nombre de ceux qui ont su réunir le beau et le vrai, l'auteur cite en première ligne le véridique et impartial de Thou, et l'abbé Fleury, qui montra la même franchise et la même probité dans son *Histoire de l'Eglise*, puis arrivant à notre auteur :
« Rapin-Thoyras, dit-il, qui, le premier, apprit aux
» Anglais l'art d'écrire leur histoire, tient du même ca-
» ractère ; non-seulement la vérité semble guider ses
» pas, mais il écrit d'une manière intéressante sur les
» révolutions variées de la Grande-Bretagne ; il a le rare
» talent de fouiller dans le cœur des hommes, et d'ap-
» profondir les causes des différentes situations du peu-
» ple anglois ; il est philosophe autant qu'on pouvoit
» l'être de son temps, et cependant on doit être en
» garde quand il parle des révolutions modernes de la

(1) Voltaire, *Siècle de Louis XIV*, I, 155, édit. Perronneau, 1818. Il l'appelle ailleurs (*Mélanges historiques*, II, 563), « l'exact et judicieux Rapin-Thoyras. »

» France, qu'il avoit quittée lorsque Louis XIV persé-
» cuta les protestants. » (t. I, pp. 46 et seq.)

Il est intéressant de joindre à ces témoignages divers une appréciation personnelle de son œuvre, due à Rapin-Thoyras lui-même, appréciation contenue dans divers passages d'une lettre qu'il écrivait en mai 1722 au savant Le Duchat (1), en lui envoyant le dernier tome de son *Histoire*, et dans quelques autres endroits des lettres adressées à son ami P.-E. de Mauclerc, l'un des rédacteurs de la *Bibliothèque germanique*.

« Vous serez bientôt au propre de rendre compte au
» public de mon *Histoire d'Angleterre*, écrit-il à ce der-
» nier, car puisqu'elle a été composée en Allemagne, elle
» doit naturellement faire un des articles de votre jour-
» nal. Le libraire, par des questions d'intérêt, a jugé à
» propos de faire paroître les deux premiers tomes avant
» les autres, ce qui ne peut que m'être désavantageux,
» parce que dans cette histoire, comme dans toutes les
» autres de même nature, les commencements sont ce
» qu'il y a de plus sec et où il y a le moins d'ordre et
» de liaison, et par conséquent le plus de confusion,
» faute d'auteurs et de mémoires pour des temps si éloi-
» gnés. Cela n'empêche pas que quelques lecteurs ne
» s'en prennent à l'historien, comme s'il lui étoit possi-
» ble ou permis de suppléer à ce défaut. »

« Il est vrai, dit-il ailleurs sur le même sujet, qu'il
» y a des gens qui ont l'art de changer les épines en
» fleurs, mais je ne suis pas de ce nombre. » Quelques

(1) Cette lettre a été publiée par le *Bulletin du Protestantisme*, t. VI, p. 71.

mois plus tard, un extrait de son premier volume paraît dans le VIIe tome de la *Bibliothèque germanique*, et Rapin remercie Mauclerc en ces termes : « Quoyque je ne » sois nullement prévenu en faveur de mon ouvrage, » je n'ay pas laissé d'avoir beaucoup de satisfaction de » ce que vous en dittes d'avantageux, étant comme impossible que les louanges de gens d'un mérite distingué ne trouvent de la sensibilité dans les cœurs les » plus indifférents. »

Un passage intéressant d'une lettre adressée à Mauclerc en 1722 indique que l'auteur hésita beaucoup au moment d'entrer dans le périlleux récit des luttes de Charles Ier et du Long Parlement. Les encouragements qu'il reçut de ses amis le décidèrent toutefois à pousser plus avant, et il écrivait, un an plus tard, à P.-Emile de Mauclerc : « Je continue le règne de Charles Ier, » quelques difficultés que j'y trouve, et je prends le » party de ne me rendre esclave ni des partisans du » Roi, ni de ceux du Parlement, mais de dire ce que » je crois conforme à la vérité. Il m'arrivera ce qu'il » pourra, mais je suis convaincu qu'il y avoit peu de » sincérité dans les deux partis. »

« .....Je prends la liberté de vous envoyer le dernier » tome de mon *Histoire d'Angleterre*, écrit Rapin à » Le Duchat, et de vous prier très-humblement de m'en » dire votre avis avec franchise. Je suis persuadé » que s'il y a de la politesse à ne trouver rien à redire » dans un livre déjà imprimé, il y a une espèce de » malice et de cruauté à déguiser son sentiment à un » auteur qui cherche plutôt à se défaire des préjugés où » il pourroit être en sa faveur, qu'à s'attirer des louan-

» ges..... Je vous prie sur toutes choses de faire atten-
» tion aux caractères que je donne à Jacques Ier et à
» Charles Ier, et qui m'ont engagé à insérer dans mon
» *Histoire* beaucoup de pièces entières qui m'ont paru
» propres à justifier ma conduite. Je me suis trouvé à
» cet égard dans un espèce de détroit, en danger de
» faire naufrage en m'écartant tant soit peu d'un côté
» ou d'autre. Les uns font des espèces de héros de ces
» deux rois, d'autres les abaissent extrêmement. J'ai
» pris le parti de former mon jugement sur leurs actions,
» indépendamment des éloges des uns et des invectives
» des autres, et c'est principalement pour savoir si mon
» jugement est juste que je souhaite d'avoir votre avis.

» Je n'ai ici [à Wesel] personne que je puisse consul-
» ter, ni qui soit capable de me donner de bons avis,
» ce qui m'engage à abuser de votre bonté et à vous
» prier instamment de me dire naturellement ce que
» vous pensez de cet ouvrage, et si en le lisant vous
» trouvez quelques endroits qui méritent votre censure,
» de ne me l'épargner pas, puisque j'ai encore le temps
» d'en profiter. »

« Je suis comme assuré, dit-il ailleurs à Mauclerc,
» que si j'avois esté à La Haye ou à Berlin, ou en quel-
» que endroit où j'eusse pu avoir un commerce journa-
» lier avec des gens de lettres, j'aurois évité bien des
» fautes et des méprises. Mais on n'entend parler ici que
» des gens de guerre : c'est sur quoy roulent toutes les
» conversations. »

Nous n'ajouterons que peu de mots aux appréciations qui précèdent. Elles offrent, dans leur ensemble, un tableau fidèle de la faveur marquée et soutenue avec laquelle le monde savant et littéraire du dix-huitième siècle accueillit ce monument d'un noble et intelligent labeur.

Le modeste travail que nous avons entrepris n'aurait pas eu de raison d'être sans ces encouragements séculaires qui le justifient et qui l'expliquent. L'illustre Lamoignon de Malesherbes répondit un jour à Marmontel qui l'interrogeait sur la vie et les œuvres d'un membre de la famille de Lamoignon, homme sans talent, dont l'académicien voulait faire le panégyrique : « Ne croyez » pas, Monsieur, que l'éloge le mieux fait et le mieux » écrit en impose au public, s'il n'a déjà prononcé avant » l'auteur. »

Le public du dernier siècle, pour les descendants duquel nous avons écrit cette étude, s'est prononcé sur le compte de Rapin-Thoyras. Satisfaits de pouvoir rappeler cet éloge du passé, de le consacrer à nouveau par nos faibles efforts, nous ne demandons pas de nouvelles palmes pour un auteur qui a écrit pour son temps et non pour le nôtre. L'*Histoire d'Angleterre* est un livre fréquemment consulté, mais peu lu aujourd'hui (1), qui le sera de moins en moins, à mesure que les lacunes qu'il présente seront comblées par les progrès de la critique moderne, et que les faits qu'il renferme, revêtus d'une forme plus brillante et plus nouvelle, seront mis en œuvre par des historiens d'un talent plus en harmonie avec nos idées et nos goûts. Les seize volu-

(1) Il est bon de noter ici qu'un Abrégé de l'une des traductions anglaises de l'*Histoire* de Rapin-Thoyras est *exclusivement* en usage aujourd'hui dans les Ecoles primaires en Angleterre.

mes in-quarto de ce grand ouvrage, malgré l'intérêt qu'ils présentent, l'instruction que l'on en retire, effraient bon nombre de lecteurs. On n'a guère le temps de lire de nos jours, on veut et on recherche les résumés plus ou moins substantiels, mais courts, dont les *Revues* périodiques ont donné la paresseuse habitude aux esprits contemporains. Il n'en était pas ainsi autrefois : les bons et sérieux auteurs trouvaient alors pour leurs ouvrages, quelles que fussent leur étendue et leurs longueurs, des lecteurs érudits, patients, qui savaient justement apprécier leurs efforts. Ceux-là formaient alors la masse du public littéraire qui ne sont plus aujourd'hui que l'exception. On recherche une instruction facile, on sait plus de gré aux auteurs de vous épargner une lecture laborieuse que de vous instruire, et l'illustre président de Thou, s'il vivait de notre temps, n'oserait peut-être plus écrire, en latin, les cent trente-huit livres de sa grande *Histoire*.

D'autres auteurs, Hume, Robertson, Lingard, et après eux, et au-dessus d'eux tous, Macaulay, ont écrit avec science, avec talent, avec éclat, les fastes de leur pays ; mais ils ont tous bâti sur les fondements qu'avait jetés Rapin-Thoyras et ils ont tous largement profité des immenses recherches dans lesquelles il a consumé sa vie et épuisé ses forces.

CHAPITRE IX.

Dernières années de Rapin-Thoyras. — Sa maladie et sa mort. — Son portrait. — Son caractère. — Sa tombe et son berceau, également ignorés. — But de cette étude. — Les parents et les descendants de Rapin-Thoyras. — Les Rapin-Mauvers. — Eloge funèbre du dernier d'entre eux. — Postérité par alliances de l'historien. — Conclusion.

Malgré la retraite dans laquelle Rapin-Thoyras vivait à Wesel, sa réputation ne laissait pas de franchir les bornes étroites de cette petite ville, et nous pouvons citer, comme un témoignage flatteur de l'estime qu'il inspirait aux hommes les plus experts en mérite, l'offre que lui fit, en 1717, M. Drouet, personnage marquant et influent du Refuge, d'entrer dans la Cour supérieure de Berlin. Dans une lettre pleine de modestie et de dignité, Rapin refuse la position éminente qui lui est proposée, dont l'acceptation eût cependant assuré son avenir. « Je me ferois un très-grand scrupule, dit-il, » d'accepter un emploi dont je ne me sens pas capable..., » ayant quitté depuis trente-deux ans l'étude du droit..., » et dans lequel toutes mes fautes seroient au préjudice » des gens qui souffriroient de mon ignorance ou de mon » peu de capacité à cet égard. » Il demeura donc simple particulier, et continua à travailler sans relâche à la composition et à la révision de son *Histoire*, devenue l'objet exclusif de ses préoccupations.

L'accueil fait aux premiers volumes de son ouvrage, les encouragements qu'il reçut, redoublèrent son ardeur : il acheva les deux derniers volumes, qu'il écrivit de sa main, peu avant sa mort. Mais ce dernier effort précipita sa fin. Environ trois ans auparavant, de violentes douleurs d'estomac l'avaient forcé de modérer son travail. On lui conseilla d'abandonner momentanément ses travaux, de prendre quelque repos ; mais ces sages avis, dont il reconnaissait lui-même l'opportunité, ne furent pas suivis ; il ne pouvait se résoudre à abandonner son œuvre si près d'être achevée. « Tout ce qu'on put obte- » nir, c'est qu'il ne se levât qu'à six heures, et encore » parce que, passé cette heure-là, il ne pouvoit plus dor- » mir ni tenir dans son lit. » Il aimait la promenade, elle lui était salutaire ; mais plus il en avait besoin, plus la fièvre du travail qui le possédait le ramenait vite à ses chères études ; « son ouvrage, la cause de son mal, » estoit proprement son seul plaisir. » Enfin, ses forces s'épuisèrent peu à peu, il se mit au lit, une fièvre violente se déclara, accompagnée d'une oppression de poitrine, et le septième jour de sa maladie, le 25 mai 1725, il succomba à l'âge de soixante-quatre ans (1).

(1) Nous disons le 25 mai, avec M. Marturé (*Histoire du pays Castrais*, II, p. 280), et non le 16, comme l'ont imprimé MM. Nayral, Haag et d'autres encore d'après la *Lettre à M.* ***... Il y a eu certainement erreur de la part de Charles de Rapin-Puginier sur la date précise de la mort de son frère, car si ce dernier était mort le 16 mai, comment ne l'eût-on enseveli que du 20 au 29 du même mois, ce qui résulte d'un sim-

Telle fut la fin de cet homme illustre : il avait lutté toute sa vie, contre les persécutions, contre l'ennemi, contre les difficultés de sa position, contre la souffrance : il ne fut vaincu que par la mort. Il est tombé, sinon sur les champs de bataille qu'il avait arrosés de son sang, du moins sur la brèche du travail et du devoir, et cette main, faite pour tenir l'épee, cette main, que la souffrance seule faisait défaillir, déjà glacée par le froid de la tombe, tenait fermement encore le burin de l'histoire.

D'une complexion robuste et forte, Rapin-Thoyras eût fourni certainement une plus longue carrière, s'il n'avait compromis sa santé par son âpreté au travail. Sa taille était peu au-dessus de la moyenne, mais ses membres, bien proportionnés, attestaient sa force et sa vigueur. Son œil brun et clair, au regard réfléchi et pénétrant, s'animait facilement et avait la mobilité propre aux races méridionales, origine que décelait encore son teint coloré et la courbe aquiline de son nez. Sa bouche grande, aux fermes contours, avait parfois un fin sourire qui illuminait cette belle et intelligente figure, empreinte à un haut degré de cette calme et sereine majesté qui caractérise certains types du grand siècle.

Les nobles traits de son visage révélaient ceux de son caractère. Doux, loyal et ferme, sa sévérité pour lui-même n'avait d'égale que son indulgence pour les autres. Il se possédait parfaitement, et cette extrême mesure qu'il avait acquise par une tenace surveillance sur ses

ple coup d'œil jeté sur son extrait mortuaire, tiré des registres même de la Willibrodskirche et que nous reproduisons plus loin ?

premiers instincts, et cette bienveillance naturelle, se retrouvent dans tous les jugements qu'il porte sur les hommes, même lorsqu'il condamne le plus sévèrement leurs actions et les principes qui les font agir.

L'esprit de conciliation qui l'animait était si bien connu, la rectitude de son jugement si appréciée, et la considération qu'il inspirait si généralement répandue, qu'il lui arrivait souvent d'être choisi pour arbitre de quelque différend soulevé entre ses parents ou ses amis. En de telles circonstances, et toutes les fois qu'il s'agissait de rendre un service quelconque, il ne fit jamais attendre ceux qui se réclamaient de lui. Quel que fût le prix de son temps, l'urgence de son travail, il savait tout concilier, ou plutôt s'oublier lui-même, pour pratiquer envers les autres ces *petites vertus* dont parle Saurin, l'obligeance et la politesse, cette monnaie humaine de la divine charité.

Réfléchi par goût et par nécessité, une fois sorti des académies, Rapin ne connut plus l'heureuse insouciance de la jeunesse ; aussi était-il d'ordinaire d'humeur sérieuse et recueillie. Mais cette gravité n'était ni morose ni revêche ; il se plaisait dans la société de ses amis, dans l'intimité du foyer domestique, et parmi les quelques fragments de sa verve poétique que nous avons pu recueillir, il est certains vers dont le tour vif et alerte montre la souplesse de son esprit, et fait voir qu'il était accessible à la gaieté, pourvu qu'elle fût contenue dans les bornes au delà desquelles elle change de nom. Passionné pour la musique, il cherchait dans l'exercice de cet art des délassements à ses travaux, et comme il aimait à aller au fond des choses, il se livra avec persévérance à l'étude de la théorie de la musique, science ingrate, dans laquelle il acquit des connaissances assez étendues, s'il faut en croire les auteurs de la *Bibliothèque germanique*, et qu'il menait de front avec des recherches approfondies dans le champ de la science ardue des Vauban et des Bélidor.

Ce n'est que dans de rares endroits de ses écrits que Rapin-Thoyras laisse entrevoir ses sentiments personnels au point de vue religieux ; l'impartialité qu'il professait lui commandait cette réserve, alors qu'il ne s'agissait que des divergences des diverses sectes protestantes ; il n'en sort que lorsqu'il s'agit de l'Eglise romaine, qu'il n'aime pas et pour cause.

Toutefois, en rapprochant les uns des autres les aperçus dont nous venons de parler, nous croyons pouvoir en dégager une notion suffisamment nette des croyances religieuses et de la foi personnelle de notre auteur. Nous ne reviendrons pas sur les tentations qui assaillirent sa jeunesse, sur les tentatives de conversion qu'il repoussa par une fuite courageuse ; un homme de la valeur de Rapin ne devait pas se contenter d'une foi traditionnelle, il devait raisonner, approfondir ses croyances, et se faire, par l'étude des Livres Saints et par la méditation des vérités chrétiennes, d'inébranlables et sérieuses convictions.

Il est hors de doute que Rapin s'était beaucoup occupé de controverse. Nous avons vu Pélisson lui demander son avis sur ses *Réflexions sur les différends de la religion* (p. 126), et dans une lettre adressée à Lenfant, vers 1723, Rapin cite de nombreux auteurs dont il avait lu et médité les ouvrages de controverse et de morale à diverses époques. A la fin de sa vie il les relisait encore, bien qu'il fût « las, en quelque manière, de ces » sortes de lectures dont il avoit l'esprit rempli. » Générale à la fin du dix-septième siècle, cette étude de la controverse avait beaucoup faibli au début du siècle suivant, la persécution étant un de ces arguments *ad hominem* auxquels il n'y a rien à répondre; la jeunesse réfugiée, née dans l'exil, ayant perdu l'espoir du retour, vivant en pays étranger et protestant, n'en avait plus que faire, et Rapin se plaint de l'abandon de cette science dans la lettre déjà citée.

Mais la controverse n'est pas la religion, elle n'en est même trop souvent que l'opposé, et le fait que Rapin-Thoyras avait étudié cette branche de la théologie témoigne seulement de ses préoccupations religieuses. Un passage de l'*Histoire d'Angleterre* nous montre d'une façon plus satisfaisante quelles étaient les croyances générales de son auteur.

L'intervention active et efficace de la Providence dans le monde (1), la justice de Dieu, sa miséricorde, le mé-

(1) On peut dire que l'intervention providentielle de la justice de Dieu est le dogme favori de l'auteur. Il en parle à propos de la peste de 1347, sous Edouard III, de la révolte de Wat-Tyler contre Richard II (*Histoire d'Angleterre*, t. III, p. 293), de l'avénement au trône de Henri III (t. IV, p. 171), de l'enlèvement du duc de Richemont (t. V, p. 99), des projets criminels de Richard III (t. V, p. 157), des malheurs de la race royale des Plantagenets (t. V, p. 199), de la conspiration des Poudres (t. VIII, p. 45), et en bien d'autres endroits. L'annotateur Tindal, en vrai neveu du fameux déiste, son oncle, ne peut s'empêcher de critiquer cette intervention fréquente de la Providence (voy. t. IX, p. 752, note), dont Rapin est si prodigue dans ses réflexions : « Il seroit » à souhaiter, dit-il, qu'un aussi bon historien que M. de Rapin eût » fait intervenir moins souvent les jugements de Dieu. Le moins qu'on

rite de la mort de Jésus-Christ, tels sont, d'après Rapin-Thoyras, les grandes vérités de la foi chrétienne, telle qu'il la comprend et qu'il la professe (Voy. *Hist. d'Anglet.*, t. V, p. 362). Cette action toujours présente de Dieu se concilie dans sa pensée avec une sévère recherche des prétendus miracles dont sont si prodigues les catholiques. Il incline à penser, qu'après la venue du Sauveur et l'incarnation de Dieu en son divin Fils pour le salut des hommes, toute autre intervention est superflue, tout miracle une fraude, et qu'y croire est une impiété contre Dieu et la religion chrétienne. De là son hostilité véhémente contre la cour de Rome, contre la duplicité et les passions trop humaines du clergé et

» puisse dire de ces sortes de réflexions, c'est qu'elles partent d'une peti-
» tesse d'esprit. Mais quand elles ont leur fondement sur de faux faits,
» elles sont entièrement inexcusables. » Rapin fait observer que les rois d'Angleterre qui ont pris alliance dans la maison royale de France ont été plus ou moins éprouvés par la mauvaise fortune, et il y voit une sorte de jugement de Dieu. Tindal relève cette remarque à propos de Henri V, époux de Catherine de France, auquel en effet elle ne saurait s'appliquer. Mais il ne s'aperçoit pas que les termes dont se sert Rapin sont beaucoup moins généraux qu'il ne veut les voir, et, de fait, sa critique est beaucoup plus inspirée par ses propres idées sur la religion que par le soin de la vérité historique. Nous ne reprocherons certes pas à Rapin ce sentiment profond, permanent, de la participation de notre Père céleste aux événements qui bouleversent les sociétés humaines. « L'homme s'agite et Dieu le mène », et cette action incessante, providentielle et régulatrice, ne fait pas doute pour un chrétien. Qui la nie ou l'éloigne est athée ou déiste; Rapin n'était ni l'un ni l'autre; cette seule preuve de sa foi nous suffirait si nous en pouvions douter. Mais, en louant le chrétien, on peut reprendre l'historien et le littérateur de se laisser aller à des répétitions trop fréquentes; le retour trop ponctuel de réflexions semblables fatigue, et l'on saurait meilleur gré à l'auteur de ne pas tant ni si souvent insister sur ce dont tout chrétien sera d'accord avec lui.

des Papes, hostilité appuyée sur des faits avérés, incontestables, dont il scrute les causes et déduit les conséquences d'une parole émue autant qu'indignée, qui entraîne le lecteur et force sa conviction.

La façon cavalière dont, en maint endroit, Rapin parle des miracles postérieurs à l'ère chrétienne, sa réserve dans l'exposition des luttes des sectes religieuses en Angleterre, plus encore, sa liaison avec Lenfant, avec Le Clerc, avec d'autres littérateurs, théologiens ou philosophes plus ou moins hétérodoxes de son temps, pourraient faire croire qu'il partageait leurs opinions avancées. Nous ne le croyons pas, et, en l'absence de documents précis, la comparaison et le rapprochement des citations précédentes et de quelques autres passages de ces œuvres, nous paraissent suffisants pour justifier notre assertion. On sait que Jacques Ier, roi théologien et ergoteur, jugea à propos de prendre part aux luttes des Gomaristes et des Arminiens ou Remontrants qui agitèrent la Hollande au commencement du dix-septième siècle. Il prit le parti de l'orthodoxe Gomarus, qui suivait dans son enseignement la tradition des réformateurs sur la prédestination absolue, l'inamissibilité de la grâce et autres points dogmatiques, contre Arminius le socinien; il fulmina des déclarations contre Vorstius, disciple de ce dernier, puis, par un étrange revirement dont la cause fut plus politique qu'honorable, il attira, caressa plus tard les Arminiens qu'il avait combattus. « On ne donnoit plus, » dit Rapin, qui blâme chez ce prince et ces contradictions et cette participation malséante à des querelles d'école, « on ne donnoit plus les emplois qu'à » des Papistes, à des Arminiens ou à des gens qui pas-

» soient pour avoir peu de religion. » Il est évident que, dans la pensée de Rapin, papistes, arminiens, gens de peu de religion, étaient tout un. Il serait difficile de conclure de ce rapprochement significatif qu'il ait été un sectateur d'Arminius (Voy. t. VIII, pp. 200 et 201). Plus tard, sous Charles Ier, il reproduira toutes les accusations formulées contre l'arminianisme à l'encontre de Laud et de Neal, chefs, dans l'Eglise anglicane, de ce parti « qui ramène tout droit la religion protestante au papisme. » Plus loin, il apprécie d'un mot les funestes tendances négatives du célèbre philosophe Hobbes, mort en 1679, « dont les écrits, dit-il, ne sont » malheureusement que trop connus. » Protestant réformé, Rapin était calviniste et presbytérien, il le dit fort nettement (1), mais cela ne l'empêche pas de respecter l'Eglise anglicane, pour laquelle il a toujours eu, dit-il, « un profond respect et une extrême vénération, » à laquelle il s'est toujours conformé pendant son séjour en Angleterre, « étant prêt à le faire encore s'il y retournait » (Voy. t. X, p. 192). Il y communia plus d'une fois sans répugnance, et il ne faut pas voir là une preuve d'indifférence, mais bien de son attachement à la religion réformée. Il n'oubliait pas que la Réformation s'était établie en Angleterre sous le rite anglican, et l'hommage qu'il rendait ainsi à ces souvenirs du passé prouvait la largeur de sa foi sans en exclure la solidité. Au reste, quel que fût « le vacarme, le trou- » ble, l'animosité que la différence entre les deux

(1) *Plan de l'Histoire d'Angleterre*, p. XIX. Cf. ce qui suit, p. XX, avec le texte ci-dessus.

17

» Eglises anglicane et presbytérienne aient causés en » Angleterre, » il n'y avait, à l'époque où écrivait Rapin, que « fort peu de personnes qui se fissent un scrupule » de communier dans les deux Eglises » (T. XI, p. 5).

Pour achever cette esquisse morale de Rapin-Thoyras, voici ce que nous trouvons sans nom ni date sur un vieux papier jauni, flétri, froissé, sous la rubrique de :

PORTRAIT DE M. RAPIN-THOYRAS.

1

Du célèbre Rapin voicy le caracterre,
Ainsi qu'on le peut voir en ce qu'il écrivit.
Il fut laborieux, prudent, exact, sincere,
Le Vice sous sa main jamais ne prescrivit.

2

Ami de la Vertu, toujours incorruptible,
Il s'appliqua surtout à remplir son devoir.
Dans ses Narrations il se montre inflexible
A pardonner aux Roix l'abus de leur pouvoir.

3

L'Histoire qu'il nous donna des Isles Brittaniques
A sçu gagner les cœurs de leurs fiers Habitans,
Les plus savans d'entre eux, leurs plus fins politiques
Se disputent l'honneur d'être ses partisans.

4

Vous tous qui travaillez à nous faire l'Histoire
De ce qui c'est passé dans les Climats divers
En vain vous flattez-vous d'acquerrir de la gloire
Si vous n'imittez point le Héros de mes Vers.

(Communiqué par M. Van Sypesteyn, à La Haye.)

Puisque nous nous sommes laissé aller à transcrire ces mauvais vers, parce qu'ils ont trait à notre sujet, citons encore ceux-ci, qui pourraient bien être du même auteur, à en juger par leur mérite :

ÉPITAPHE DE M. DE RAPIN-THOYRAS.

Ici le casque et la science,
L'esprit vif, la solidité,
La politesse et la sincérité
Ont fait une heureuse alliance,
Dont le public a profité.

(Archives de M. de Jonquières, à Copenhague.)

Cette épitaphe, ni aucune autre, ne figurent sur son tombeau ; c'est en vain que le voyageur qui traverse Wesel demande aux plus âgés de ses habitants la maison où pendant dix-sept années a vécu Rapin-Thoyras. Nul ne connaît son nom, nul n'a lu ses ouvrages. Nous avons parcouru les rues étroites et solitaires de la forteresse prussienne, nous avons interrogé du regard ces vieilles maisons qui portent au-devant de leurs façades bossues et saillantes, tracée en chiffres barbares par de larges tenons de fer, la date reculée de leur construction ; nous avons foulé ces longues avenues des remparts, plantées de tilleuls et d'ormes séculaires, à l'ombre desquels Rapin-Thoyras allait demander le calme et la fraîcheur au soir de ses laborieuses journées ; notre pensée pleine de son souvenir ne trouvait nul écho au dehors. Nous avons visité, et non sans émotion, cette humble église française, aujourd'hui fabrique de tapis, où fut baptisée, il y a cent cinquante ans, notre aïeule, Marie de Rapin, et avant elle ses sœurs et ses frères. Nous avons franchi le seuil de l'antique cathédrale de Saint-Willibrod, salué, dans son caveau grillé, le cercueil vermoulu de Briquemault de Saint-Loup (1), qui, depuis deux siècles, repose sur quatre boulets au chevet de l'église, nous nous sommes incliné sur chacune des dalles armoriées et chargées d'inscriptions qui couvrent le sol de leur mosaïque funèbre ; dans cette vaste nécropole, à l'ombre de laquelle il est hors de doute que Rapin fut enseveli, nous n'avons rien trouvé qui pût satisfaire nos recherches, aucune pierre devant laquelle nous ayons pu dire : C'est là ! Mais, à l'extérieur de l'église, à gauche, est une place assez vaste, autrefois champ du repos, maintenant pavée et livrée au public. C'était là que l'on enterrait ceux qui ne pouvaient payer leur place sous les voûtes de la cathédrale. Rapin mourut pauvre : qui sait si sa dépouille mortelle ne repose pas dans quelque coin obscur, oublié, perdu, de cette place où croît l'herbe et où jouent les enfants ? Quoi qu'il en soit, la trace de sa dernière demeure a disparu, et sur les registres de l'église française que nous avons compulsés, on ne trouve que cette simple mention, qui rappelle celle de la mort de Calvin sur les registres du consistoire de Genève :

1725. *Maius* 20-9,

Bey abend [*wurde begraben*] *Herr Rappein* [sic].

(Todten Register der Willibrodskirche. Du 19 sept. 1708 — ult. déc. 1728.)

Ainsi donc, comme ont disparu à Castres les pièces

(1) L'arrière-petit-fils du « brave Briquemault. » (Voy. *France protestante*, II, pp. 135 et 136).

qui établissaient sa naissance (1), de même à Wesel toute trace de sa sépulture a disparu. Ni le berceau, ni la tombe ne sont demeurés intacts. Détruit et dispersé le premier, l'autre oubliée, profanée peut-être ! Mais entre le commencement et la fin, sa vie tout entière nous est connue, et les monuments qui en sont restés, moins fragiles que le berceau, défieront l'oubli mieux que la tombe !

« Il mourut sur une terre étrangère, loin de cette » France qui revendique sa gloire, comme une portion » précieuse de la gloire nationale, ce Thoyras, illustre » dans les lettres comme dans la guerre ; il mourut » sur une terre d'exil, victime des dissensions excitées » par ces ministres coupables qui gouvernaient la France » d'après les maximes du pouvoir absolu ! Un siècle s'est » écoulé depuis la mort de ce grand citoyen, et nul

(1) Un de nos amis a bien voulu faire à Castres les recherches les plus minutieuses. Elles n'ont abouti à rien de satisfaisant. Les registres des actes de baptême de l'Eglise réformée de Castres sont déposés au greffe du tribunal de cette ville. Les années 1661 et 1662 ont été compulsées sans résultat. Il existe à la mairie de Castres les doubles des mêmes registres, mais cette série présente précisément une lacune (1652 à 1670) qui comprend l'année 1661. On n'a pu non plus déterminer la maison qu'habitait Jacques de Rapin et sa famille pendant le temps de leur résidence à Castres. L'hôtel héréditaire des Pélisson, actuellement habité par le conservateur des hypothèques, non loin de la Poste, existe encore aujourd'hui. Pendant quelque temps, les Pélisson et les Rapin habitèrent ensemble le domaine de Roumens, aux environs de Castres, qui appartenait à la famille de Faure-Fondamente, très-proche alliée des Pélisson. (Jacques de Faure, sieur de Tournadour, oncle de Jeanne de Pélisson, François de Faure, sieur de Fondamente, Salomon de Faure, sieur de Roumens, et autres parents, sont témoins du mariage de Jacques de Rapin et de Jeanne de Pélisson. — Acte de 1654.) — Une des rues de Castres porte le nom de l'historien.

» monument expiatoire, nulle inscription reconnaissante
» ne rappelle parmi nous que la terre que nous foulons
» fut sa terre natale (1) ! »

Ces paroles sympathiques d'un historien consciencieux et estimé, nous avons cherché à les interpréter ; cette étude, qui touche à sa fin, est loin d'être un monument, elle est, tout au plus, l'inscription qui manquait sur la tombe de Rapin-Thoyras. Et encore les inscriptions bravent les âges, l'histoire la plus reculée de l'humanité nous est révélée par la trace du ciseau sur la pierre, et nous n'avons fondé sur ce travail ni cet espoir, ni cette prétention. Notre but, plus modeste, était de rassembler les traits épars d'une attachante histoire de famille, de retracer une noble vie qui en fut le glorieux couronnement, et, par une esquisse fidèle des travaux qui l'ont illustrée, rappeler la gloire qu'ils ont acquise à leur auteur. Réaliser selon nos faibles moyens le vœu sympathique de l'écrivain castrais, telle a été la tâche que nous nous sommes proposée : nous voudrions l'avoir moins imparfaitement remplie.

« La réputation de Rapin-Thoyras, » disent MM. Haag, en terminant l'intéressante notice qu'ils lui ont consacrée dans la *France Protestante*, « a fait oublier jusqu'au
» nom de ses parents, et cependant, dans le nombre,
» il en est qui ont donné des preuves de leur attache-
» ment à la religion. »

En effet, le frère aîné de l'historien, Charles de Rapin-Puginier, l'auteur des *Mémoires de la famille de Rapin*, fut enfermé à la Bastille en 1686 ; il y passa plusieurs

(1) Marturé, *Histoire du pays Castrais*, t. II, p. 285.

années et en sortit sans avoir abjuré. Pendant sa captivité, privé de livres et de ce qu'il fallait pour écrire, ne pouvant supporter l'oisiveté à laquelle il était condamné, il imagina de couper des trous dans ses bas, puis il les raccommodait lui-même. Il se livra tant de fois à cette étrange occupation, qu'il y devint passé maître, et longtemps après être sorti de prison, il raccommodait encore lui-même ses bas, sans toutefois les trouer volontairement. Après avoir étudié à Saumur, Charles de Rapin avait fait ses études de droit à la faculté de Cahors, où il avait marché sur les traces de son oncle Pélisson ; reçu docteur ès-droits le 18 avril 1679, nous l'avons vu accompagner son père cette même année au synode de Réalmont. C'était un homme d'un sens droit et réfléchi, « orné, dit Jean Rou (*Mémoires*, II, 305), » tout aussi bien que son illustre frère, de plusieurs » qualités si excellentes, que par elles il eût été capa- » ble de soutenir, lui seul, toute la gloire de l'illustre » nom dont ils ont hérité et de l'éminente vertu dont » leur digne mère leur a donné de si beaux exemples. »

Charles de Rapin ne se maria pas, et mourut en 1729. Jacques de Rapin, seul fils de l'historien, fut nommé, à trente et un ans, directeur des colonies françaises de Stettin et Stargardt ; il mourut jeune, laissant deux fils dont l'aîné lui succéda dans ses fonctions. Le cadet, Louis-Antoine, capitaine d'infanterie au service de Prusse et directeurdes postes à Oranienbourg, nous ramène au présent siècle, dont les premières années virent tomber aux champs de bataille de Leipzig et de Smolensk les deux fils aînés de Louis de Rapin, Guillaume et Louis de Rapin-Thoyras.

Jacques de Rapin, le puîné des trois fils issus de Jean de Rapin, oncle de Rapin-Thoyras, fut marié à Mlle de Rioupeyroux. Les soins d'une nombreuse famille l'obligèrent bientôt à quitter le service du roi; une de ses filles prit alliance dans la maison de Maleville; une autre épousa M. de Guarisson, et son fils Jacques-Anne, marié à Mlle de Maleprade, lui succéda dans l'estime et la considération générales. Jacques-Anne de Rapin, baron de Mauvers, prit le surnom de Thoyras en souvenir de celui des Rapin qui l'avait illustré sur la terre de l'exil; peut-être aussi cette seigneurie passa-t-elle de la branche cadette à la branche aînée. C'est un petit hameau de trois ou quatre feux, appelé Les Thoyras, à une portée de fusil du château de Mauvers, lequel appartient actuellement à M. le comte de Preissac.

Pendant le temps des persécutions religieuses du dix-huitième siècle, la branche aînée de la maison de Rapin, diminuée et appauvrie, n'attirait plus sur elle une dangereuse attention; aussi, sans faire à ses intérêts temporels de coupables sacrifices, « elle resta sur le sol » natal, demeurant dans ses propriétés, respectée de » ses voisins, recherchée souvent des curés qui n'avaient » jamais vainement recours à sa bourse. Et si l'on de- » mande ce que ces gentilshommes ont fait pendant le » dix-huitième siècle, on répondra pour eux comme » fit l'abbé Sieyès à quelqu'un qui lui demandait à quoi » il s'était occupé pendant la Terreur : *Je me suis occupé* » *de vivre*... MM. de Rapin l'auraient pu dire avec des » sentiments plus élevés, puisqu'il s'agissait par-dessus » tout de sauvegarder leur vie spirituelle. » La plupart cependant avaient servi leur pays dans les armées royales, et si les lignes qui précèdent ont été rapportées, c'est qu'elles contiennent pour la famille de Rapin un honorable témoignage. Son dernier représentant s'est éteint de nos jours, entouré de l'estime et de la considération que quatre-vingt-douze années, fécondes en nobles aspirations, fertiles en bonnes œuvres, lui avaient acquises parmi ses coreligionnaires.

La mort de M. Jean-Baptiste de Rapin-Thoyras a été comme un deuil public pour la population protestante de Montauban.

« La cité qui s'honorait de le compter parmi ses habitants, » dit M. le pasteur Pédézert, « l'Eglise dont il avait été l'un des plus beaux exemples, les honorables familles qui vénéraient en lui le pieux souvenir et la dernière image d'illustres aïeux, ont payé à sa mémoire un tribut mérité d'hommages respectueux. Toutes les classes de la population ont voulu honorer la mort de cet homme de bien ; elles sont accourues à ses funérailles avec un douloureux empressement. Les pauvres surtout ont pleuré leur bienfaiteur.

» Dernier rejeton d'une illustre famille protestante, bien que né dans un siècle incrédule et frivole, M. de Rapin-Thoyras avait conservé la sincère piété et forte foi de ses pères. Les sentiments traditionnels de sa famille convenaient à sa grave et austère nature ; il ne s'en est jamais départi pendant le cours de sa longue carrière. Il aurait pu rechercher les distinctions du monde : il était digne de les obtenir ; il ne les aurait pas acceptées quand même elles se seraient offertes à lui. Son digne et ferme caractère avait l'indépendance du caractère huguenot ; il avait, de plus, l'humilité profonde du chrétien. De là, une vie passée dans les joies du foyer et dans l'exercice de la charité. Beaucoup de services et point d'ambition ; beaucoup d'estime et point d'éclat. Personne ne sait tout le bien qu'il a fait, si ce n'est Dieu ; ceux qui recevaient le bienfait auraient bien souvent cherché en vain la main qui le dispensait...

» Son départ a été trop prompt pour nous, non pour lui ; il l'attendait avec la sérénité d'un sage chrétien. Il était mûr pour la nouvelle vie où Dieu l'a fait entrer, sans trouble comme sans douleur, à l'âge de quatre-vingt-douze ans. Il aurait béni la main qui l'a retiré de ce monde s'il avait eu le temps de la reconnaître. »

Avant de confier à la terre la dépouille de M. de Rapin (1), M. le professeur de Félice, qui depuis près de vingt ans vivait sous le même toit, a prononcé devant la foule émue et recueillie qui se pressait au bord de la tombe, des paroles pleines d'enseignements, que nous sommes heureux de pouvoir reproduire presque en entier. L'éloge de cet homme de bien ne pouvait être confié à une voix plus autorisée et plus capable de faire ressortir, des traits de cette noble vie, tout ce qu'elle contenait de graves et pieuses leçons.

« M. de Rapin-Thoyras appartenait, vous le savez, Mes-

(1) Depuis la destruction de la chapelle sépulcrale des Rapin, à Mauvers, c'est-à-dire depuis 1700, il fut de tradition, dans cette famille, de se faire enterrer dans un champ, sans nul indice de sépulture, usage pratiqué encore de nos jours parmi les protestants des Cévennes, conséquence symbolique de la spiritualité de la religion réformée, précaution commandée à nos pères par les exhumations profanatrices et les traînements sur la claie de cadavres protestants, que la rage de leurs persécuteurs poursuivait au delà du tombeau. Peut-être cette tradition de famille a-t-elle été suivie jusque dans l'exil, et la tombe de l'historien a-t-elle été dérobée volontairement aux regards de ses descendants? Mais M. de Rapin-Thoyras ne voulut pas y manquer ; le culte de son souvenir, conservé par ceux qui l'ont connu, est le seul mausolée qu'il n'ait pas interdit d'élever sur le coin de terre ignoré où fut déposée par ses ordres sa dépouille mortelle.

sieurs, à l'une de ces anciennes maisons protestantes qui ont traversé les plus terribles orages sans en être abattues ni même ébranlées. La conversion de ces ancêtres à la foi réformée se confond avec l'origine de ce grand mouvement religieux dans nos provinces méridionales.

» M. de Rapin était resté l'un des disciples de l'ancienne Réformation, — de la seule vraie Réformation. Sans méconnaître ce que le temps et l'expérience ont pu nous apporter de lumières, il tenait de toutes les puissances de son âme à la doctrine des fidèles d'autrefois, à cette doctrine appuyée sur l'autorité divine et permanente des saintes Ecritures, à cette doctrine définie avec la précision qui caractérise le génie français, et illustrée devant les hommes par les plus généreuses vertus. Il avait retenu tout ce qui en est essentiel dans les profondes racines de la vie religieuse; il reproduisait le passé en toutes choses. — En toutes choses?... Non, je me trompe; il avait répudié l'aigreur et la violence des premières controverses. Autant il était décidé pour lui-même, autant il comprenait, il respectait la diversité des communions religieuses; et partout où il discernait une piété établie sur les bases fondamentales de la révélation, il s'inclinait devant le sacré caractère du chrétien. Rare mélange de qualités qui semblent s'exclure : tant de fermeté dans ses propres convictions, et tant d'équité pour celles qui différaient des siennes!

» Mais s'il se transportait volontiers dans les anciens âges de notre Eglise, il ne s'intéressait pas avec moins d'ardeur aux choses religieuses du présent. Serviteur de Jésus-Christ, rien de ce qui est chrétien ne lui était étranger. Personne du moins, en dehors du corps pastoral, ne s'était plus attaché que lui à bien connaître la renaissance protestante qui porte le nom de Réveil; il en avait étudié les origines, les principes, les hommes, les œuvres; il avait sans cesse accompagné de l'esprit et du cœur ce renouvellement de la foi, lisant tout, livres et feuilles périodiques ; aimant à examiner les questions de doctrine et d'organisation ecclésiastique ; ouvert aux opinions nouvelles, quand elles lui paraissaient fondées sur les Ecritures, ou réclamées par les circonstances contemporaines ; n'ayant enfin qu'un seul point fixe au milieu du choc de ces idées sur des sujets secondaires : son attachement à l'Evangile éternel du Dieu Sauveur.

» Aussi, le nom de M. de Rapin s'était-il répandu dans le monde protestant comme celui d'un invariable défenseur de la cause évangélique. Et chaque fois qu'il arrivait dans nos murs un pieux étranger, un frère éminent, de tous les points de la France, de la Suisse, de l'Angleterre, des plus lointaines contrées, la première porte où il allait frapper était la sienne. M. de Rapin leur accordait non-seulement l'hospitalité de sa maison, mais encore, ce qui valait mieux, l'hospitalité de son cœur. Il les écoutait avec une sympathique attention, les soutenait de ses conseils comme de sa bourse, et les renvoyait fortifiés dans leurs espérances ou consolés dans leurs peines. Oui, l'on peut affirmer sans exagération que M. de Rapin a honoré dans toute l'Europe l'Eglise réformée de Montauban : il en a été, depuis près d'un demi-siècle, le représentant le plus connu tout ensemble et le plus généreux.

» M. de Rapin était d'une inépuisable libéralité pour toutes les œuvres chrétiennes. Sociétés bibliques, œuvres de mission d'évangélisation, de publications religieuses ; maisons d'orphelins, d'orphelines, de malades, de sourds-muets, de vieillards : tout ce qui portait l'empreinte de la piété et de la charité, tout ce qui a caractérisé et honoré le mouvement du protestantisme français dans nos dernières années, trouvait en lui un bienfaiteur qui savait donner beaucoup et avec joie. S'ils se formait quelque entreprise nouvelle sous l'influence de la vie chrétienne, son nom se présentait d'abord à la pensée des fondateurs ; si quelque comité en détresse, comme il arrive dans les institutions où l'amour domine les étroits calculs de la prudence, cherchait les moyens de combler le vide dont il souffrait, le même nom reparaissait invariablement l'un des premiers. Il n'est absent d'aucune des œuvres véritablement pieuses et bonnes qui se sont accomplies dans nos Eglises (1).

» C'est une noble chose, Messieurs, que ce caractère et cette vie. Nous déposons dans la poudre les restes d'un vieillard de quatre-vingt-douze ans. Il les a passés presque sans interruption, dans son pays natal, sous les yeux de ses concitoyens. Eh bien ! nous avons le droit d'attester sur sa tombe, sans nier pour lui non plus que pour nous les misères inhérentes à notre pauvre nature humaine, que cette longue carrière fut sans reproche, et qu'il emporte le respect de tous ceux qui l'ont connu.

» Sa mort nous laisse le sentiment d'un vide profond. Ses parents, nous en avons de précieuses garanties, marcheront dignement sur ses traces. Ils ont donné des gages de leur fidélité à des traditions et à des exemples séculaires.

(1) Aucun genre d'appel ne trouvait M. de Rapin inattentif ou insensible pourvu qu'il y eût quelque chose de réellement bon à accomplir. Pendant la dernière guerre de Crimée, lorsque l'opinion publique fit ouvrir une souscription pour procurer un peu plus de bien-être à nos soldats, il y contribua pour 1,000 fr., en partageant cette somme entre les besoins matériels et les besoins spirituels de nos troupes. S'était-il souvenu alors qu'il avait porté lui-même l'épaulette dans les armées de Louis XVI? M. de Rapin, suivant en cela, comme dans les autres choses, l'exemple des vieux réformés, fut pendant sa longue carrière, un bon et fidèle citoyen, obéissant du fond de son cœur aussi bien que dans ses actes aux puissances établies, en ajoutant seulement la juste restriction de l'assemblée de Saumur : *le souverain empire de Dieu demeurant toujours en son entier.*

Mais il est tombé, il est tombé le vieux chêne autour duquel se réunissaient leurs rameaux épars, et qui le relèvera? Inclinons-nous devant la volonté de Dieu et espérons.

» Messieurs, voilà l'homme que nous avons perdu. Et si vous demandez quel a été le secret de cette vie, la réponse est facile. Deux choses, qui n'en font qu'une, en ont été de tout temps les éléments essentiels : la foi en Christ et la pensée de l'éternité. Le pasteur que vous venez d'entendre vous a dit combien M. de Rapin était ferme dans ses principes de piété. Il ne doutait point; il ne cherchait point; il avait trouvé son Seigneur et son Dieu. Il parlait souvent de sa fin, qui ne lui était ni pénible ni sombre, parce que le trésor de son cœur était placé d'avance dans le ciel. Il avait, pour employer cette expression, adossé son existence présente à son existence à venir, et c'est ainsi qu'il l'avait faite toujours semblable à elle-même. Il s'en remettait pleinement à la Parole de Celui qui a « mis en évidence la vie et l'immortalité par l'Evangile; » et il aurait pu répondre comme le fit autrefois Justin Martyr au préfet du prétoire, qui lui demandait en se moquant : « T'imagines-tu donc monter au ciel pour y recevoir quelque récompense? — Je ne me l'imagine pas ; je le sais ; j'en suis assuré. »

» Soyons donc fidèles comme lui... »

L'antique maison de Rapin n'est plus représentée aujourd'hui, dans sa ligne directe, que par un vieillard de soixante et treize ans, arrière-petit-fils de l'historien, qui porte dignement le nom de ses ancêtres. Ce nom illustre descendra avec lui dans la tombe. Le colonel de Rapin-Thoyras est le dernier de cette race, féconde en cœurs vaillants, en âmes généreuses; sa carrière militaire a été brillante et bien remplie, mais il ne nous appartient pas de le louer ici; nous devons nous contenter de lui adresser, en terminant ces pages, ce dernier hommage de respect et d'affection.

Six familles, issues des six filles de l'historien, dont cinq comptent encore de nos jours des représentants directs, représentent sa postérité par alliances.

Les cinq familles encore représentées aujourd'hui directement, par ordre de primogéniture, sont les suivantes : Dufour, Du Bosc, de Maucler, de Coninck, de Cazenove. Celle des barons de Freisheim est éteinte. De la famille Dufour, issue de Jeanne-Henriette de Rapin, et de Marc-Antoine Dufour, originaire de Sauve en Languedoc, mariés en 1730, procèdent les familles Dufour, Platzmann et Arlès-Dufour, à Londres, Leipzig et Lyon.

De la famille Du Bosc, éteinte dans la ligne directe. issue de Marianne de Rapin et de Jean Du Bosc, originaire de Nîmes, mariés en 1734, procèdent : les familles Gontard, à Leipzig; Dollfus, à Mulhouse et à Paris; de Neufville, Sarrazin, Bernus, à Leipzig; de Ferber, de Watzdorf, à Dresde.

De la famille de Maucler, issue de Marguerite-Cécile de Rapin et de Paul-Emile de Mauclerc, originaire de Champagne, mariés en 1728, procèdent les familles de Maucler et de Zeppelin, à Stuttgart; d'Hogguer, à Amsterdam; Mayer, à Leipzig; d'Arnal, à Lyon; Vernède, à Utrecht.

De la famille de Coninck, issue de Suzanne-Esther de Rapin, et de Jean de Coninck, originaire d'Anvers, mariés en 1736, sont issues les familles de Coninck, au Havre et à Copenhague; Pingel-Good, en Angleterre; Duntzfelt, de Dompierre de Jonquières, en Danemark, Monod, à Paris, Lyon, Marseille.

De la famille de Cazenove, issue de Marie de Rapin, et de Théophile Cazenove, originaire de Guyenne, mariés en 1734, procèdent les familles de Cazenove, à Genève, Lyon, Etats-Unis ; Liquier, à Marseille ; d'Albis, à Montpellier et Lausanne (Suisse) ; Saladin de Lubières, Pictet de Rochemont, Pictet de Cazenove à Genève ; Rosset, de Cottens, d'Albenas, Grand, de Constant, Charrière, à Lausanne ; de Villelume de Shombreuil, à Paris.

Cent soixante et une familles comprenant plus de mille personnes, dont les deux tiers environ existaient en 1865, forment la postérité de Rapin-Thoyras.

Les liens du sang n'existent pour ainsi dire plus entre les nombreux descendants de l'historien protestant, mais il n'en est aucun qui ne soit fier de compter cet illustre auteur au nombre de ses ancêtres, et pour beaucoup d'entre eux, disséminés en divers pays, cette communauté d'origine, si éloignée qu'elle soit aujourd'hui, a été et sera plus d'une fois encore le principe et le lien de relations affectueuses et cordiales. A une époque telle que la nôtre, où le sentiment et le culte de la famille s'affaiblissent, il est bon de chercher et de rappeler ce qui peut raffermir ce sentiment, et relever ce culte pieux des ancêtres à la hauteur où le tenaient nos pères. — « Vos pères ! où sont-ils ? » — Puissions-nous tous, fils de réfugiés ou de persécutés pour leurs croyances, à cette interrogation solennelle, répondre en vérité : « Nos pères ? Leurs souvenirs sont dans nos cœurs, leurs exemples devant nos yeux ! Leur foi est encore la nôtre ; comme eux nous voulons vivre, comme eux nous saurions mourir ! »

APPENDICE.

ÉCOLES ET ACADÉMIES PROTESTANTES.

Les académies protestantes ont compté, parmi leurs élèves et leurs maîtres, la plupart des noms illustres du protestantisme. Leur histoire est aujourd'hui peu connue, elle mérite de l'être davantage. Il nous a paru intéressant de résumer dans une note spéciale les détails qui n'ont pu trouver place dans la rapide analyse que nous leurs avons consacrée ci-dessus (pp. 110 à 118).

Dès 1573, l'assemblée de Montauban, préoccupée des intérêts intellectuels des enfants appartenant à la religion réformée, avait demandé, sans l'obtenir, que toutes les écoles du royaume fussent ouvertes aux réformés, et que dans chacune d'elles il y eût un régent et un recteur appartenant à la communion protestante.

Il ne fut pas donné suite à cette demande, qui aurait eu de trop graves conséquences : toutefois, trois ans plus tard, le roi accorda aux réformés, par l'édit de Beaulieu (1576), la faculté d'ouvrir des écoles, sous la condition d'y admettre les enfants des deux communions.

Des professeurs et des ministres étrangers y enseignaient, par une tolérance tacite : les conditions suivant lesquelles les maîtres devaient être choisis n'ayant point été réglées.

Mais l'édit de Poitiers (1577) réduisit bientôt à néant le privilége

18

créé en faveur des protestants par l'édit de Beaulieu, et le système d'exclusion qui pesait sur les jeunes réformés, auxquels les universités et les colléges n'étaient ouverts que sous la condition d'actes contraires à leur foi, fut plus en vigueur que jamais. Les lettres patentes d'Henri IV créant des universités protestantes à La Rochelle, Nîmes et Montélimar, paraissaient devoir mettre fin à ces vexations si prolongées, mais il n'en fut point ainsi. Soit tiédeur de la part des principaux intéressés, soit, ce qui est plus probable, par la mauvaise volonté de ceux que le roi chargea de l'exécution de ses ordres, les fonds manquèrent pour subvenir à leur installation, et l'assemblée de Loudun (1596) se crut autorisée, malgré l'irrégularité de cette façon d'agir, à donner licence au conseil de chaque province de se saisir des deniers nécessaires à la subsistance des écoles (1).

Telles furent les premières garanties accordées à l'instruction de la jeunesse réformée. Toutefois, malgré ces misères, et avant même la promulgation de l'édit de Nantes, qui apporta quelque remède à cet état déplorable (2), de nombreux colléges s'étaient

(1) L. Anquez, *Histoire des assemblées politiques des réformés de France*. Paris, 1859, p. 106, passage cité d'après le *Bulletin de la Société de l'Histoire du Protestantisme français*.

(2) Voici les principales dispositions qui y ont trait. 1° L'article 15 de l'Edit de Poitiers est confirmé. (... *Qu'il ne sera fait différence ny distinction pour le regard de ladite religion à recevoir les escholiers pour estre instruits ès-universitez, collèges et escholes; et les malades et pauvres ès-hospitaux, maladreries et aumosnes publiques.*) 2° Les protestants pourront tenir des écoles dans tous les lieux de plein exercice. 3° Les ordonnances précédemment rendues pour l'érection des universités de La Rochelle, Nîmes et Montélimar (1594) seront enregistrées et exécutées. (Art. 37 *secret*). 4° Les protestants auront la faculté de pourvoir par des legs spéciaux à l'entretien des écoliers de leur religion; et les communautés, celle d'intenter par procureur les poursuites nécessaires pour être mises en jouissance desdits legs (Art. 42 *secret*). 5° Les legs antérieurement faits sortiront leur plein et entier effet, *nonobstant tous jugements, arrêts et autres choses* à ce contraires (Même article). 6° Un père pourra donner à ses enfants tels maîtres que bon lui semblera, et désigner par testament ou codicille, passé par-devant notaire, ou par acte

formés, vivant pour la plupart d'une vie précaire, soutenus par les contributions simultanées des communes et des Eglises, par les rétributions des élèves. Ces ressources, trop souvent insuffisantes, s'augmentèrent par la suite des subsides votés par les Synodes nationaux. Enfin, la création des académies protestantes dans les dernières années du seizième siècle vint donner une nouvelle impulsion aux études des colléges réformés, progrès qui ne cessa que par suite de la désastreuse mesure qui obligea la plupart d'entre ces établissements à diviser les chaires entre des professeurs et des régents catholiques et protestants (Arrêt du Conseil d'Etat du 23 juillet 1633).

Le nom d'*Académie* fut d'abord réservé aux écoles de théologie proprement dites, au nombre de six, dont la création fut décidée en principe en 1560, au synode de Poitiers (1). Mais comme dans toutes les villes où il y avait une académie il y avait aussi un collége, on en vint à désigner sous le premier de ces noms l'ensemble des deux écoles.

Le collége de Montauban, fondé en 1579, avait succédé à une école provinciale établie près de cent ans auparavant. Au dire des consuls qui obtinrent du roi l'autorisation de fonder le nouveau collége, le premier réunissait « avant le misérable temps des guerres qui ont régné dans ce pays, » douze ou quinze cents écoliers (2).

Cette affluence de la jeunesse que favorisaient certaines conditions exposées tout au long dans la requête des consuls détermina la fondation de l'académie proprement dite, qui n'eut cependant lieu,

sous seing privé, ceux qui seront substitués aux premiers faisant défaut (Art. 38 *secret*).

(1) Voici quelles étaient ces six écoles dans l'ordre de leur fondation : *Nîmes* (1561 à 1664), à laquelle fut réunie en 1617 celle de *Montpellier*; *Saumur* (1598 à 1685); *Montauban* (1617 à 1661), transportée à *Puylaurens* de 1661 à 1685; *Sedan* (1580 à 1681), ne fut réunie à la France qu'en 1642; *Orthez en Béarn* (1566 à 1620), époque de la réunion du Béarn à la France, réunion qui fut le signal de la ruine de l'Académie; et *Die* (1617 à 1684). — *Bulletin du Protestantisme*, II, p. 43 et suiv.

(2) *Histoire de Montauban*, édition de 1841, t. II, p. 378.

faute de fonds, qu'en 1598. Ce fut à cette époque que le synode de Montpellier, chargé de la distribution de 43,300 écus et un tiers, octroyés par le roi pour l'entretien des Eglises, assigna sur cette somme 1,111 écus, 6 sous et 8 deniers, à l'entretien et fondation de l'académie de Montauban, et autant à celle de Saumur.

Les règlements de l'académie de Montauban, promulgués en octobre 1600, sont très-remarquables et donnent une juste idée des fortes études que faisait alors la jeunesse protestante (1).

En 1661, par suite d'un déplorable conflit entre les étudiants réformés et les écoliers catholiques, l'académie de Montauban fut supprimée par ordonnance royale, accordant le collége entier aux Jésuites (2). (Décembre 1661.)

(1) Ces règlements ont été publiés intégralement dans les notes de l'édition de l'*Histoire de Montauban*, par Le Bret, donnée en 1841 par l'abbé Marcellin et G. Ruck, t. II, p. 381.

(2) Nous compléterons ici ce que nous avons dit (pp. 112 à 113), sur cette mesure arbitraire qui fit perdre à Montauban le rang qu'elle occupait parmi les villes protestantes du Midi. Par suite d'un regrettable compromis, les réformés de cette ville avaient cédé aux Jésuites la moitié des bâtiments du collége. Le voisinage immédiat d'écoles où se professaient des doctrines si différentes avait déjà plus d'une fois été la source de rixes et de disputes.

La dernière de ces querelles d'écoliers prit les proportions d'une émeute, dont le récit, emprunté, dans sa forme pittoresque, à un auteur contemporain, présente en raison des graves résultats de cette échauffourée, un certain intérêt. C'était en juillet 1659. Les écoliers catholiques avaient dressé un théâtre dans le dessein de représenter une action tragique ; les proposants calvinistes, jaloux de ces exercices, réunis au reste de l'académie, en demandent la démolition avec menaces, ayant pour capitaine le ministre Gaillard « qui estoit tout en feu. » Les Consuls de l'une et l'autre religion accourent au collége, ainsi que les officiers du Présidial : « mais ils taschèrent en vain de pacifier le désordre. Les cha-
» perons catholiques et l'autorité présidiale furent si fort dans le mépris
» que Gaillard (*a*) eut la hardiesse de les morguer. Un des syndics fut

(*a*) Sur Jacques Gaillard et Jean Verdier, pasteurs de l'Eglise de Montauban, voyez Haag, *France protestante*, les articles qui les concernent.

Presque toutes les académies protestantes furent brusquement supprimées comme celle de Montauban, les unes après les autres, pour des motifs qui n'avaient d'autre valeur que celle que voulaient leur attribuer les ennemis du culte réformé.

Au temps de la prospérité de ces académies, l'enseignement n'y était confié qu'à des hommes d'un mérite réel et constaté. Lorsqu'une chaire devenait vacante, le conseil académique envoyait le programme des connaissances exigées de chaque candidat, dans toute la province, et il se présentait alors un grand nombre de

» battu, et plusieurs furent blessés et poursuivis à coup de pierres jus-
» qu'à l'austel de la Vierge, la messe mesme s'y disant. Les messieurs
» du Présidial en firent un prisonnier, mais cela ne retint pas ces in-
» solens qui, sous la conduite de Gaillard et de Verdié, son collègue, se
» rendirent avant une heure au collège avec leurs espées, pour démolir
» en enragés le theastre, pour briser les ais et les jetter dans les puits,
» pour maltroiter encore les pères Jésuites, qui, se voyant assiégés dans
» leurs maisons, furent obligés, pour appeler du secours, de se servir de
» leurs cloches » (Le chanoine *Perrin de Grandpré*, p. 250).

Les suites de cette lutte scandaleuse furent déplorables pour le protestantisme montalbanais. Le marquis de Saint-Luc, lieutenant du roi en Guyenne, reçut l'ordre d'occuper militairement Montauban ; pendant cette occupation, qui ne dura pas moins de quatre mois, les murailles de la ville furent rasées, le consulat mi-partie aboli, le nombre des conseillers protestants réduit à dix. Deux des chefs de l'émeute furent pendus, deux autres condamnés aux galères, un autre au fouet ; le ministre Gaillard paya cher son zèle et ses ardeurs, il fut banni à perpétuité, avec Savonnière et d'autres meneurs (*a*). Il n'y avait au fond de tout cela qu'une querelle d'écoliers, déterminée par la mauvaise volonté des Jésuites, qui avaient bâti leur théâtre de telle sorte, qu'il barrait un passage nécessaire aux écoliers réformés ; mais le Conseil du Roi ne négligea pas cette bonne occasion de frapper sur les Huguenots.

Ceux-ci, voyant les suites désastreuses de cette affaire, firent partir sur-le-champ pour Paris les consuls Viçose et Pechels ; « mais le roi ne voulut entendre à leurs justes réclamations. »

(*a*) Haag, *France protestante*, art. Gaillard et Savonière. — Drion, *Histoire chronologique de l'histoire protestante de France*, t. II, p. 65.

concurrents, parmi lesquels on choisissait le plus digne, après un examen public (Synode de Saint-Antonin, 1661).

Les chaires les plus importantes étaient celle de théologie, d'hébreu et de grec ; chaque semaine les élèves s'exerçaient à des disputes particulières, et tous les mois il y avait des disputes publiques, auxquelles venaient assister les personnes les plus marquantes de la province.

Un conseil académique, qui exerçait une surveillance continuelle sur tout ce qui avait rapport à l'instruction et à la discipline, avait la haute main sur ce vaste établissement ; un recteur qu'on élisait tous les ans, et trois régents, le dirigeaient sous ses ordres et d'après ses vues.

« Les professeurs en théologie et en hébreu faisaient leurs leçons, une heure par jour, quatre fois par semaine ; ceux en philosophie, de deux heures le matin et deux heures l'après-midi : ils enseignaient aussi la métaphysique, et dictaient un petit traité dans lequel ils expliquaient les termes de l'art les plus obscurs et les plus difficiles à comprendre. Les régents étaient chargés de faire des classes deux heures le matin et deux heures le soir ; ils expliquaient le catéchisme en grec ou en latin, la mythologie, l'histoire, la rhétorique, et tout ce qu'il est nécessaire de savoir pour l'intelligence des auteurs. Leurs élèves montaient en chaire une fois la semaine, pour réciter les leçons qu'ils avaient apprises ; on leur enseignait à donner à leurs voix et à leurs gestes les expressions convenables aux matières qu'ils traitaient, ce qui les accoutumait dès leur bas âge à parler en public. Au reste, il leur était défendu de s'exprimer autrement qu'en latin, aussi parvenaient-ils de bonne heure à se servir de cette langue avec autant de facilité que de la leur. »

Tels étaient, d'après M. Nayral (*Biogr. castr.*, IV, 528), les principaux traits qui caractérisaient l'enseignement de l'académie de Puylaurens. A peu de chose près, on retrouvait, dans les autres écoles protestantes, la même organisation et les mêmes tendances, qui assuraient aux élèves qui fréquentaient ces écoles les avantages d'une forte scolarité.

Ajoutons encore qu'une contribution levée sur les Eglises protestantes des provinces voisines, Quercy, Rouergue, Armagnac,

Foix, Lauraguais, Albigeois, servait à entretenir les professeurs et les régents, indépendamment des taxes payées par les élèves, qui variaient avec les classes.

Les Eglises de l'Albigeois, parmi lesquelles comptaient celles de Castres, de Réalmont et de Lacaune, payaient un subside de 298 livres. Les députés des Eglises des provinces susnommées n'étaient reçus aux synodes qu'autant qu'ils portaient quittance des sommes que chacune de ces Eglises devait payer pour cet objet.

Les vacances de Puylaurens commençaient la semaine avant la Cène de septembre, et finissaient le 18 octobre, selon l'arrêté pris par le synode de Montauban en 1612 ; mais en 1678, le synode de Saverdun accorda deux jours avant la Cène de Pâques et les huit jours suivants, et quatre jours pour chacune des fêtes de Noël et de la Pentecôte.

FIN.

TABLE DES MATIÈRES.

CHAPITRE III.

CHAPITRE IV.

CHAPITRE VIII.

CHAPITRE IX.

FIN DE LA TABLE DES MATIÈRES.

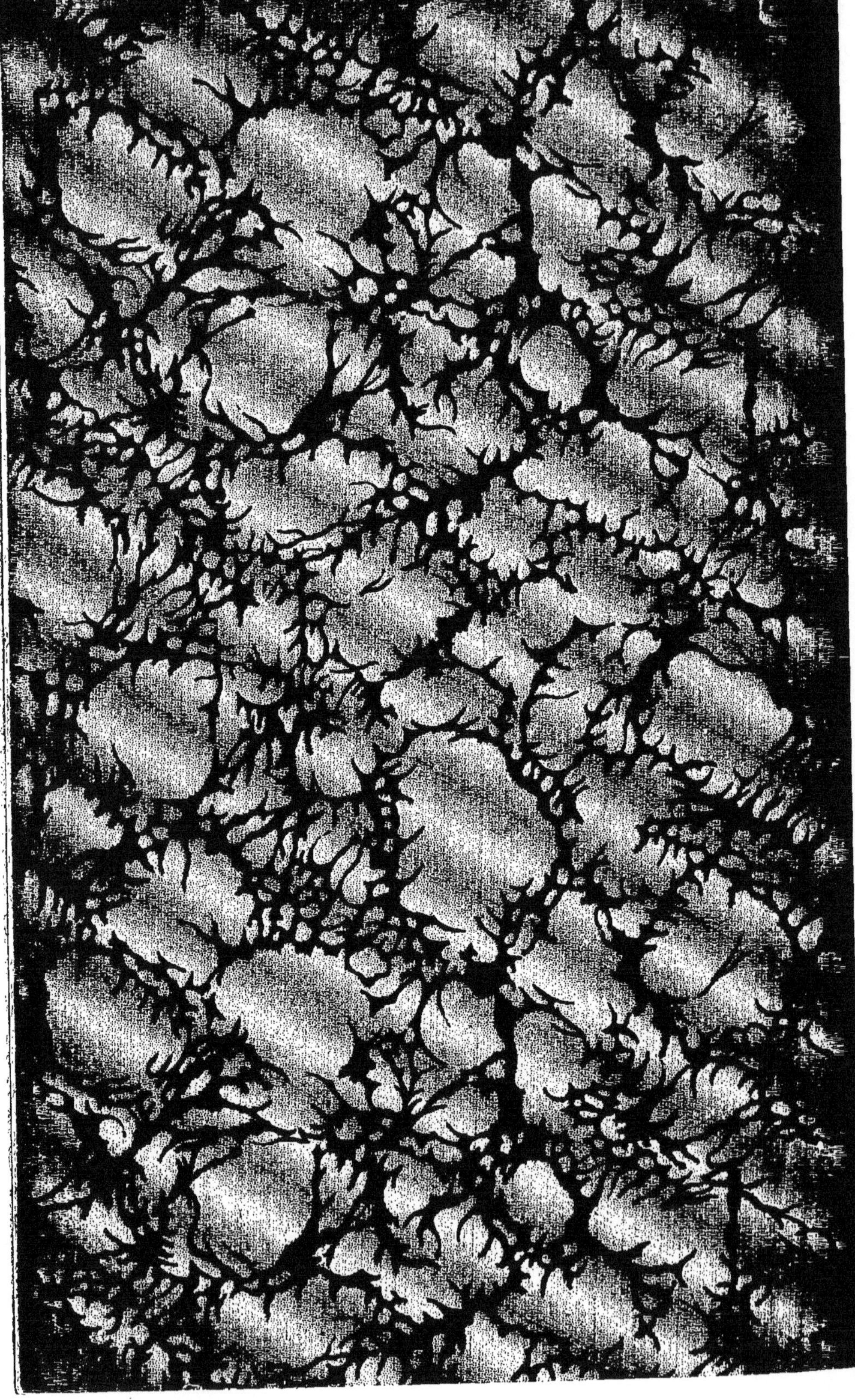

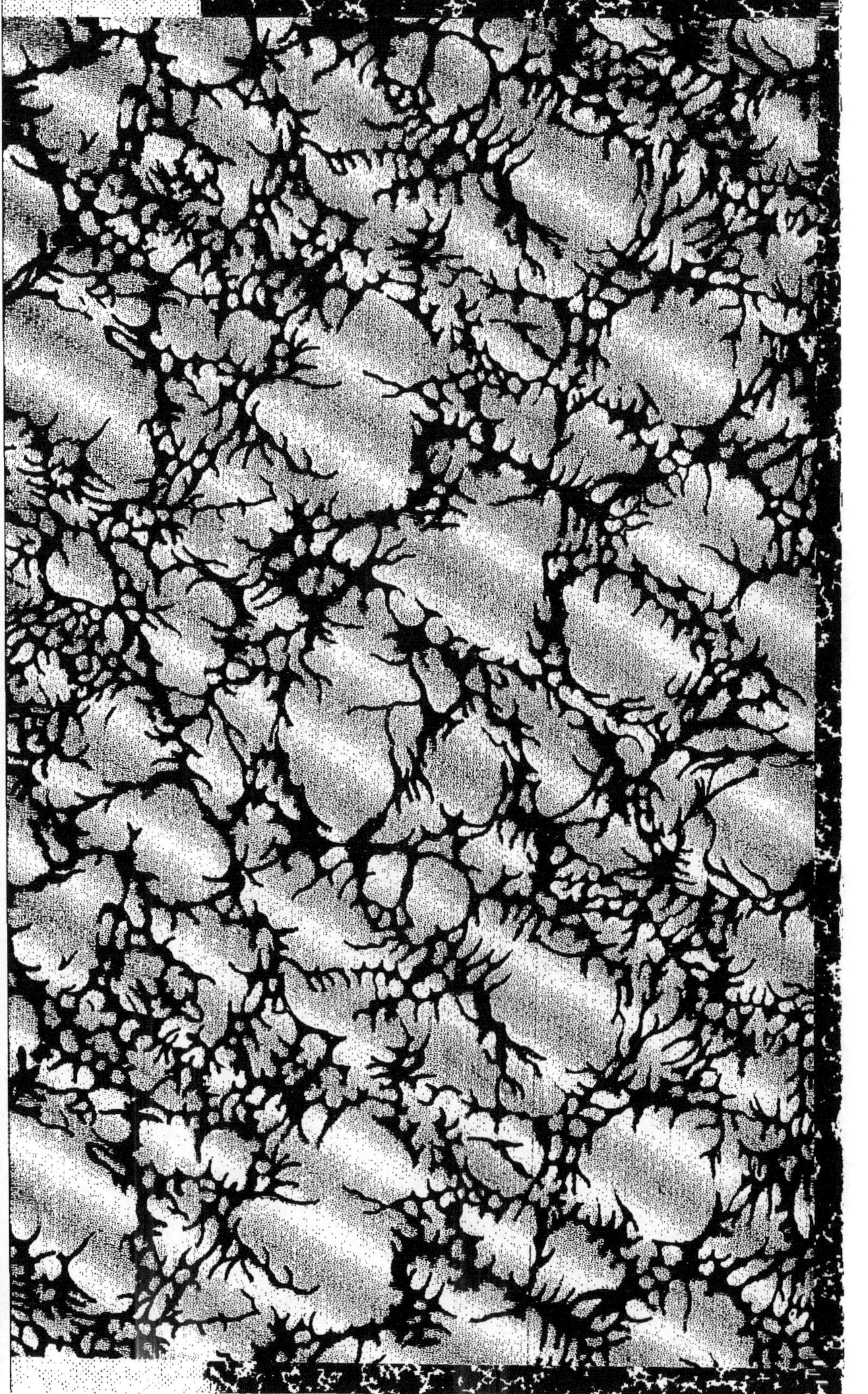

www.ingramcontent.com/pod-product-compliance
Ingram Content Group UK Ltd.
Pitfield, Milton Keynes, MK11 3LW, UK
UKHW020203250726
13967UKWH00003B/1245

9 782012 977655